灰犀牛

如何应对大概率危机

[美] 米歇尔·渥克（Michele Wucker）◎著

王丽云◎译

THE GRAY RHINO

How to Recognize and Act on the Obvious Dangers We Ignore

中信出版集团 | 北京

图书在版编目（CIP）数据

灰犀牛/（美）米歇尔·渥克著.王丽云译.——北京：中信出版社，2017.2（2024.1重印）

书名原文：The Gray Rhino：How to Recognize and Act on the Obvious Dangers We Ignore

ISBN 978-7-5086-6835-2

Ⅰ.①灰… Ⅱ.①米…②王… Ⅲ.①金融危机—世界 Ⅳ.①F831.59

中国版本图书馆CIP数据核字（2016）第249145号

The Gray Rhino
Text Copyright © 2016 by Michele Wucker
Published by arrangement with St. Martin's LLC. All rights reserved.
Simplified Chinese translation copyright © 2017 by CITIC Press Corporation
本书仅限大陆地区发行销售

灰犀牛

著　　者：[美]米歇尔·渥克
译　　者：王丽云
出版发行：中信出版集团股份有限公司
　　　　　（北京市朝阳区东三环北路27号嘉铭中心 邮编 100020）
承 印 者：三河市中晟雅豪印务有限公司

开　　本：787mm×1092mm　1/16　　印　　张：26.5　　字　　数：289千字
版　　次：2017年2月第1版　　　　　　印　　次：2024年1月第49次印刷
京权图字：01-2016-3823
书　　号：ISBN 978-7-5086-6835-2
定　　价：59.00元

版权所有·侵权必究
如有印刷、装订问题，本公司负责调换。
服务热线：400-600-8099
投稿邮箱：author@citicpub.com

政治家、企业家以及其他的领导者在面对迫在眉睫而且是可以预见的危机时经常故意视而不见。在这部极具原创性和启发性的著作里，米歇尔·渥克深入分析了他们这样做的原因，并且告诉我们怎样才能改变这种局面。书中大量引用了来自政治、经济和社会的真实事例，是管理者的必读书籍。

——利雅卡特·艾哈迈德（Liaquat Ahamed），普利策奖得主、《金融之王》作者

米歇尔·渥克没有说错。很多时候，我们都能看到危机正向我们走来：气候变化、恐怖主义、经济危机。但是我们什么都没做。这部宝贵的著作能告诉我们为什么会这样。这部作品是政府机构以及私立机构领导者的必读之作，因为我们正在迎接一个充满挑战的时代。

——马凯硕（Kishore Mahbubani），新加坡国立大学李光耀公共政策学院院长、《大融合》作者

为什么我们会需要一本书来告诉自己去注意和防范那些明显的、高概率的危机事件？因为我们会毅然决然地避谈和否认我们面前的危机事件。《灰犀牛》这本书告诉我们为什么会这样，同时给我们提供了详细的方法去应对可能会改变世界的危机事件。

——安妮-玛丽·斯劳特（Anne-Marie Slaughter），新美国基金会主席、《未完的生意》《成就美国的理念》作者

如果说黑天鹅理论让人感到绝望的话，那么灰犀牛理论能让我们明白：我们有能力解决危机。在这部原创性著作中，米歇尔·渥克让我认识到：在危机到来时，保持头脑清醒，做正确的应对决策是十分重要的。

——诺瑞娜·赫兹（Noreena Hertz），《大开眼界》作者

米歇尔·渥克从一个全新的角度解读了当下的社会危机。这些危机本就迫在眉睫、间不容息，但不幸的是，我们竟然对其视而不见。作为一个政治家，如果拱默尸禄，或者只是静待下一次"尽如所期"的事件，而不能积极解决这些早就已经摆在我们面前的危机，那么他就不能算是一个尽职尽责的政治家。

——马克斯·巴泽曼（Max Bazerman），哈佛大学商学院教授、公共领导中心副主任、《意识的力量》作者

正如米歇尔·渥克警告过的那样：问题的关键不是发生危机的可能性有多大，而是发生危机的时间节点离我们有多近。这部作品非常契合当下的时代特性。在这个时代里，我们面临着各种各样的、明显的生存危机。这本书提醒我们，否认问题的存在是一种讳疾忌医的行为，百害而无一利。同时，书中给我们提供了消除危机的具体方法：危机与机遇要么互为因果，要么是一枚硬币的两面。所以，我们必须找到危机中潜藏的机遇，充分利用，才可能做到"绝地反击"。

——米拉·坎达（Mira Kamdar），《印度星球》作者

米歇尔·渥克用通俗易懂的语言把我们刻意无视的一切，真实地呈现在我们面前，并且教会我们如何从危机事件中寻找机遇。这本书的最大好处是：从个人生活领域到全球经济领域，重新审视思考我们的生活。

——帕拉格·科哈纳（Parag Khanna），《连接力地图》和《如何运营世界》作者

《灰犀牛》这本书为我们指出了组织机构、公司和国家民族的致命弱点，并且教会我们克服这些弱点的方法：企业领导和国家政策的决策者常常会因为画地为牢、抱残守缺而犯下错误，所以只有广开言路、从谏如流，才能避免一错再错。书中的见解拔新领异、字字珠玑，必将成为全球政策决策者和思想领袖的必读之作。

——威廉·斋藤（William Saito），英泰克咨询公司CEO、《团队》作者

目 录

序 言 / *1*

第一章　遭遇灰犀牛 / *1*
　　　　明知故犯 / *8*
　　　　蠢笨的大块头 / *10*
　　　　防微杜渐 / *16*
　　　　不是能否发生而是何时发生 / *21*
　　　　无流血，不头条 / *27*
　　　　灰犀牛的五个阶段 / *31*
　　　　看见灰犀牛 / *36*

第二章　预测过程中会遇到的困难：抵触和否认情绪 / *41*
　　　　曼德尔布罗特式的不规则 / *46*
　　　　死亡螺旋 / *49*
　　　　玩飞镖的猴子 / *53*
　　　　现代的神谕 / *58*

未知的已知 / 61
遵从神谕 / 63
理性与情感的混合体 / 68
准确的判断 / 70

第三章 否认：为什么我们看不到犀牛群？为什么我们不能避开它们的奔袭路线？/ 75
抵触和否认，不过是自我安慰 / 81
无法预知，是该抓牢，还是该放手 / 84
假如这是"雷曼姐妹"…… / 88
更多的事情在发生…… / 92
看见真实的犀牛 / 93
战胜群体思维 / 96
刻意促使人们无视危险 / 99
从否认到接受 / 106

第四章 得过且过：为什么我们已经看到犀牛群冲来却仍然不躲避 / 111
我们为什么要得过且过 / 118
断裂临界 / 123
怎样才能揭去创可贴 / 126
得过且过的行为合理吗 / 128
太大，太强，太快 / 132
接受不确定性 / 135
不作为的代价 / 137
民众和政治家 / 141
预知死亡纪事 / 144

第五章　诊断：解决方案是对的还是错的 / 149

不愿意面对的事实真相 / 153

反复出现的犀牛和发起冲锋的犀牛 / 154

元—犀牛式危机 / 155

难题和戈尔迪之结 / 159

科技创新的颠覆力量 / 162

身份不明的犀牛 / 163

犯错误 / 166

致命危机 / 167

墙上的裂缝 / 170

化悲痛为动力 / 173

是该无视危机还是把它看成机遇加以利用 / 176

市场混乱 / 182

灰犀牛的分类 / 184

第六章　恐慌：灾难迫近时的决策 / 191

买低 / 196

最坏的和最好的 / 202

拯救世界的责任感 / 205

我们如何评判自己的行为能力 / 207

直面危机 / 209

熟悉悖论 / 210

我感染了埃博拉病毒吗 / 212

养成习惯 / 220

能够自我调适的体系 / 224

第七章　行动：顿悟之时 / 229

把新方法规模化 / 235

求雨 / 241

测量，改变 / 243

顿悟的那一刻 / 246

水资源引发的矛盾冲突 / 249

绣花口罩 / 251

新理念和新科技带来资源的充足 / 254

合理化投资 / 257

我们"得到它"的那一年 / 260

第八章　灾后：危机也是一次不可浪费的机遇 / 265

立体的谷歌地图 / 269

只许成功，不许失败 / 272

超出预期的后果 / 280

催醒闹钟 / 282

艰难的决定 / 287

第九章　当危险远在天边：做远期计划 / 291

远离危险 / 299

最初的信念 / 302

回到最初 / 304

100 年 / 308

耐心投资基金 / 310

税收策略 / 315

权衡还是不权衡 / 316

第十章　结论：如何避险 / 319
　　5 000万年之久 / 329
　　你的灰犀牛式危机是什么 / 338
　　一个能够管控犀牛式危机的人 / 348
　　理所当然的事情 / 351

致　谢 / 357
注　释 / 365
参考文献 / 387
有关犀牛的资料 / 395

序 言

2001年3月，我在布宜诺斯艾利斯亲身经历了那一场经济浩劫。

许多店铺的大门上都挂出了"闭门歇业"的牌子；出租车司机们喋喋不休地诉说着国家的巨大困境，用词夸张，不吝阿根廷人添油加醋演绎渲染之能事；各大主流报纸的头版都是饱受诟病的财政部长的大特写，以汉尼拔·莱克特的面具遮面，借用恐怖电影《沉默的羔羊》，意在质问"在拯救一个国家之前，就必须要先把它拆解得支离破碎吗"。

在去布宜诺斯艾利斯之前，我刚从美洲开发银行的年会上回来。在这次召开于邻国智利的年会上，银行家们、部长们、新闻记者们都对阿根廷的金融问题一筹莫展。毫无疑问，那些智利人是怀有某种窃喜的，因为两国毕竟竞争多年。阿根廷的衰败，可以让智利人从这场旷日持久的竞争中不战而胜。

阿根廷面临的难题包括：外债飙升，美元撤离，外汇储备骤降。此外，如果重建，那么不仅仅是费用惊人、难以承受，而且重建的费用只会流入银行家的钱袋，于阿根廷脱困无任何益处可言。交易商们在大量抛售阿根廷的债券，相较历史最低点而言，价格还不算低，1美元售价80美分。如果你看到了这些，你就能明白：阿根廷比索是无法钉住美元汇率的，因为单靠贬值货币很难实现对经济的助推。但即便是不看这些数据，也不难得出这一结论。

我是专门报道拉丁美洲金融问题的记者。几周前，我报道了一项由著名学者和华尔街人士提出的议案。此项议案建议阿根廷政府和债权人削减30%的外债，以避免出现更严重的损失。文章刊登后，几个华尔街的银行家打电话给我，说削减债务是早就应该做的事了，但他们不能公开这样说，否则很难保住自己的职位。虽然经营者们在谈论阿根廷的外债拖欠时，不是在议论拖欠能否发生，而是在议论拖欠何时发生，但是仍然没有任何银行建议它们的股东去主动放弃一些债权。9个月后，更严重的事情真的发生了：先前那些不愿意削减30%债权的人，最终损失了大约70%。

10年后的希腊也面临了同样的困境。和阿根廷一样，希腊试图用一系列的紧急财政援助来掩盖外债危机，结果只是治标不治本。欧洲其他国家虽然没有像希腊那样穷途末路，但也步履维艰。2011年春天，我为美洲新基金会写了一篇论文，论证希腊应该从阿根廷的前车之鉴中吸取教训，认识到问题的严重性，尽快进行外债重组，积极应对可能发生的经济危机。[1]

在希腊问题上，人们的反应与2001年时截然不同。交易商们公开明确地表态，希腊现在必须做的事情，就是阿根廷在2001年时该做却没做的事情。早在2012年，希腊政府和非官方债权人就已经达成共识，必须阻止希腊发生债务拖欠，以免希腊拖累欧洲甚至是全球的经济。但是那些官方债权人却没有采取相同的应对策略，结果使希腊和欧洲在2015年陷入了新的经济危机泥潭。

全球人力资源论坛是致力于研究人力资源难题的韩国机构。其组织者邀请我参加了2011年11月在首尔举行的会议。会议期间，与会者曾讨论世界是否面临新一轮的经济危机。当然，我告诉他们：我们尚未从目前的经济危机困境中走出来。过去的这几年，我们一直在面对同一难题。问题不仅仅出在希腊，欧洲其他各国的财政和贸易差额巨大，极有可能使欧盟解体，并拖累全球经济一同沦陷。在美洲人看来，欧洲的各国领导人在危机中毫无建树，没有做出政治上的积极努力。所以，面对全球经济问题，是该任其恶化，还是该力挽狂澜，我们必须做出选择：是要经济增长，还是要财政紧缩；长期，还是短期；是要财政政策，还是要货币政策；消费，还是投资；是要廉价劳动力，还是要人力资本；是要产品，还是要知识。

当希腊与非官方债权人的协议生效几个月后，希腊与阿根廷的事件对比让我不禁思考：究竟是什么因素导致产生如此迥异的结局？为何希腊政府和非官方债权人能适时扭转危局，使其自身和欧洲其他国家的经济免于受损。正是这些疑问让我萌生写一部书——《灰犀牛》的念头。经济危机的阴影并未完全散去，悲剧极有可能重演。虽然希腊与银行达成协议，削减了债务，为经济的复苏赢得了喘息的时间，但是拖欠国际货币基金和欧洲联合会的债务仍然十分巨大。那些官方债权人，由政府出资，靠纳税人生存，尤其是德国，并未像非官方债权人那样削减其债务。

自从纳西姆·尼古拉斯·塔勒布（Nassim Nicholas Taleb）的《黑天鹅：如何应对不可预知的未来》（*The Black Swan：The Impact of the Highly Improbable*）出版后，低概率事件的巨大冲击理论和他本人在 2008 年金融危机前先知先觉重仓做空，大赚特赚了一笔的传奇事件，在金融市场和政策领域吸睛无数。时至今日，人们已经把黑天鹅理论和肥尾效应奉为圭臬。但是，分析家和决策者甚至连那些可怕的、明显的、高概率的事件都无法防范，对低概率事件就更束手无措了。其实，那些低概率的孤立事件聚成一体时，其发生概率就会远远超出人们的认知。在我看来，众多黑天鹅背后是不断汇聚的高概率的经济危机。

在为《灰犀牛》寻找案例的时候，我发现过去的众多危机都有明显的先兆。不幸的是，这些先兆都没有引起人们应有的重视。时至今日，预示危机的先兆仍然显而易见，但还是未被当作一回事。在收集整理数据的过程中，我看到的问题令人触目惊心。许多风险的存在已经被发现，但没有得到积极的防范和应对：从全球层面讲，是涉及经济危机和气候变化的各国政策；从科学技术角度讲，是引发工业变革的科学技术，例如数码科技的发展对传统媒体的巨大冲击，造成工厂倒闭，工人失业，但同时为数码公司创立者带来了几十亿美元的收益；从个人层面讲，是为数众多的个体事件，虽然不足以触发全球范围的危机，但对相关个体的影响却是致命的。纵观人类的历史进程，曾经有那么多次，我们在处理危机问题时，本可以做得更好：卡特里娜飓风、2008年金融危机、2007年明尼苏达州大桥坍塌、网络黑客攻击事件、野生生物保护事件、水资源匮乏等各种灾难问题的探讨都将在本书中一一呈现。

2012年10月，当飓风桑迪在东海岸肆虐时，我深入研究了那里的风暴预警体系。正是这套预警体系，使美国纽约能提前数日为风暴的到来做好准备。事后发现，尽管紧急事件应急处的官员们从卡特里娜飓风事件中吸取了经验教训，但仍然有一些地方做得不尽如人意。例如，一些个人、公司、民间组织和政府机构等竟然未做任何防范。飓风之后，人们并不清楚那些相关责任人是否会在未来进行变革并积极行动、保护纽约。

恰在此时，达沃斯经济论坛年会的组织者邀我做演讲。这是一个很好的机会，我可以深入思考探讨一下，为什么我们对迫在眉睫的危机不能先知先觉，提早预防呢？在2013年1月的达沃斯经济论坛年会上，我首次提出了"灰犀牛"这个概念。当时的会议上，日本作家和危机理论家威廉·斋藤正针对"红天鹅"事件发表演讲。所谓"红天鹅"事件，就是指那些由于整体的预见缺失而造成的灾难性事件。在事后看来，灾难发生前的预警信号早就已经清清楚楚了。我们的演讲内容有个共同的主题——所有灾难的发生，不是因为发生之前的征兆过于隐蔽，而是因为我们的疏忽大意和应对措施不力。这些事前征兆早就明白无误地呈现在绝大多数人的面前，但他们不仅视而不见，而且不愿适时采取应对措施加以防范。

当我的代理人第一次就《灰犀牛》的出版问题同出版社的编辑进行协商时，他们当中竟然有人回复说，要人们警惕风险的存在是多此一举，因为人们已经意识到了风险的存在并且正在不遗余力地积极应对。这件事让我明白了，自己面对的问题远远比之前想象的更严重、更可怕。事实上，我提出的理论问题非常必要，所以我不得不一再强调。现实情况与那些编辑的观点恰恰相反，大多数的个人和组织都没能做到积极有效地应对巨大的潜在危险。

在为写书而做调研的时候，我发现：重大危机发生之前的种种端倪其实都是一次次绝佳的机遇。意识到危机的存在并且能处理得当，这种与众不同的能力会给那些善于思考的人带来丰厚的利润：金融领域里，许多投资者会从市场的逆转中获利，这些利润是从市场上的莽汉那里获得的，他们在市场泡沫时期愚蠢地加大投入，而在随后的市场恐慌中束手无策。曾有无数次，事情与那些引起骚乱的新型科技出现时一样，危机的出现是因为一些人发现了新事物或新方法。在另外的一些情形中，重新考虑如何处理危机，往往能激发人们的想象力。2014 年，全球经济与气候委员会认为：全球将在未来 15 年中花费 90 万亿美元，来替代、维护、扩建老化陈旧的城市基础设施，以满足不断扩张的城市人口需求。基于此种考虑，全球委员会提出如下建议：摒弃以往主推商业发展的做法，各个城市应该将资金投入新技术的开发利用上，以此促进发展，增加就业机会，提高公司利润，刺激经济。[2] 与此同时，减少城市无序发展而产生的经济损失。就美国一个国家而言，这样的损失每年就高达 4 000 亿美元。

手术刀下

拖延症是我们每日都要面对的挑战,在解决各类问题,例如金融危机、地缘政治和巨型企业危机时,我们常常被拖延症困扰。事实上,这些危机都是人们的行为集中放大后的必然结果。

个人层面上,我总会禁不住要把自己经历的两次牙龈手术同"灰犀牛"理论联系起来。的确,我已经意识到牙龈的疼痛有别于飓风和金融危机的困扰,是更个人化的。这些看似风马牛不相及的事件都涉及我们的抗风险能力,而我们的抗风险能力在人类固有的弱点面前会变得不堪一击。正是这些弱点的存在,才造成我们忽视牙医们的警告,没能做到正确使用牙线并且每六个月做一次牙齿清洁。我们每次在牙科医生那里做完牙齿清洁后,感觉牙齿干净舒服,就会变得格外勤快,每日用牙线清理牙齿上的食物残留。不幸的是,这种勤快的行为也只维持了几天。然后,实际情况是,每日的常规工作和生活琐事让我们无暇顾及臼齿的清洁工作,毕竟臼齿处在颌之末端,很难触及,更别说清理了。于是我们会漏掉一两天的清洁工作。或者,更诚实点说,漏掉的不止一两天。诸如此类的事情,我们都干过。我们常常会不顾及自己行为的后果,一直到灾难发生,避无可避。

和许多人一样,我也经历了一次惨痛的教训。我的牙科医生告诉我,我必须接受一次牙龈移植手术。手术刀下的经历虽然很不愉快,但至少让我长了记性,牢记了每日清洁牙齿的必要。如今,我拥有一整套清洁牙齿的工具,甚至有些工具是我接受牙龈移植手术后才知道其存在的，最重要的是，我没有把它们束之高阁，而是每日都在使用。相较于那些重大的危机性事件，牙龈炎确实微不足道。但是，它是我们生活中最简单鲜明的实例，能清楚地告诫我们：很多时候，经历一次沉重的打击才能让我们清醒，让我们警惕灾难的发生，以最小的痛苦和代价去防患于未然。

累教不改

在纽约市一个离我家很近的街区，发生了一起类似的事件——拖延症致使人们把本该采取的行动一推再推，直至灾难发生。在接连发生了三起悲剧性事件后，人们才意识到早就应该去消除那个一直在致人殒命却被长期忽视的隐患。

在2014年1月某个周末的雨夜，我暂时放下手中的书稿工作，想休息一会儿，就浏览了一下推特（Twitter）。结果，推特上不断涌出可怕的消息：我家旁边的一个街区被警察封锁了，警车和救护车不断呼啸着赶往事故现场。最终，我弄清楚了整个事件的来龙去脉。一个九岁的小男孩库伯·斯德克（Cooper Stock）和父亲一起在家门口的街道上准备过马路，人行道上的绿灯亮了，他们牵手走上了人行道。突然，一辆没有及时避让行人的出租车撞上来。"没有避让"是当时的警察们给出的定论。就这样，出租车致父子二人一死一伤。库伯的父亲不得不眼睁睁地看着儿子在自己面前殒命。

就在事发之前不足一小时，在两个街区以外的地方，一个旅游巴士的司机受到车辆设计缺陷造成的视觉盲点的影响，没能看到据说是在闯红灯过马路的亚历克斯·舍尔（Alex Shear），当时过路的行人都尖叫着让司机停车，但还是未能阻止悲剧的发生。亚历克斯·舍尔当场死亡。据说，这位死者是一位74岁的神父，也是一位美国文物收藏爱好者，被朋友们称为"美国梦的花衣魔笛手"（美国梦的盲目追随者）。

事故之后的那一周，我和朋友们、邻居们一起参加了在库伯·斯德克家门前举行的烛光守夜祈祷活动。有些参加者的孩子和库伯·斯德克在同一所学校读书，还有一些人与亚历克斯·舍尔熟识。人群从人行道涌上街道，就是出租车撞向库伯·斯德克的那条街。人越聚越多，警察于是不得不封锁了97号大街。遇难者的邻居、家人和朋友们都来了。一位由本地人选出的官员发表演说，呼吁采取必要的措施阻止本可避免的交通事故。我想找一个能看清听清的地方，于是小心翼翼地靠近那些停在西区大道上的车辆，不想站到街上去，因为这里的危险是显而易见的。

几天后，26岁的医学院学生萨曼莎·李（Samantha Lee）在96号街上过马路时，被一辆救护车撞倒，随后遭到后面车辆的碾轧。尽管新闻最初报道说，她当时走在了路中间，但事后的录像显示，她当时只是走在人行横道上。

行人交通事故和本书讨论的其他重大灾难性事件相比，显得微不足道，但对那些受难的家庭来说，其影响是毁灭性的。从微小的个人层面研究灰犀牛问题，更能让我们看清人性上的和政府管理上的瑕疵。我们遇到重大事件时，正是这些瑕疵导致我们对问题处理不当，将事件引向了灾难。

这三起重大交通事故致死事件，把人们早就心知肚明却长期不予重视的几个问题推到了聚光灯下：中学门前的街路因为设有高速路出入口，导致车流量极大，是道路设计上存在的重大缺陷；对交通肇事致死的司机量刑过轻，是交通法规的漏洞（撞死撞伤库伯父子的出租车司机仅仅以"未加避让"的罪名被传唤）。所有导向灾难的因素都具有灰犀牛的特征，都是直到灾难发生后，损失不可挽回时，才有市政官员出面解决问题。在此次事件中，虽然早就有证据显示纽约市政府应该改变其政策，但他们并没有积极采取行动。

我在西区大道通过时，总会停下来反反复复左右多观察几次，因为我知道几年前在这里曾经有人被撞身亡。2005年，在第95号路和西区大道的拐角处，一辆越野车撞向《新闻周刊》（Newsweek）的编辑汤姆·马斯兰（Tom Masland）。我和这位编辑有过简短的会面，当时是为了把多米尼加的一位朋友的书稿转交给他。虽然我和马斯兰没有密切的交往，但是听到消息后仍然很震惊，而且事后还不得不打电话给我的多米尼加好友，告诉她事情的经过。许多人大概都清楚，西区的那些九十几号公路是死亡陷阱。在马斯兰遇难的这条路上，车辆鱼贯而出，从西侧的高速路下来，涌入95号和96号大街。在95号和97号公路之间的西区大道上常常挤满准备上高速的车辆。

2008年的一份关于交通的研究报告提出了几项关于改善纽约街路状况的建议，但是政府对这些建议置若罔闻。[3] 2013年11月，也就是在事故发生前的几周，地方社区委员会又发表了一份研究报告并提交了一整套的交通整改意见。同样在11月，倡议交通整改的人们警告说：整个纽约在2011年到2013年间的行人死亡率增加了15%以上。[4]2011年，死于交通事故的儿童人数是7人；2012年死于交通事故的儿童人数是12人；2013年是13人。整个纽约遇难行人的数量从2012年的150人激增到2013年的173人。[5]

库伯·斯德克的遇难是个引爆点。这个九岁男孩的家人站出来呼吁政府采取行动改变现状。许多遇难者的亲人朋友也都站出来支持他们，于是呼声越来越高。撬动此次事件的杠杆是一个悲伤的故事。这个悲伤的故事让我们明白了一个道理：必须将对高概率风险的处理提上日程。

强烈的呼声推动了变革。但是，最明显的事情总是会得到最夸张而非最有效的解决方案。

对于此次的三起交通事故，市政府的解决办法实在令人惊讶：加大力度整治乱穿马路的行为。在此期间，警察为了阻止一个84岁高龄而且语言不通的中国老汉乱穿马路，把他打得血流满面。从1月到2月中旬，纽约警察给行人开出的罚单增加了8倍，而开给司机们的罚单数量却在下降。

当地的社区委员会全体一致通过了一项决议：城市将改变对那些违反交通规则并导致重大交通事故的司机的处罚，至少也要永久吊销其驾驶执照。令人费解的是，这种看起来非常合理的议案多年前竟然会被否决。

2014年2月，纽约市长比尔·白思豪（Bill de Blasio）在"瑞典交通零事故"模式的基础上，提出一份42页的议案，意欲推动纽约市实现无交通事故致死的目标。他承诺加强力度整治司机违反交通规则的问题。

然而,就在他宣布交通整改方案的两天后,其驾驶的房车就被记者们拍到超速的证据;几天后,《纽约邮报》(New York Post)的摄影师又捕捉到了市长乱穿马路的画面。这些事表明:我们往往会明知危险的存在,却积习难改;而且,灾难发生后,我们也不能采取有效行动,防止下一次灾难的发生。

如果我们认知和预防灾难的能力如此不堪的话,那么当灾难来临时,我们将束手无策。如果我们不改变自己,那么一切努力和行动将是徒劳无益的。即便我们无法改变自己,但至少要清楚自己在做什么和为什么这样做。认识到那些促成我们各种决定的性格因素,能帮助我们改变我们的行为。最近,我对来自企业、组织、社区和政府机构的案例进行了一项研究,结果表明:有许多种途径,可以让我们更有效地确认和防范危机。

首先,要重新认识体制。我们自己早期建立的体制会阻碍我们如今适时、高效地防范危机,这就是我们面临的难题。我们的政治和金融体制都是建立在金融动机和社会动机基础上的,而且是着眼于当下的。结果,在时间和资源上,我们都没有做任何的长期投入。所以,我们无法走到灾难的前面去防患于未然。

其次,借助于灰犀牛理论。灰犀牛理论是一张路线图,有助于我们从未能避免的危险灾难中吸取经验教训,并且把经验运用到未来的决定中,让我们不仅能避免危机的发生,减少生命和财产损失,而且还能给自己创造机遇。

躲避灰犀牛的侵扰,方法不一而足:可以是直面危机,化危机为机遇;也可以是避免损失,或者,至少也是减少损失。适时的预防可以使局面发生戏剧性的转变。它可以使危机不再继续恶化，就像2008年金融危机后的激励措施一样。很多时候，损失已经无可挽回，事情也无法回到初始状态，但是，如果我们能把损失控制到最小，也不失为一种进步。如果不能做到避免灾难，那么维持现状也是一种不错的选择。

第一章

遭遇灰犀牛

2001年秋天，格伦·莱伯哈特（Glenn Labhart）时任戴纳基（Dynegy）公司的首席风险防控官。戴纳基能源公司当时正计划购入一家能源贸易公司。这家公司的股票价格在最近几周已经跌了80%，在能源市场引起了一轮又一轮的恐慌。戴纳基公司的董事长和CEO查理斯·沃森（Charles Watson）很了解这家公司（或者说是自认为很了解），计划低价购入该公司的能源销售，稳定能源市场，整合两家公司的贸易能力，避免如果这家公司破产给自己带来的冲击。这不仅仅是一次扮演救世主的机会，而且还可以从中牟利。

莱伯哈特是一个直率而且严肃的得克萨斯人，在石油天然气贸易领域有17年的从业经验。他曾经是一名风险顾问，现如今其综合身家达420亿美元，掌控的范围包括贸易、发电、能源及相关的保险和信贷风险等。他曾经帮助戴纳基公司从加利福尼亚能源危机和"9·11"恐怖袭击造成的困境中走出来。此外，他创立了一个动态工具提供实时的风控信息。现在,他负责评估此次价值250亿美元的交易,并且负责给董事会提供建议。

他对戴纳基公司有意购入的这家公司进行了一次风险价值测评,制作了一个类似汽车仪表盘的装置,配备计速器和气体压力计。显然,戴纳基公司不得不向这家公司注入更多的资金并且承担其巨额债务。莱伯哈特越是深入研究这家公司的财务,越是担心。一次,我们一起喝咖啡时,他对我说:"我推算了一年风险调控后的资本回报率,结果非常清楚。"他就是无法明白这家公司是如何计算其收益率和贸易交易的现金流量的。当他试图想象自己站在一个评级机构的面前,给这次交易找一个合理的理由时,他发现自己无能为力。

将近15年后,莱伯哈特生动地忆述了在庄严的休斯敦贝克博茨法律事务所里的那次7:30的早会。他在会议上同戴纳基公司的经理们和律师们讨论风险评估问题。他很坦率地告诉他们:"如果我们真的想进行这项交易,我们就得问问他们是如何衡量固定资产风险的。"他给董事会递交了一份报告,警告他们说,这家公司的财务数据不可靠,他们应该做更多的慎重的调查,同时推迟交易。"那份报告认为我们不应该进行这项交易,"莱伯哈特回忆说,"我说我们需要问更多的问题,但是并购如同火车一样,一旦启动就很难停下来。我真希望我在投资前有更多的时间去准备。"

戴纳基公司意欲收购的这家公司就是安然(Enron)公司。此次失败在商业历史上非常典型,审计人员、分析家和投资者都极其失败,没能发现这个标价为900亿美元的公司其实就是一个纸做的房子，一点都不靠谱。这件事如今成为贪婪和无视危险征兆的经典案例。

重新审视整个事件时，莱伯哈特迅速地画了一幅公司管理结构图。这幅图很惊悚，它概括了公司的长期和短期资产，还有债务和现金流。在结构图上，莱伯哈特用箭头和圆圈标示了向他发出警示的各种因素：这家公司向市场标注资产的方式——用证券交易的会计学方法去标价其涡轮机。"你是怎么向市场标注你的涡轮机价值的？"他问。与经常倒手的股票和债券不同，涡轮机是巨大的笨重的机器，很难倒手交易。也正因如此，使得涡轮机的价值很难界定。

莱伯哈特希望的是，他的报告能尽早引起董事会的注意，以阻止这次并购的进程。虽然这个愿望最终未能完全实现，但是他的警告也不是没起一点儿作用。这份报告使董事会的成员们相信：他们必须在这次并购中纳入一定的保护机制，以免莱伯哈特的预言成真。"当你的身份是首席风控官的时候，你就会去尽可能地预测各种风险，因为你总是会悲观地看待问题。"莱伯哈特事后说。但是，即便你只是预测未来，你也有能力影响事件的进程。

并购前的那些日子里，莱伯哈特和戴纳基公司的管理层共同拟定了一项意外条款：通过把安然公司名下唯一的输油管道同时也是最具有盈利能力的公司——北方天然气公司——划归戴纳基公司所有，以此来降低戴纳基公司的信贷风险。为此，安然公司用 16 500 英里的输油管道为这一次的并购做了担保。

2001 年 11 月 19 日，安然公司给美国证券交易委员会

（SEC）发函，宣告公司新增了一项690万美元的债务。此举使戴纳基公司更加进退两难。戴纳基公司之前已经向安然公司注入了15亿美元的资金，不仅如此，戴纳基公司还承担了安然公司另外一项10亿美元的债务。信用评级机构甚至将安然公司的债务清偿能力调低为垃圾级。截至11月28日，安然公司的股票价格已经几乎接近于零，戴纳基公司由此终止了并购。到2002年年初时，由于戴纳基公司自己的股票价格出现了剧烈波动，所以不得不购入了那个输油管道，此举一度造成公司股价出现企稳的局面。[1]在这之后的2003年，全球风险管理专业人士协会（The Global Association of Risk Professionals）授予莱伯哈特"年度最佳金融风险管理者"的称号。

戴纳基公司的这段历险和安然公司的最终倒闭虽然是一个极端的例子，但是和我们普通人平日里遇到风险的时候所做出的反应是一样的。事故最终之所以会发生，就是因为我们不愿意正视它。我们不做任何进一步的追问，因为我们不愿意知道答案。我们害怕知道答案后，就不得不去处理各种麻烦棘手的问题，更害怕事情不能像我们期待的那样往好的方向发展。面对将要发生的事情，我们总是过于乐观，无视十拿九稳的事情也可能出错的事实。

即便是我们已经清楚地意识到了当前存在的危险，我们仍然不会采取适当的行动去预防灾难的最终发生。因为，当我们处理有关政治和金融问题时，很多导致我们犯错的动因在我们的头脑中已经根深蒂固、牢不可破：过于急功近利、目光短浅、资源分配不均衡以及对风险的低估甚至是误判。结果，无论世界上的预警系统设计得多么精良,也无论它的声音是多么的惊天动地,我们都不能真正指望它去唤醒我们的领导者们,去促使他们做自己该做的事。很多时候,我们承认危机预警准确无误,但是我们仍然会按兵不动,直到大祸临头,有时甚至是直到一切都无法挽回时,我们才会幡然悔悟。

致使我们犯错的思想动因总是反复作怪,造成不可避免的灾难。安然公司的倒闭、世界通讯公司(WorldComs)的丑闻、长期资本管理公司(Long-Term Capital)事件、桥梁和楼房的坍塌以及在漫长的历史长河中不断出现的各式各样的灾难,从地缘政治领域到慈善事业领域,甚至是个人生活领域,凡此种种,都是错误的思想动因不断作祟的结果。

近年来,行为经济学者们已经证明:很多认识偏差会阻碍我们保护自己的最大利益。他们的研究让人们看到:各种违背常理的认知和情绪,甚至是不理性的动机,在我们的思想中根深蒂固,某种程度上促使我们做出了种种错误的决定。在本书的第二章和第三章中,我们将一一展现这些认识偏差,并提供有效的应对策略。第四章探讨的是另外一个必须解决的难题:错误的思想动因、结构性障碍、个人得失的错判等。这些都是导致个人、企业和政府机构无法适时行动、未雨绸缪、防患于未然的罪魁祸首。

也有很多人,当他们看到危险迫近时,愿意出声警告,虽然不足以挽狂澜于既倒,扶大厦之将倾,但有时候至少能阻止部分悲剧的上演。这些人的成功是多种能力共同的作用:领导才能和人格魅力、对人类自我愚弄本质的认知和自我救赎的能力等。也有时候，这些人的成功仅仅是因为运气好，拥有了地利、人和的外部条件，例如，充足的资源并且身边的人能审时度势，预见危机后主动出击，化险为夷。

明知故犯

假如，你正在非洲游猎。你已经深入莽荒之地，只为有机会亲眼看看活着的犀牛，以免犀牛绝迹时只能徒留遗憾。西方的黑犀在2011年的时候被宣告灭绝（因为已经连续五年踪迹全无），而且全世界的黑犀数量也只有区区几千头。你很清楚，犀牛灭绝的那一天已经越来越近了。你曾经在一张照片上看到过一些黑犀的尸体，牛角被残忍的偷猎者从头上砍下来，送到亚洲的市场上售卖，价格昂贵，甚至远远超过可卡因和海洛因的售价。

已经过去三天了，你和你的两个最好的朋友都急切地想看到此行的唯一目标，尽快地获得战利品，当然不是用枪，而是用你们的高端相机。太阳炙烤着大地，你甚至能看到空气中升腾的热浪。但是，你和你的朋友们都意志坚定，没有一丝的动摇，仍然专注于寻找黑犀牛的踪迹，渐渐地忘记了向导的警告。向导还在观察的时候，你和你的朋友贸然行动，偏离了既定的线路。

你几乎已经准备放弃，返回团队中去了，但是，突然间，它们就毫无预警地出现在你面前：一头母犀牛和它的小牛犊。体型巨大的母犀牛正在摇晃它的尾巴和长长的耳朵，驱赶周围讨厌的苍蝇。你突然意识到自己忘记了呼吸，也突然明白了"叹为观止"的真正意义！

第一章 遭遇灰犀牛

小牛犊站在母犀牛旁边几米远的地方,正在望向另一个方向。你悄悄地向它们爬过去,想找到一个最佳的拍摄角度。当然,用你的长焦镜头也可以拍摄画面,你更想得到一个特写,而且觉得这样一个特写镜头值得你去冒险。你忘记了向导的忠告:必须待在犀牛的绝对领地之外以及让自己身处风向的下风口处,同时要保持绝对的安静,以免惊扰犀牛。向导说过,犀牛对你的恐惧远远超出了你对犀牛的恐惧。

你的两个朋友也非常兴奋,完全忘记了向导说过的要保持安静的警告。"去吸引一下它们,让它们看到你,这样我们就能拍摄到它们的脸部照片了。"其中的一个小声说。另外的那个朋友吹响了口哨,完全没考虑后果。那个小牛犊望向了你的方向,但是,不幸的是,那个母犀牛也向你望去。在与母犀牛四目相接的那一刻,你才意识到自己犯了可怕的错误。你已经惊扰到了一头母犀牛!更糟糕的是,你竟然成功地靠近了它的孩子,而且比它离它的孩子还要近!小牛犊飞快地跑回母亲身边,但是这位母亲仍然被你激怒了。当母犀牛巨大的身躯向你冲来的时候,你感到脚下的土地因它的重量而震颤。

但是,遭到一头愤怒的母犀牛攻击还不算是最糟糕的,因为一头公犀牛在附近出现了,而且已经注意到了你。很显然,这头公犀牛的体重和外形是那头母犀牛的两倍。它垂下头,弓起背,左侧前蹄一下一下地刨着地上的土,做好了冲锋的准备。当它调动两吨重的庞大身躯,集聚全身的力气,向你的方向扑来的时候,那锋利的犀牛角刚好准确无误地对着你。

你早就忘记了向导的忠告:防止犀牛攻击的最佳办法就是不

要触怒它。一旦它开始进攻，阻止它攻击的概率就几乎接近于零了。现在，一切都晚了。那头公犀牛已经迈开了冲锋的第一步，并且开始加速了。很快，它就会以它的最快时速（40英里/小时）向你冲来。

当公犀牛全力以赴向你冲来的时候，你如石化了一般，一动也不能动了。你能怎么办呢？你可以爬树，但是这里没有足够高、足够粗壮的树供你避难。拿东西砸它吗？但是砸过去的东西能弄出足够大的声响吓跑它吗？你可以向反方向逃跑。但是，炙热的太阳早就榨干了你身上的能量。如果你自己的游猎队伍足够近的话，你可以跳上车，让司机猛踩油门。但是，你已经远远地离开了队伍，目的就是要看一眼犀牛。你望向你的两个朋友，希望他们能帮帮你。但是，他们也同样僵在当场。你最后的选择就是等犀牛靠近，然后跳开，逃离它的冲击路线。向导曾说，当犀牛向你攻击的时候，有一件事必须牢记：不能一动不动地站在那里。僵在原地不是你该做的。但是到了此刻，好像你的选择就是不做任何选择。

蠢笨的大块头

思考如何面对犀牛的冲撞，就如同领导者们考虑如何应对迫在眉睫的威胁。无论是影响未来世界走向的地缘政治的重建，还是影响一家公司、一个机构、一个国家、一个地区的市场混乱和管理上的重大挑战，抑或影响某个个人和家庭的个人决断，当危险摆在面前的时候，我们都得快速做出判断并且采取行动。每一个决定都是所有过去行为和事件的结果；每个错误的形成原因都不是唯一的。预先的正确决断会产生完全不同的结果，就像是远离潜在的愤怒的犀牛。一旦犯下了错，风险就会飙升，摆在我们面前的选项就不再是好和坏，而是糟糕、更糟糕，甚至是万劫不复。

一头灰犀牛就是指概率极大、冲击力极强的风险：一个我们应该意识到的风险，就像是一头两吨重的犀牛，把牛角对准我们全速向我们攻击。和那个在瓷器店里横冲直撞的远亲（大象）如出一辙，灰犀牛同样体型巨大，所以，我们应该很容易就看到它。你可能会认为，如此醒目的庞然大物，应该不会被忽视。实际情况却恰恰相反，我们没能及时有效地回应，原因之一正是它的体型蠢笨巨大。我们不断地失误，看不到那些非常明显的危险，因此没能阻止那些高概率的破坏性极强的灾难的发生：那些我们本来有能力、有机会阻止的灾难。国家的领导者们，机构和企业的CEO（首席执行官）们，和我们这些普普通通的人是一样的，在处理灰犀牛类型的高概率事件的时候，表现得差强人意。但是，他们在面对毫无预警的突发事件的时候，行动却迅速得多。这两种截然相反的表现，对于领导者们来说，释放着巨大且危险的信号。他们不能意识到本来应该意识到的危险，并且有效、及时地采取行动。这样的领导者们面对危险时会非常脆弱，不堪一击。

当面对一头即将发起进攻的犀牛时，一动不动绝不是最佳选择。然而不幸的是，实际情况往往是这样的，人们真的就会一动不动。危险的到来很少是出其不意的，总是事前发出各种各样的警示信息，让人识别，做好防范准备。可惜的是，这一次次的机会，都被错过了。于是，真正的危险就随之而来了。一动不动、僵在当场，是人的一种普遍本能，很难克服。很多时候，对行动的抗拒心理是非常强大的，强大到让我们坐以待毙，或者导致出现更加糟糕的情况：在市场过度繁荣导致泡沫出现时，我们往往做出最危险的举动。静静地想一想，你就会发现，这样的事情其实比比皆是：飓风来临之前，无论如何都不肯搬出住所的一家老小；明知有患癌症风险，也不肯轻易戒掉烟瘾的烟民；直到心脏病突发，才肯放下奶酪三明治的总裁；希望爬出深坑，却一直在自掘坟墓的赌徒。

错误的思想动机和对个人利益的误判会极大地助长我们抗拒行动的自然天性，例如：银行家们明明已经了解次贷危机的风险，却仍然不肯从这个充满风险的投资中收手；地方官员们明明知道桥梁的状况已经非常糟糕，但却一再推迟危险时间；工头明明知道厂房的墙面上出现了巨大的裂缝，但仍然一如既往地专注于手上的生意，直到整个厂房彻底坍塌；监管和执行层面的人明明知道出纳、会计等的行为可疑，但仍然拒绝接受各种警报的提示；工程师们明明知道一个劣质粗糙的 57 美分的燃火器是多么的危险，但仍然不去更换；由于企业的 CEO 对于颠覆性新技术的出现没做任何有效应对，在行业中本来处于领先地位的企业被新的技术和公司取代后，只能在市场中勉强挣扎维持；企业或者国家的元老们，明明知道自己时日无多，是时候该让年轻一代接手了，但仍然宁愿将国家或企业引向毁灭，也不愿意放开手中的权力。

世界所面临的巨大困难中有很多都是灰犀牛性质的问题。以全球气候变暖为例,科学家们已经非常清楚地指出,地球上的二氧化碳浓度如果超过350ppm将会非常危险。但是我们的二氧化碳浓度竟然达到了400ppm,而且还在持续上升。至今我们所有的努力只是使情况有些许缓解而已。海平面的上升导致了一次又一次的灾难性事件:纽约市百年不遇的大暴雨;两年内接连发生的艾琳飓风和桑迪飓风;在菲律宾肆虐的有史以来最强的台风"海燕"。有报道说,仅2013年一年间,41次气候灾害造成的经济损失就高达10亿美元。[2]

不可持续的国家债务,经济增长乏力,劳动力市场的巨大变革,诸如此类,极大地增加了相关国家遭受新一轮经济危机的可能性。日益加剧的收入分配不平等问题将会进一步导致社会和政治动荡不安、零星的骚乱、政权的更迭和经济发展的停滞。世界上淡水资源的缺乏已经威胁到了人口的稳定和增长,而且情况会进一步恶化。据联合国预测,到2030年,有高达一半的世界人口将会面临淡水资源不足的问题,因为需求量已经超出供给量40%。[3]到那时,农作物将枯死,人类将再次面临饥饿,几百万人将背井离乡,国家之间将会因淡水资源发动战争。

在世界的各个地方,无论是发达国家还是发展中国家,年轻人的失业问题都是非常严重的问题,触发悲观失望情绪、动荡不安局面和暴力事件等,暗淡了人类的生存前景和对未来的期许。到2045年,非洲领土上将会有40亿15~24岁的青少年人口。[4]这些青少年需要政府和社会提供给他们足够的就业机会;否则他们会将过剩的精力投入到抗议游行甚至更糟糕的事情上去。非洲的青少年已经占据了失业人口的60%,而且情况还在继续恶化。非

13

洲怎样才能给人数日益增多的年轻人提供就业岗位，避免触发危机，不让"阿拉伯春天"的余波再次成为年轻人的演练场呢？

颠覆性科技，例如3D打印技术等，不仅会使目前的很多产业走向末路，而且会催生出许多新型产业。互联网诞生至今的20年间，那些没有采取应对措施的传媒企业如今已经追悔莫及。此外，陈旧老化的基础设施也是不容忽视的威胁，它们不仅会致人殒命，而且会迫使城市的政治和经济建设止步。每个星期里，涌入城市的人口数量就高达百万。由此，人们预计到2050年为止，将有2/3的世界人口居住在城市。然而，超负荷运转的交通线路、老化陈旧的供电网络和生活污水排放管道、僵化的经济增长模式和失业闲散的城镇人口等，都证明了一个无法回避的事实：这些迅速膨胀的大都市没有能力回应城市的成长变化，不能提供必要的服务，不能增加就业机会，不能构建新的社会结构。然而，这些城市面临的问题远远不止于此，雪上加霜的是：绝大多数的大城市都濒临沿海地带，都要面对海平面上升和气候日益严峻等问题。如今的气候变化（灰犀牛性质的危险）严重增加了沿海城市人民的生命和财产安全风险。另一个全球范围的潜在威胁是流行疾病，其大范围暴发的警示日益频繁地出现，让人们明白自己面对的问题是：不是全球范围的流行性疾病是否会发生，而是何时发生。

如果你想探寻网络安全问题，例如一个指定公司或机构遭受严重网络攻击的概率是多少，任何一位网络安全专家都会毫不迟疑地告诉你，这种概率是100%以上，而且受到的网络攻击是持续性的。"公司的类型有两种：一种是已经受到黑客攻击的公司，另一种是不知道自己已经受到黑客攻击的公司。"思科公司（Cisco）的CEO约翰·钱伯斯（John Chambers）于2015年在瑞士举行的达沃斯经济论坛年会上如是说。如果同即将发生的黑客攻击事件比较的话，类似塔吉特（Target）百货公司和尼曼·马库斯（Neiman Marcus）百货公司受到黑客攻击的事件就微不足道了。黑客攻击了索尼公司不仅是损害了公司的名誉和威信，而且引发了地域性的政治冲突。这一切，都只是开始而已。

所有这些挑战，都像是遥远的地平线上对着我们虎视眈眈的犀牛一样，最初的威胁都看起来很遥远，但是它们靠得越近，阻止它们的代价就越大。然而，它们离我们越遥远（我们让自己相信它们离我们很远），我们就越不会采取任何防范措施。危险警示存在的时间太长，就会使我们精疲力竭，让我们觉得自己永远都没有战胜它的机会；当危险靠近的速度太慢，我们就会变得骄傲自负，认为完全可以跳出它的行进路线，避开它。

有时候，这些灰犀牛有可能会从一头变成一群：海平面上升和人口向海岸城市迁移，两者恰巧同时发生的话，会使台风和飓风的受灾人数飙升；饮用水和食物的短缺常常结伴而来；水和电力的短缺也是如此，因为水可以发电，电又可以输送水；全球市场的相互关联意味着一个国家的银行倒闭就有可能导致全球金融体制的动荡，进而失业率高升，街头骚乱频发。

在动物学领域里，一群犀牛就会被称为"碾压模式"（Crash）；我想不出用什么更好的词汇来形容了。这里记述的任何一项潜在危机，就其本身而言，已经很可怕了。如果和其他危机结伴而来，就更是势不可当。事前的防范是最难的。日常生活的压力下，我们面对简单的困难和挑战已经力不从心，更不用说是这么复杂可怕的、看起来很难理解和掌握的灾难性威胁了。

防微杜渐

但是，应该承认，这些都是非常显而易见的威胁。各个国家的领导者都承认风险的存在，而且也在做各种各样的努力，难道不是吗？非常不幸的是，事实并非如此。我们对许多显见的风险进行了追踪调查，结果很不乐观。各种高调的峰会一个接着一个，从 G20（二十国集团）经济合作论坛到联合国环境气候变化会议等，凡是我们能想得起来的，无一不是大肆宣扬招待各国领导人的高级酒店、奢华餐饮、配套的参观旅游和周密的安保措施等。各国领导人的初衷无疑是好的，但是在灾难来临时，也只会歇斯底里地乱喊乱叫。

每一年，世界经济论坛都会做一项调查，询问 1 000 名 CEO，有政府机构的和传媒领域的，也有国际非政府组织的。问题的内容包括：列举他们认为的、近期极有可能发生的、对他们产生影响的危险以及这些危险对他们的冲击有多大。2007 年发表的《全球风险预测报告》第 2 版中，将资产价格崩盘列为潜在风险严重性的第 1 位，同时将它列为潜在风险可能性的第 6 位。截至 2008 年，这份风险预测报告一直将"财务风险误判"作为其关注的核心问题。恰恰就在雷曼兄弟公司倒闭前的几个月里，这份报告指出：预计的房产市场衰退、流动性资金紧缩和高居不下的油价都实实在在地发生着，推高了经济崩溃的风险性。尽管这份报告以经济界的领导者们自己的评估为基础，而且在2008年1月的经济论坛年会之前被及时地发表了，但是却没能引起那些集结在瑞士的达沃斯会议的经济界领袖们的重视。他们不愿意接受自己的预测。

2013年，金融体制内的体制性失败已经在上述风险预测的名单中高居榜首了，其后是温室气体排放和对环境变化的适应。受访者们把可能性和破坏性一并看成不可分割因素，列举了以下潜在威胁：贫富差距加大，无以为继的政府债务，全球范围的流行性疾病，网络安全隐患，未加妥善管理的城市扩张，淡水供应危机，食物短缺，人口老龄化的相关问题，日益高涨的宗教狂热。2013年，受访者们被要求给他们自己所在的国家评分，即应对经济和环境危机的能力由低到高，最低分是1分，最高分是5分。受访者最多的10个国家中，有6个得分为3.5分，有4个得分为3分。换句话说，这些国家在对未来风险的防范方面都表现平平。瑞士、德国和英国得分最高，美国和中国紧随其后；俄罗斯联邦和日本得分最低；印度、巴西和意大利居中。

其他调查报告的结果也都与此大同小异。当联合国全球契约和埃森哲公司在2013年调访1 000名CEO的时候，其中只有32%的人认为：世界经济，在环境和资源允许的范围内，朝着满足日益增长的人口需求的方向发展着。另外，只有33%的CEO认为：世界经济在迎接这些挑战方面做了充足的准备。[5]

儿童死亡率有了大幅度的下降，但是每天仍然有1.8万名儿童死于可预防可控制的疾病。根据联合国儿童救援基金会（UNICEF）的统计，这些疾病导致儿童死亡的比例为：肺炎的死亡率是17%、腹泻的死亡率是9%、疟疾的死亡率是7%。它们是致使儿童死亡的罪魁祸首。这些儿童的死亡是完全可以避免的，因为我们知道这些疾病的致病原因，治疗和预防这些疾病的资金投入是我们负担得起的；在消除这些可怕疾病的必要性方面，我们没有任何分歧。

有时候，我们自认为已经很努力了，但是我们却完全错了。关于台风海燕的最初新闻报道表明人们事先的准备非常充足，已经将一场灾难消之于无形。当台风在2013年11月袭来的时候，美联社的一篇文章中说菲律宾人对预防灾害以减少死亡的准备工作更加认真了。"政府机构的公告非常频繁，总统和其他高级别官员的警告在收音机、电视和社交网站上定期反复播放。"文章说，"总统阿基诺三世（President Benigno Aquino Ⅲ）不断地安抚民众：菲律宾已经以备战状态做好了迎接台风的准备工作，3架C-130空军货机和32架军用直升机随时待命，此外还有20艘海军舰船备用。"然而，24小时后，新闻报道出现了很大逆转：死亡人数高达1万人，撤出人数高达60万人。[6] 很多时候，无论做多少准备工作都是远远不够的。

在历史上的历次台风中，因为领导者的过于自信和骄傲导致平民死亡，海燕不是唯一的一次。在新奥尔良，美国联邦紧急事务管理局在2005年1月与路易斯安那州政府官员共同参阅了一份详尽的113页的灾难预防计划书。计划书以一个命名为帕姆（Pam）的模拟飓风为基础，分析了三种类型飓风的具体灾难性影响："数以万计的死亡人数""漂浮的棺椁""会导致空气和水资源中出现大量有害物质"。然而，飓风卡特里娜——臆想中的飓风模型帕姆的最近一次现实演练——在同年 8 月登陆了。此时距离市政高官们参阅计划书、了解该如何为飓风的到来做好准备工作的那个时候，相隔不过数月。此外，市政厅还在卡特里娜飓风到来前的那一个月中召开了关于飓风准备工作的研讨会，在卡特里娜飓风到来的那个月的最初几天里推迟了飓风预防工作，并且拒绝采纳任何关于预防飓风的建议。飓风的威胁要多明显就有多明显。应对计划书也明明就摆在那里。然而，人们表现得好似飓风根本就不存在，为飓风做准备也好似根本就没有必要。那个不确定事件的微小因素——飓风何时到来和会有多大破坏性——足以让政府高官以此为由，拒绝行动。

我们都明白，越早着手，就越容易解决问题，而且成本越小：未雨绸缪远胜于亡羊补牢。这样的理论可以追溯到医学之父古希腊的希波克拉底（Hippocrates）：一分的预防远胜于十分的治疗（Morbum Evitare Quam Curare Facliusest）。"预防胜于治疗"，法国人这样说："Mieux vaur prevenir que guerir"；德国人这样说："Vorsorge ist besser als Nachsorge"；在西班牙语里是"Mas vale prevenir que lamentar"；在瑞士语里是"Battre stamma i backen an i an"（堵住小溪总要比堵住大河容易得多）。

天啊，这些格言虽然在理论表达上堪称完美，但总是不能被付诸实践。在影响我们思想和行为的那些人类劣根性里面，惯性是强大的一个，能阻止我们跳出固有的思维行动模式。有多少个学生不到最后一刻绝不写学期论文？又有多少个学生明明知道早点复习准备考试，会更轻松，也会更容易获得好分数，但仍然会在考试之前才开始通宵达旦地复习？你是不是一直拖着不去给汽车加油,直到过了推荐日期?(修理发动机的费用远远高于一次简单的加油。)我们知道从打印机没有油墨到重新装满油墨的这段时间里,会生出多少的麻烦和不方便,但是我们没有因此而行动起来。从打印机出现加墨提示到打印机真的没有油墨,这期间我们无视了多少警示信号?想想拖延症问题对那些公司、政府机构里工作人员产生的影响吧。如果发生在领导者的身上,后果就更严重了,因为他们的决定涉及亿万人的切身利益。

汉斯布林克(The Hans Brinker)故事讲述了这样一个故事:一个荷兰小男孩从水坝处经过,发现了水坝上的裂缝。这个水坝的建立是为了防止河水淹没农田和村庄。如果他不知道这样轻微的漏水会最终演变成洪水的话,他就不会想到要去拯救他的村庄。呜呼哀哉,这个传奇故事最终被证明不是荷兰的,它只是一个美国作家丰富想象力的产物。不仅是水坝裂缝这样的事情是不可能发生的——水坝是巨大的土堆,不可能像故事中描述的那样裂开——而且,即便是水坝裂开,要挽救一个即将垮掉的水坝,仅凭动动手指,也绝对是不可能的事情。但是这个故事告诉我们的道理却是不容置疑的,而且同医学之父古希腊的希波克拉底的名言不谋而合:果断及时的行动会使事情产生截然不同的结果。

无论我们曾有多么美好的初衷,多数情况下,我们面临灾难威胁所采取的行动,都发生在已经避无可避而且成本最高的时候。这样,一个恶性循环形成了:我们付出大量的金钱和精力去处理各种灾难性事件——这些事件如果能被早点解决的话,就不会这么麻烦——所以认为自己没有足够的资源去预防阻止其他灾难性事件了。同样,我们没有钱给我们的汽车加油,因为我们的钱都用来更换发动机了——如果我们能有先见之明，早点给汽车加油的话，发动机根本就不会坏掉。这就是灰犀牛威胁论的核心矛盾：当我们可能遇到的危险还处于萌芽状态时，我们会感觉手头紧迫，无暇顾及，所以致使防范措施搁浅；当危险真正来临，损失已经不可避免，此时此刻，我们虽然有应对灾难的财力物力了，但无论我们是想减少损失，还是想事后收拾残局，其费用都会是天文数字。

不是能否发生而是何时发生

在《黑天鹅：如何应对不可预知的未来》一书中，纳西姆·尼古拉斯·塔勒布描述了一些造成了严重后果的重大灾难性事件，认为这些事件都极其罕见、出乎意料，以致人们毫无防备、措手不及，因为人们根本没有意识到它的存在。曾经，欧洲人只是知道白天鹅，根本无法想象出一只黑天鹅的样子，因此才有了这个题目——一个事物如果远远地超出了人类的现有认知，那么人们就会无法想象出它的形象。即使是在事后，致使灾难发生的种种因素都变得清晰可见，一目了然，人们仍然认为：黑天鹅事件极为罕见、影响极大而且不可预见。塔勒布谈到的事件包括：欧洲不幸被卷入世界大战；1987年的股票市场大崩盘；互联网的发明；伊斯兰教极端主义的兴起和其他的类似的分裂事件。这本书在2007年出版，时机非常好：信贷泡沫、高风险抵押贷款和20世纪初开始的衍生性金融产业最终导致了雷曼兄弟公司的倒闭，随后的金融混乱和严重萎缩导致了众所周知的"第二次大收缩"。这本书生逢其时，为人们深刻理解面前的金融危机提供了一个有力的恰当的比喻——黑天鹅。

书中有一个章节是批判人类过高估计自己预知未来的能力。塔勒布猜测，有人会由此写文章攻击他的这部著作，并且命题为《白天鹅》。这部《灰犀牛》不是为了反驳塔勒布的理论，而是为了补充其理论。塔勒布会认为，他的读者如果痴迷于预测下一次黑天鹅事件的出现，就是没有真正理解他的理论观点。预测低概率事件，听起来很诱人，但实际上是不可能的。我们将不得不承认，那些不可预测的事件会让我们的所有猜想都看起来非常可笑。

黑天鹅事件是我们无法预知的事件。灰犀牛事件是我们本来应该看到但却没看到的危险，又或者是我们有意忽视了的危险。灰犀牛事件是这样一些事件：其发出的信号不是太模糊，而是其接受者决心忽略这些信号；我们的体制纵容我们的不作为态度，而且当作一种正常现象来认可和接受。总是有这样的人，非常固执，无视显而易见的风险。但是，按照惯例来看，如果一个危险的存在非常明显，而且人们已经看到了危险的到来，这种危险仍然是灰犀牛性质的，而不是黑天鹅性质的。

尽管塔勒布不认为我们有准确预知未来的能力，但是世界上已经发生的大多数事件表明它们本身都是高概率的事件。摆在领导者们面前的不是低概率的黑天鹅事件，而是高概率的灰犀牛事件。我们可能会无法预知细节和准确的时间，但是巨大威胁的整体轮廓就摆在我们面前，让我们无法忽视。

现在你们正面临的是一头两吨重的猛兽，愤怒地喷着气，一只脚在刨着土，直直地盯着你，随时准备向你扑来，将你撞翻在地。此时此刻，为什么要去害怕一只奇怪的鸟儿呢？灰犀牛事件是非常明显的而且很容易想象得到的事件。你无法狡辩说这只犀牛不存在，因为它的颜色不合乎常理：黑犀、白犀、苏门答腊犀牛、爪哇犀牛和印度犀牛，所有这些犀牛都属于灰犀牛。这些潜在的危险影响都是极其可怕的，不论是在政治领域、经济领域、环境领域、军事领域，还是在人文领域。很多时候，我们都已经见到过灰犀牛了，因为它曾发生在我们身上，或者是其他人的身上：一次市场的崩溃、一场战争、一次心脏病突发、一次飓风袭击。它在发起冲锋之前已经给我们发出警告。问题不是它是否会攻击而是何时发起攻击。

2007年至2008年的那一场金融风暴对某些人来说是黑天鹅性质的事件，但对大多数人来说，它的出现一点儿都不奇怪：市场上的风暴完全是众多灰犀牛会聚的结果。有很多警示信号表明：2001年至2007年之间积累起来的金融泡沫即将破裂。许多人看到了这些信号。对于学习金融波动理论和查尔斯·金德尔伯格（Charles Kindleberger）著作的学生来说，很明显，这是几个即将发生的大事件。国际货币基金组织和国际清算银行在危机发生前，不断发出警告。[7]2004年，一份联邦调查局（FBI）的报告提醒人们提防抵押欺诈的大范围爆发。2008年，丧失赎取权已经达到了历史最高水平。时任法国财政部长克里斯蒂娜·拉加德（Christine Lagarde）在2008年的G7峰会上提醒人们注意：一场金融界的海啸即将到来。圣路易联邦银行总裁威廉·普尔（William Poole）和路易斯安那州的议员理查德·贝克（Richard Baker）预言房利美和房地美（Fannie Mae and Freddie Mac）两家房地产公司将出大问题。众多的投资者，无论是个人的还是机构的，都看到了存在的问题。他们中有许多人都及时采取了行动，然后毫发无损地全身而退。其他一些人从本次金融风暴中牟取了暴利。据我们现在所知，高盛集团（Goldman Sachs）通过它从美国国际保险集团（American International Group）手中购得的衍生合同，在抵押贷款上赌了一把。它甚至拿出保险金在美国国际保险公司的倒闭问题上押了大注，因为它也看到了即将发生的金融风暴。金融风暴后，为数众多的法律诉讼案件也说明：当时有多少公司看到金融风暴即将发生并且做空了它们正在销售给客户的证券。

2008年的金融风暴绝对不是那种毫无预警的突发事件。早期的警示信号就摆在那里，很多人都准确地接收到了。其他人虽然行动不够迅速，但至少是朝着正确的方向迈进了。盖洛普投资者信心指数（Gallup Investor Optimism Index）在2000年1月高达178点，但是在2007年中期时从95点开始骤降，到2008年雷曼兄弟公司倒闭前夕，只有15点。此指数甚至在那一年的冬天跌至 -64 点。

然而，政府机构里的官员和金融领域里的领导者本来可以做些事情来阻止这次金融风暴，却在当时没认真对待金融风暴即将发生的明显证据。有些人甚至是刻意闭目塞听，因为他们不想听到不愉快的内容。其他人接收到了金融风暴发出的信号，然后做了一次冷静的成本分析，得出一个结论：留在场内的风险很大，但是很值得。金融体制的设置助长了一种行为的滋生：在局面一片大好时骄傲自满，在极端局面面前退缩推诿责任。

有些人坚持认为："任何人都没预见到2008年金融风暴。"甚至美国联邦储备委员会前主席艾伦·格林斯潘（Alan Greenspan）仍然宣称他没预见到金融风暴的发生。[8]2013年，他在美国《外交事务》（Foreign Affairs）杂志上说，"所有的著名经济学家和政策决策者"都没看到这场即将发生的灾难。当然，事实并非如此。在灾难预警信号面前的不作为，即使是在事后看来，也是非常典型的。在大批的灰犀牛面前，例如2008年的金融风暴，并不是所有人能够坦承预警信号曾经明明白白地摆在面前。

拒绝承认明显的灾难威胁，本身就是灰犀牛理论所要探讨的现象之一。灰犀牛的出现，正是因为我们的忽视和拒绝，才最终演变成高概率的事件。至少，一些诚信的专家愿意去敲响警钟，或者是应该去敲响警钟。这样，人们就会知道一些糟糕的事情要发生了。

当乔治·索罗斯（George Soros）看到英镑的危机时，他赌上100亿美元，结果为自己赢得了20亿美元的利润和一个绰号——"击垮英格兰银行的人"。在1992年，他意识到欧洲汇率机制中的国家关系处于瓦解的边缘，于是借入英镑，转而投入德国马克中，触发了英镑的下滑趋势。英镑对德国马克贬值率达到15%，对美元的贬值率达到25%。英国很快脱离了欧洲汇率体制，实行浮动利率。索罗斯看到了一个高概率事件，并且把它转变成有利的机会。事实上，灰犀牛思维的重要理论之一就是要在迎战即将到来的危机的过程中，发现能给自己盈利的机会。

多数情况下，灰犀牛看起来是潜在的危机，但更多时候，它们都是中性的事件：一个好和坏的综合体，其结果完全取决于你的认知角度和发现机会为自己牟利的能力。对于电视来说，互联网的出现不容小觑。对于雅虎和谷歌来说，互联网是个绝佳的机会。电视行业花了很长时间探索如何让互联网也能成为它们的福利。高居不下的油价对于耗油的交通工具来说是个威胁，但对于有些混合动力车却是件好事。至少，这也是先前理论的有利证明。消费者和汽车生产者都要花费比预计时间多得多的时间来适应不断上涨的油价。

当美国联合航空公司损坏了音乐家戴夫·卡罗尔（Dave Carroll）的泰勒吉他，然后拒绝承担责任并赔偿一个新的吉他时，卡罗尔没有因此而抓狂。他制作了一个优兔博（YouTube）视频，像病毒一样传播出去。截止到我写这部书的时候，已有超过100万的观众观看了这个视频。美国联合航空公司没能认识到消费者这个新技能的巨人威力——通过社交媒体，召唤聚集同样受到不公正待遇的人，结成同盟。联合航空在极其平常的一个小问题面前变得不堪一击。因为，借助互联网赋予消费者的巨大能量，这个小问题如今被变成了严重的潜在危机。同样的危机事件不仅对消费者来说是上帝的恩赐，而且对公司来说，也同样是一种恩赐，只要它们能做好工作以避免不幸的事件发生，或者在出现问题后能立刻承担责任，及时纠正错误。消费者欣然接受社交媒体，把它当成一种主要的交流渠道，从中获取产品和服务项目的反馈评价。

在医疗保健领域里，新事物的出现既是机遇也是挑战。这完全取决于我们如何应对。在发达国家里，肥胖问题已经达到了传染病的级别，正在耗尽医疗保健费用，同时也威胁着肥胖者的生命。对糖尿病患者、心脏病患者和其他与肥胖相关的疾病患者来说，肥胖问题是一个迫在眉睫、亟待解决的巨大危机。对医疗保险公司来说，肥胖问题是一个新的获利空间。公众日益认识到了肥胖危害的严重性，这对于那些生产加剧肥胖的产品的公司来说，是一件危险的事情——或者，也可以是一次机遇。

无流血，不头条

关于灾难为什么会发生，以及灾难之前一系列的预兆，我已经说得太多了。灾难为何没有发生，或者为什么发生了，但造成的损失比预计的损失要小得多，这两个问题也同样重要。我们可以从那些成功避免了灾难的领导者那里学习一些经验。但是，非常不幸的是，我们还无法聆听他们的教诲。

在新闻行业里，"无流血，不头条"。那些不作为或是滥作为导致危机升级为灾难的事件，我们都能看到详尽的报道。被成功消除的危险是不会成为新闻头条的。但是，正是这些消除危险的成功经验，才是我们应该学习的、有助于消除未来灾难的有益经验。

在一所著名的商业学校里，有一节案例分析课程是以挑战者号灾难事故为基础设计的。[9] 课程主旨就是要让学生明白一个重要的道理——如果仅仅以失败的案例为基础来制定决策，其结果将是灾难性的。在进行案例分析时，学生要权衡决定是否在一个异常寒冷的早晨参加赛车比赛，同时被告知他们的发动机密封垫在低温下会偶尔失灵。他们拥有的数据都是关于发动机失灵的比赛。赌注很高：如果他们赢得比赛，就有机会在他们已经获得的奖金基础上，再获得数目相当可观的赞助金。如果比赛过程中，发动机的密封垫失灵，他们将会失去目前的赞助金，同时会使自己名声扫地。如果你分析的数据都是过去的失败案例，那么你就很难弄清楚，是该参赛，还是该弃赛。但是当你分析数据时加入一些成功比赛的案例，你立刻就能明白，汽车的发动机密封垫能够平安无事的历次比赛，其当时的温度都远远高于你将参赛的那个早晨的温度。此刻，事情就简单明了了，即最正确的决定就是弃赛。

工程师们在激烈争论着是否应该发射挑战者号，因为他们都很清楚：在固体燃料火箭推进器中使用的 O 形密封圈有一个设计缺陷。如果航天飞机是在低温时发射，这个缺陷会导致危险气体释出，很有可能会毁掉整个航天飞机。生产商自 1977 年起，就已经发现了这个问题，而且在挑战者号灾难事件前夕进行了备选方案的实验。在发射航天飞机的那个早晨，几个工程师提出警告，认为没有足够的证据表明 O 形密封圈在低温发射时仍能正常工作。美国国家航空航天局（NASA）没有理会这些警告，认为没有证据能表明低温与 O 形密封圈的失灵有任何联系。"但是，与我们大多数的普通人一样，那些工程师只是局限于研究实验室里面的现有资料，从来没有想到过要去做些事情，测试一下这个和温度相关的假设。"哈佛大学教授马克斯·巴泽曼（Max Bazerman）在他一本很有见地的书——《觉察力》（*The Power of Noticing*：*What the Best Leaders See*）中提及了航天飞机发射前的这个小插曲。如果他们测试了那个关于温度的假设，他们就会知道航天飞机成功发射的概率是非常低的，就会把发射日期推迟到一个相对温暖的天气里。这样的话，那些宇航员也就不会牺牲了。[10]

我对这个案例分析得出的经验产生了强烈的共鸣。在1986年1月28日早晨，挑战者号爆炸，我正坐在休斯敦美国莱斯大学的学生休息室。我的同学中有很多人和他们的教授们都曾经做过与航天飞机相关的实验，或是与美国航空航天局有着千丝万缕的联系。灾难使整个国家沉浸在悲痛之中，而且对于莱斯社区来说，这更是一种切肤之痛，更加难以接受。

多年以后，我研究了挑战者号的案例。为方便起见，我同哈佛大学肯尼迪政府学院教授巴泽曼一起把事件进行了伪装，披上了一件完全不一样的情境外衣。比赛的奖金设置得非常高，当然不可能高过在挑战者号中牺牲的生命价值。为了赢得比赛，我们的团队在矛盾的情绪中异常纠结。我们过于集中精力研究不会出错的概率有多大，过于力求证明在过去的失败案例里，室外的低温不是主要原因。如果我们研究了全面的、完整的数据资料，我们就能明白：每一次的成功发射都是在相对较高的温度下进行的。这样我们就可能会取消当日的发射计划了。我们没有研究成功发射的原因是什么。我们对于数据的研究方法是错误的；否则，我们会停下来思考一下。

真实的挑战者号灾难事故的部分原因是：决策者没有去研究能让他们看到正确答案的问题，因此不知道最正确的决定是应该推迟发射，直到O形密封圈的问题得以圆满解决。其他的原因也会导致我们没能及时回应危险信号：人类性格中的怪癖和缺点，包括最司空见惯的拖延症；关于敲响警钟的文化禁忌；我们渴望非常正面的成果，无视可能的负面结果；集体意识，或者是对流行权威和学说的不断强化，无视对我们逐渐认可的理论可能会构成威胁的各种信息。

智者都非常明白：越早发现警报越好，越早处理潜在的威胁越好。否则我们就得花大力气去阻止危机了。总之，未雨绸缪总是好过亡羊补牢。但是，我们内心都有些截然相反的想法。一些违背常理的动机助长了惰性，使我们不能及时防御明显的潜在危险。

对于那些能够预言凶险的人，我们有一个特定的称谓，一个不带任何褒奖性质的称谓——卡桑德拉（凶事预言家Cassandra）。这个名词已经逐渐被用来指称那些持续对未来悲观失望的人——总的说来，是一个不值得信任的人。在最初的希腊神话里，卡桑德拉的预言成真了。特洛伊的普里阿摩斯国王（King Priam）和王后赫卡柏（Hecuba）的女儿——卡桑德拉很不幸地吸引了太阳神阿波罗的目光。阿波罗赋予了她预知未来的能力，但是她并不爱阿波罗。于是，阿波罗发出了诅咒，阻止人们相信她的预言。卡桑德拉看到了远处的灰犀牛：希腊会攻击特洛伊。如果当时的特洛伊人相信了她的话，历史可能就会是另一个样子了。从卡桑德拉的故事中，我们总结出的经验，如今已是西方文化的核心理论之一：不要相信总是唱反调的人。

灰犀牛的五个阶段

正如我们在本书随后的章节中将会看到的那样，文化预期不是报警者要面对的唯一障碍。人类本性、政府体制和社会体制都在力求维护现状以及人们对未来的美好预期。正如我们已经看到的那样，"否认"情绪是许多灾难之前和之后一种最普遍的现象。"否认"，在一个人的头脑中存在就已经很危险了，如果在一群人的头脑中出现，那就是致命的。如果劝说一个人去预防潜在危机是一件很困难的事，那么劝说一群人的困难程度将会成倍增加。行为经济学家提醒人们提防集体意识现象，因为它会促使人们崇尚整体一致性，促使人们共同无视那些对现行的专家权威构成威胁的各种信息，最终导致人们做出错误的决定。人们宁愿和大家一起犯错，也不愿成为唯一正确的那个人。

即使我们能冲破集体思维和其他一些障碍，发出清晰的危险预警信号，我们也很难改变一个人，让他行动起来。如果对于灰犀牛性质的潜在危险，人们的第一个阶段是"否认"，那么第二个阶段和其他阶段就会包括各种各样的拒绝行动的理由。通常"否认"之后是"混日子"阶段，或者叫作"得过且过"阶段：想方设法把问题推给将来。显然，仅有"得过且过"是不够的，不足以把问题彻底推到将来，我们想掌控局面，于是有了第三个阶段。美国著名的精神病学专家伊丽莎白·库伯勒－罗斯（Elisabeth Kübler–Ross）曾经详细论述过这个阶段。在该阶段，我们对灰犀牛性质的危险做了一些有用的回应，如果这些回应是迟缓的、判断性的行为，那么就会最终演变成对于什么是正确防御的争吵。在"得过且过"和"判断性"两个阶段，会浪费大量的时间和绝佳的机会，集体行为中一系列不合常理的动机和质疑将成为行动的阻碍。

1429年，在百年战争中，圣女贞德（Joan of Arc）听见了上帝的召唤，告诉她必须战斗，必须保卫法兰西。圣女贞德只是一个十几岁的少女，她说服了查理七世（Charles Ⅶ）派她带领法国的军队抗击英军，扭转了战局。战争进入了短暂的休战期。休战期结束后，勃艮第公爵（Duke of Burgundy）抓住贞德，诬陷她为战争罪犯并且把她卖给了英军。英军把贞德绑在十字架上烧死了，罪名是异教徒。几乎没有人愿意听从或是注意善意的忠告。查理七世能保住王位，也要归功于贞德，但是他害怕被指控为异教徒或施行巫术的人。这也许就是他不敢积极营救贞德的原因。这个故事告诉我们的道理是：积极努力营救你的人民，哪怕是会被烧死在十字架上。几个世纪后，你会因自己的努力而最终被尊为圣人。

换句话说，做好事是要受到惩罚的。这就是很少会有领导者挺身而出、及时未雨绸缪的原因。除非他们能听到群众呼声，而且拥有十几岁少年的那种天不怕地不怕的不可战胜的精神，感觉自己绝对没有什么可失去的，或者他们本身就是圣人。当然，这种情况是绝对少见的。挺身而出不应该比躲避灰犀牛更难，但是很奇怪，就是没有人会挺身而出，未雨绸缪。

我们的金融、政治和社会结构经常会鼓励那些冒险行为和任意忽视风险的行为。纠正我们能够纠正的错误，首先就要清醒地认识那些不好的动机和根深蒂固的偏见。有些商业动机和心理偏好都倾向于短期思维，拒绝中期和长期的战略，尽管这些战略会让我们远离潜在的危险。这样的商业动机和心理偏好就是我们最大的敌人。我们的奖励和惩罚机制助推了我们推卸责任的行为。我们已经建立起来的机制帮助我们认识到拒绝行动的好处。我们做出决定，然后对自己的决定产生了非理性的理解。当这个非理性理解同我们的理性机制产生冲突时，灾难就不可避免。

我们的思想给我们设置了障碍，使我们很难躲避灰犀牛性质的灾难。正如越来越多的投资者和决策制定者所逐渐理解的那样：我们在衡量风险和回报的时候和根据已知情况去行动的时候，常常是非常不理性的。

即使我们人性中的瑕疵不给我们制造麻烦，仍然还是会有一些真正的难题摆在我们面前，让我们举棋不定，不知道该做些什么。关于灰犀牛性质的灾难，我们可能不会怀疑它是否会真的变成现实，但是它的攻击时间却是很难确定的。据报道，现代西方经济学最有影响的经济学家之一约翰·梅纳德·凯恩斯（John Maynard Keynes）曾经说："市场的不理性现象可能要持续很长时间，远比你我能理解接受的时间要长。"[11]然后，预防和准备工作很难进行，因为太早地对潜在灾难威胁或者机遇做出回应和预防，需要付出很大的代价。投资者总是对曾经的错误交易悔恨不已：笃定日本不断上升的国家债务会使其债券变得一文不值。这个赌局让在过去的20年间竞相入场的大批投资者一败涂地，追悔莫及。

避险基金公司的传奇对冲基金经理人迈克尔·巴里（Michael

Burry）看到了巨大的风险正在逼近，并且在 2005 年开始下注。但是对自己的判断坚定不移的后果就是：他失去了投资者们的信任和支持，当然还有美元。投资者们关注的是短期的收益，认为迈克尔·巴里挣钱的速度实在是太慢了。为了坚持自己的想法，迈克尔·巴里不得不解雇了一半员工并且卖掉手中的其他债券。截至 2007 年，巨额贷款开始露出真面目，他的赌注开始见利。2008 年金融危机真正到来的时候，避险基金公司的投资回报率是 726%，获得了将近 10 亿美元的利润。迈克尔·巴里的传奇故事——由迈克尔·刘易斯（Michael Lewis）在《大空头》（*The Big Short*）这部书中进行了生动的叙述——表明：在危险即将到来的时候采取行动是多么的困难，但是如果你的钱袋够厚，你的收益将是非常可观的。[12]

对机遇过早地采取行动，其结果也会是致命的。互联网的历史上，许多早期的公司在新的更加强大的公司——Web2.0 出现后倒在路边，从此一蹶不振。阿塔维塔（AltaVista）——一个早期的韩国搜索引擎，被雅虎收购，后在 2013 年夏天关闭；早期著名的互联网服务提供者美国在线（AOL），由时代华纳于 2000 年出资 1 640 亿美元购买，两年后不得不关闭大部分业务，因为有更聪明的人接管了 AOL。

妨碍我们预防危机的另一难题是如何快速分清哪一个才是众多危机中应该最先处理的危机。考虑到危机到来时间的不确定性和可利用资源的局限性，从横冲直撞的灰犀牛中找出最先攻击的那一头是非常困难的事情。很多时候，留给我们的唯一选择就是要直接对抗多个危险，否则你随后受到的攻击会来自多个方向。

有时候（尽管现实中很少发生这样的事），最正确的做法就是等待，等到犀牛们的攻击实质地发生。

无论是出于什么原因，领导者们都会拒绝积极行动，去避免灾难的发生。而且，很不幸的是，这已然是一种不变的趋势。当我们的"得过且过""烦躁"和"对于到底该做什么的争吵"都没能避免灾难的到来时，我们就进入了灰犀牛危机的第四个阶段：惊恐阶段。我们在惊恐阶段的表现完全取决于我们之前所做准备工作的多少；取决于我们对于同类型危机的见证次数和我们在历次同类型危机中的表现；取决于我们有机会思考自己可能获得的机会时，表现如何；取决于在我们"得过且过"和"犹豫不决"的两个阶段里，浪费了多少机会，或者说还剩下多少机会可供我们利用。好的决策能规避风险，或者是减少损失。错误的决策能带来灭顶之灾。

人们很快会从第四个阶段——惊恐阶段进入第五阶段，即最后阶段：行动阶段或是崩溃阶段。有时候，这两种反应是同时存在的。即使到了最后的那一刻，我们也还是有希望的：当领导者们重新振作起来的时候，他们会致力于避免自己在同样的灾难面前重蹈覆辙。例如在欧洲西北部国家尼德兰，1956 年的北海洪水使将近 2 000 人殒命。这个国家把这一次的惨痛教训铭记于心，启动了一项巨大的防洪公共建设工程，加强自身的抗洪能力，防御万年一遇的洪水灾害。其他像纽约和新奥尔良这样的城市，都去向尼德兰求教，如何防止在未来受到天气灾害的袭击。[13]这类的天气灾害都是由我们集体行为的缺失造成的，是因为我们没有对即将发起攻击的"灰犀牛"——气候变化进行有效的防备。全球的气候变化已经使得海平面上升、气温变暖，最终导致风暴频发，强度变大，让沿海城市变得不堪一击。

看见灰犀牛

应对奔袭而来的为数众多的灰犀牛，我们需要有一个更好的思维方法：在灾难到来之前，建立一个行动框架，即承认灾难的存在、合理安排应急步骤和确立最终解决危机的具体方法。

首先，我们需要把灰犀牛式危机同其他类似的危机区别开来，尤其是黑天鹅式危机。

白天鹅式危机是高概率、影响小的事件，所以不值得我们过多的关注，我们应该把精力和时间用在应对灰犀牛式危机上。肥尾效应类事件和黑天鹅类事件是低概率、影响大的事件。因为这类事件都是发生概率极低的事件，而且其中的黑天鹅事件具有高度的不可预见性，因此，对这类事件的唯一处理办法就是必须建立一个通用的复原机制或结构：强大的基础、充足的储备、灵活的结构。

表1.1 各类危机的特征

	低概率	高概率
影响小		白天鹅类事件
影响大	肥尾效应类事件、黑天鹅类事件	灰犀牛类事件

对比来看，灰犀牛类事件既是概率高的事件，又是影响大的事件。我们越是及早地应对处理，我们的损失就会越小。但不幸的是，这类事件离我们越是遥远，我们就越是会放松警惕，不做

任何防范。当这类危险真的靠近的时候,我们能做的就非常有限了。我写这本书的目的就是帮助人们转变思想,早早地发现远处的灰犀牛类事件,在成功概率大的时候,就早做准备和预防。

在灰犀牛类事件的每一个阶段中,我们都有机会改变事件的进程。当灰犀牛类事件尚在遥远的天边时,你的反应是这样的;而当它近在咫尺时,你的反应是那样的。这两种反应是截然相反的。同理,在灰犀牛类事件的每一个阶段中,我们面临的选择和应该采取的策略也会是完全不同的。

首先,我们会否认存在的危险或是弱化其危险性;一旦我们承认了危险的存在,我们就会采取拖延战术,而不是果断采取行动;在寻找解决方案的时候,我们会互相指责,推诿责任。当灰犀牛类危机真的发动攻击的时候,我们会变得恐慌不安、惊慌失措,不知道该如何正确应对;最后,我们会采取行动,这些行动偶尔会是在灰犀牛类危机真的发动攻击之前,但是绝大多数的行动是在其发动攻击之后。

在那些领导人、组织机构和国家灾难应对失败或者成功的案例中,有很多经验和教训值得我们学习借鉴。遭受灾难打击和成功躲过灾难,这之间的区别一部分是性格的原因,一部分是运气的原因,一部分是环境的原因,一部分是战略部署的原因,一部分是领导才能的原因。那些能够预见重大颠覆性变革的领导人总能让自己绝处逢生。他们拥有拯救世界的能力。

如果领袖们听到忠告但是决定忽略它,或是对忠告给予了足够的重视,但是做了不明智的事情,那么他们的形象就会受损,就会被认为是内维尔·张伯伦(Neville Chamberlain),而不是温斯顿·丘吉尔（Winston Churchill）；或是赫伯特·胡佛（Herbert Hoover），而不是罗斯福（FDR）。他们一定会一再等待，直到局面非常窘迫，促使他们必须行动。当然，他们也不会拖延到一切都不可挽回的那一刻。

领袖们需要去顾虑灰犀牛们而不是黑天鹅们，需要寻找一种方式让自己走出"否认"阶段，变革我们的奖励机制，让对危机的防御变得更容易。他们可以向那些现存的防御体系学习。这些体系的构建是为了防御龙卷风、海啸、飓风，甚至是每年的流感病毒。为了挽救生命，这个体系做了许多可敬的工作，其中包括：找出灾难临近的种种迹象，在人们前进的路上拉响无法回避的警报，提前传授应对方法，在灾难真的降临时提供庇护和指导。他们有必要事先建立起"失败防御"体系，当那些头脑短路的领导者否认危机的存在时，对他们自动开启惩罚程序。一个有很强预见性的防御策略能改变刚愎自用的错误思想，鼓励领导者尽快采取行动，运用我们对人性弱点的理解，促使我们做正确的事。

如果领导者致力于避免灾难的发生，他就会向整个社会发出预警，提防集体思维，寻找途径，让新的思想源源不断地进入商讨和决策领域。他们会花费大量时间观察远在天边的灰犀牛群，即使这意味着使不太重要的、短期的问题恶化。他们会听取来自各方的不同声音，避免只听那些熟悉的声音。

做好充分准备的领导者比灰犀牛更聪明，他们能接收到危险信号，能注意到警报已经响起。他们知道怎么做才能逃离灰犀牛的攻击路线，或者至少他们会反复地实验，去降低灰犀牛发动攻击的可能性。

向那些曾经直面灰犀牛的领导者学习,无论他们成功与否,我们都会因为这种学习而能更好地管理我们的国家、公司和家庭。学习的第一课就是:只有我们决定学习了,我们才能避免灾难。我们必须承认灰犀牛实实在在地存在着,而且非常危险。

第二章
预测过程中会遇到的困难：抵触和否认情绪

每年的 1 月，拜伦·韦恩（Byron Wien）——黑石（Blackstone）顾问合伙人公司的副董事长，都会发表他一年一度的十大惊险事件列表（Ten Surprises List）。拜伦·韦恩对惊险事件的定义是：有 50% 的发生概率，但是普通投资者们只能抓住不到 1/3 的机会。他的预测列表是我每年最愿意读到的信息之一，因为他给我们一种全新的理念——挑战传统智慧。

1985 年，是拜伦·韦恩在摩根士丹利（Morgan Stanley）任职的第一年，也是他做了多年的证券经理人之后第一次以投资策略咨询师身份出现在公众视野中。他思考着如何能做成一件有影响的大事。一个朋友一直质疑他接受这份工作的想法："你已经是一个非常成功的证券经理人，为什么还要接受投资策略的工作呢？如果你错了，你就很难回到证券领域了。"他的朋友说出了一条真理：人们明明知道预言是不确定的，但还是无理地要求预言者给他们提供确定的答案。

拜伦·韦恩知道自己不比其他的投资策略咨询师聪明，但坚持认为自己能做些其他人忽略了的事情。他曾经白手起家，从一个芝加哥公立学校的孤儿一路奋斗，直到拥有今天的地位，成功的原因不外乎这样一条："我现在挣到的钱都是因为有那些非共识性的想法，这些想法结果证明都是正确的。"所以，他建议摩根士丹利首创发布偏离共识角度的一个年度市场预测十大惊险事件列表。"他们拒绝了我，因为我可能会做出十个错误预测。结果会让公司非常尴尬。"他说。但是后来他说服了摩根士丹利公司，让他尝试一下。"即使我的一些预测是错误的，我认为这也是值得的，因为大多数人倾向于思考同一些事情"，他在摩根士丹利的办公室里这样对我说，"人们都非常保守，他们害怕犯错误"。

拜伦·韦恩大概地看了看从大众预测中挑选出来的 25 个预测事件。"找出大众共识"，结果证明是非常有用的，能让人们意识到那些极度危险的集体行为。他想到了 15 个可能以不同面貌出现的预测事件：可能是众多符合公众预期的事件以超乎寻常的攻击力度向同一个方向袭来，或者是一些完全超出公众预期的事件。

"一开始，人们是以逗趣的、好奇的目光看待预测十大惊险事件的。"拜伦·韦恩说，"我预测 IBM 公司一年之内会扩大三倍，会非常出名。"那位曾经非常不认可这个想法的人后来找到我，说这是一个非常好的想法。"刚开始的时候，我认为，我要是错了的话，受到的惩罚肯定比自己想的要严重得多。当我发现自己没有像预想的那样受到惩罚，我明白了人们欣赏这份预测的十大惊险事件是因为事件本身，而不是事件概率得分的高低。"他找到了那位当初曾经反对他接任这项工作的朋友，说："你曾经说过，做投资策略咨询师就像是上了一个滑滑的爬杆，但是当我滑到底部的时候，在那里没有遇到任何人。"他的想法一再被认可。最终，他成为华尔街位列第一的智者。《福布斯》（*Forbes*）杂志甚至把他描绘成了一位圣贤。2000年3月，拜伦·韦恩担任了摩根士丹利团队的领导者，提出要警惕由于科技泡沫的助推而产生的股票市场过热现象。

2005年，当拜伦·韦恩离开摩根士丹利的时候，他以为这个预测十大惊险事件的年度列表会继续发行下去，毕竟这个列表当时非常受欢迎。但是，他错了。"没有人愿意承担这个犯错误的风险。"他回忆。因此这个预测十大惊险事件列表跟着他来到了对冲基金，后来最终跟着他到了黑石公司。

2013年，拜伦·韦恩预言：当共和党的领导人看到公众立场上呈现出更大的机会时，他们就会在移民方面做一件关乎颜面的大事；然后，《移民改革法》会获得通过。一年后，他告诉我，他以一种异常坚定的态度做出了这项预测："共和党人输掉了去年的选举，但是如果他们在移民政策上采取了主动，他们就会赢得去年的选举。除非他们能在移民政策上采取主动，否则他们会输掉所有的选举。如今的国家人口中有17%——很快将会增加到30%——是拉美族裔。他们是中立的共和党人——他们是多产的、包罗万象的企业家。他们极易成为共和党的重要组成部分。共和党人没有意识到这一点。"当2013年渐行渐远，共和党人里的几个领导者，真的着手启动移民改革。拜伦·韦恩的预言没有在2013年应验，但这并不意味着彻底失败。

"不要害怕犯错误，"拜伦·韦恩说，"你不会像你想象的那样，因为犯了错误而受到惩罚。每年，都会有一些博客的博主嘲笑我——甚至有时会有很多博主这样做。"事实上，拜伦·韦恩的两项预言——2013年金价将达到1 900美元每盎司和标准普尔500指数（S&P 500）将会跌到1 300点——被追踪评论博客（the Pundit Tracker blog）列为"2013年度最差金融预测"。[1]但是，拜伦·韦恩不在乎犯错误，"很多人在大多数时候都会犯错误。相信我，我在很多时候都犯了错误"，他说，"但是人们会说，这是一个有勇气在公众面前犯明显错误的人"。

拜伦·韦恩预测十大惊险事件列表的价值在于他能找出人们的共识并且改变它。通过对流行观点的质疑，他让我们看到了那些就摆在我们面前却未被发现的可能性，多数时候这种情况的发生是因为我们不愿意睁开眼睛或是与大众背道而驰。拜伦·韦恩是一个灰犀牛式的思想者：他愿意挑战传统智慧，彻底分析一个事件是否会发生，何时会发生，以及意味着什么。

曼德尔布罗特式的不规则

如果一个房间里坐满了人，你去问他们，什么是最有可能发生的事情和什么是最明显的事情，你极有可能得到一系列完全不一样的答案。对这个人来说是很明显的事情，对另外一个人来说，可能就完全不是这么一回事了。

例如，一些佛罗里达州的居民非常担心海平面上升的问题，而另外一些人则对于日益严重的风暴持乐观态度，甚至投资购买面向大海的房产。有人可能认为不断变化的人口结构很有可能会导致社会福利制度的崩溃，但是不会因此而忧心忡忡，因为很难预测这件事的发生时间。一些问题——例如因为2008年经济危机之前的担保债务凭证而变得异常脆弱的市场——对那些受训去研究它们、密切追踪它们的人来说，是显而易见的问题。但对其他人来说，就不那么显而易见了，因为他们没有在这方面接受过教育培训，或者是因为真相被人刻意掩盖了起来，或者是因为我们人类的本性会遮挡那些我们不愿意看到的事实（这一点我们会在下个章节详细论述）。金融危机会在一个很常规的境况下发生，而且很大程度上可以预测。毕竟，升上去的总是要降下来。然而，我们一次又一次地未能及时发现。

其他的灾难，例如飓风、海啸和传染病，会有规律地发生，但是它们会在何时发生、在何地发生，仍然是很难预测的。尽管如此，仍然会有足够的确定性事项，以保证让那些得到消息的人能够把危险事件归类为灰犀牛性质的事件；这些都是很有教育意义和指导意义的事件，因为现存的体系能够及时向人们预警，也是因为那些行为极大地减少了死伤、财产损失和疾病，甚至是更糟糕的事情。

尽管《黑天鹅》主要讲述的是低概率的事件，例如像第一次世界大战那样不可预见的事情，纳西姆·尼古拉斯·塔勒布承认类似于灰犀牛性质的事件的存在。"有些事件是罕见的、后果极其严重的事件，但它们在某种程度上具有预见性的，尤其是对于那些有准备的人、有能力理解这些事件的人，而不是那些只听从统计学家、经济学家，甚至是一些骗子的指导的人，"他在书中写道，"这些事件很接近黑天鹅性质的事件，有时候可以从更科学的角度去解决——认识到这类事件的存在会使我们在事件发生时，不至于那么措手不及，这些事件虽然罕见，但是却是意料之中的事情。我把这类事件称为灰天鹅特例——曼德尔布罗特式的不规则性（Mandelbrotian Randomness）。"在这里，纳西姆·尼古拉斯·塔勒布借用了数学家分形学之父曼德尔布罗特（Benoit Mandelbrot）的理论。曼德尔布罗特于2010年去世之前，让分形几何学在自然到金融的各个领域得到了广泛的应用：从那些看似粗糙无序的现象中，能找到并且成功定义出符合逻辑的模式。许多交易商运用分形理论分析那些看似无序的市场运动，以此来预测价格变化。

灰犀牛危机的范围远远大于黑天鹅危机。黑天鹅和灰犀牛的区别是：很大一部分人相信灰犀牛是极有可能发生的事件，并且也愿意这样说。一旦有足够多的受人尊敬的人预言了这一事件，接下来的问题就是，是否会有足够多的人相信，并且去改变事件的进程。

灰犀牛事件是概率高、影响大的事件，在某种程度上是可以预知的事件。在直面灰犀牛的过程中，一部分难题是出自我们和预测本身的关系。如果只有一小部分人认为某件事是极有可能发生的，那这件事能算是很明显的吗？你可能这样想：认为某件事有可能发生的人的人数多或少是不会影响事件发生的可能性的。但是预言可以自我实现，也可以自我消解。结果，我们对可能性的信念是否坚定，会影响事件发生的可能性。一个相信市场会上涨的人，即使知道市场最终会暴跌，也不想在这之前参与压垮股票价格，除非他在做空股票。

预测就是预测可能性，不是可避免性。预测变化无常的本质给决策者们的失败提供了一个很好的借口。他们可以指责预言太不确定、太不可靠，或者指责那些没能给他们预测的人。两句最常听见的话是——"没有人看到将要发生的事情"和"这一次完全不一样"——灰犀牛事件发生时最典型的说辞。事前预言和后见之明都是智慧的产物。我们需要质疑那些借助如此的陈词滥调来推卸责任、躲避处罚的人，因为他们没有及时应对明显的危险。

死亡螺旋

当我们听到一些我们不想听到的事情，我们会采取充耳不闻的态度。我们是否会对预言认可或回应，取决于我们最初时是否愿意倾听和对告知我们预言的人是否尊重。同时，其他人对这个预言做何反应对我们也有影响。正如拜伦·韦恩用他的预测十大惊险事件列表所发现的那样，人类很难使自己摆脱对共识的渴望。一个处于权威位置的人——甚至是一个很受尊敬的同龄人，尤其是一群受人尊敬的同龄人——能够深刻影响我们，决定我们是否对预言做出回应。

我在参加2014年的雷克雅未克北极圈会议时，见证了一次由于对于预言反应不同而引起的冲突。关于北极圈海洋冰层的未来，一个局外人把科学家们对发言者的反驳激化成了一次激烈的辩论。

那个像病毒一样在2013年和2014年的社交媒体上传播的北极圈夏季冰层减少的图像引起了我的注意。数字已经很惊人了——1984年的250万平方英里的冰层减少到2012年的132万平方英里。那些地图和视觉化图像（绝望的北极熊站在不断融化的浮冰块上）比数字更触目惊心，明确地告诉我们气候变化正实实在在地发生着。

我是以一个毫无经验的学习者的态度而不是以专家的态度来参加北极圈问题研讨会的，带着强烈的兴趣观察学习这个对全球形成了巨大威胁的地区，还有那一套有趣的政策问题。我和许多专注的观众一样，很痴迷地列席倾听。与会的还有英国剑桥大学应用数学和理论物理学教授彼得·沃德姆斯（Peter Wadhams）。他出示了一系列惊人的图片，表明北极圈的海洋冰层正在稳定地逐渐减少。他预言：到2020年，北极圈的海洋就没有冰了。他的图片中有一个死亡螺旋图片，被彼得·沃德姆斯用来描述北极冰层的死亡螺旋。用来自华盛顿大学极地研究中心的泛北极冰洋建模体系（Pan-Arctic Ice Ocean Modeling and Assimilation System）提供的数据，图片以环形图示而不是直线图示表明极地的冰量。死亡螺旋图表明北极圈的海洋冰量从1979年的30 000立方千米到2013年9月的3 673立方千米，成为有史以来最低值。

我用推特进行会议记录，与其他人分享会议进程，所以我拍下了这些图片，发到网上。我在推特上发布死亡螺旋图片的同时，其他与会者却在推特上发布对彼得·沃德姆斯的质疑。

彼得·沃德姆斯的反对者之一——英国雷丁大学教授，这样评论：

北极的可预见性 @ 北极预言（Arcitic Predictability @ articredict）11月2日

彼得·沃德姆斯关于海洋冰量和甲烷脉冲的观点与IPCC AR5的共识不一致。#北极圈2014

北极的可预见性 @ 北极预言 11月2日

当彼得·沃德姆斯的观点受到其他气候学家质疑时，会怎样？http：//ipccreport.wordpress.com/2014/10/08/when-climate-scientists-cirticise-each-other/……北极圈2014

这些推特内容将彼得·沃德姆斯教授的言论放到了台面上。所以我再次在推特上发布这些内容，并且上网搜索了更多背景资料。我的发现和我对自己发现的内容所产生的反应都清楚地表明：这不仅仅是关乎科学争议和个人敌意，更是关乎我们对和现行观点背道而驰的新言论会作何反应。

刚开始我感到有点生气和尴尬，因为2011年彼得·沃德姆斯关于北极圈到2015年左右将没有海洋冰的预言根本没有实现，而我竟然对此一无所知。（后来的结果表明关于"海洋无冰"的定义不是说一点儿冰都没有，这使得对于此项问题的讨论更加复杂化了；国家冰雪数据中心认为当冰层覆盖低于了15%，就是"无冰"，而不是普通人认为的0%。）当我还在困惑不解的时候，研讨会被很好地组织起来，并且取得了极大的成功；我怀疑组织者是要把一个怪人树立成大家攻击的靶子。彼得·沃德姆斯关于北极圈的演讲结束后，一个与会者继续了这场毫不友善的辩论。

质疑者指控彼得·沃德姆斯的模型没有任何科学或物理成分。彼得·沃德姆斯很明显是被激怒了，生气地回答说，他的预测是以数据为基础，不是以模型为基础。然后他说，对于他的指责，他提出过抗议。这些抗议都是关于推特的使用问题。出于好奇，我对此做了一些调查。

结果发现，这次观点对撞实际上是几周前在 9 月皇家协会会议讨论北极圈问题时爆发的一次尴尬事件的延伸。这更激起了我强烈的好奇心，于是我查阅了彼得·沃德姆斯写给研究机构头目的一封信。在这封信中，彼得·沃德姆斯宣称这些研究者在肆无忌惮地嘲笑他。9 月会议之后，彼得·沃德姆斯又控诉说，学者们不应该用推特来讨论科学问题。关于这场争论的文章表明：这个问题很大程度上是关乎权威更替的，因为这个科学家期望在学术集团中"标新立异"，但对推特交流的无礼本质一无所知。马克·布兰顿（Mark Brandon）——皇家协会会议的组织者之一，也是早期卷入这场争论的众多学者之一——发表了彼得·沃德姆斯的这封抗议信件，并且附加了详细注解，目的无非是进一步驳斥彼得·沃德姆斯的言论。结果，这场思想的对撞就越来越具有近似于喜剧的效果了。这件事应该被收入大卫·洛奇（David Lodge）的小说中，成为对学术界怪癖的微妙讽刺。

然而，这一次纷争让我清醒地意识到：当我们常规认知外的新观点出现时，我们的情绪会变得非常复杂。我的反应是典型的面对与我们的常识不相匹配的预言和信息时的反应。不论这些非常规思想结果是对还是错，我们都会本能地拒绝。这种反应的原因之一是：我们有一种自我保护机制，保护自己不被打败。我们倾向于寻找、解释、预先安排那些能够证明巩固我们原有想法和假设的各种信息。过度拒绝考虑更广泛的可能性，会是非常危险的行为。必须有"局外人"来挑战我们在预测方面的盲从盲信。

如果不认可一项预测，我们就可以简单地说预测者是"局外人"。在这次特殊的辩论中出现了一个尴尬的现实问题，即这次辩论的时间节点刚好吻合了一场更大的对话，一次对我们整个地球都有着广泛意义的对话。彼得·沃德姆斯教授在雷克雅未克发表讲话的同一天，联合国政府间气候变化专门委员会（The United Nations' Intergovernmental Panel on Climate Change）发布了一项新的报告，警告说气候变化是不可逆转的。[2]这个专门委员会代表着科学界的共识，因此其报告是非常权威的；它将成为未来行动的基础：各国政府首脑齐聚巴黎，拟订减少温室气体排放的协议，因为它会导致气候的变化和极端天气的增加。

在大量的科学证据面前，否认气候变化的人仍然固执地坚持他们的观点。正是这些否认者的存在才更好地解释了为什么科学家们对彼得·沃德姆斯的预测会如此在意。科学家们希望排除疑虑，让他们的理论和发现以科学客观性为主导。但是，"局外人"的存在不仅使他们的希望难以实现，而且使他们的理论和发现可以被质疑者轻而易举地推翻。

玩飞镖的猴子

许多人能够准确无误地预测"是否会发生"，但是对"何时发生"这个问题却总是一筹莫展。如果一个人预测某件事会在一定的期限内发生，结果这件事并没有发生，那么这个人就会受到谴责。即使这件事在晚些时候真的发生了，预测者也不会因此受到赞扬。市场上有一个经久不衰的笑话：最近的两次经济衰退，经济学家们已经预测十回了。意思是说，经济学家们预测的次数远远多于实际发生的次数。如果预测不够完整——例如，我们知道上升了的事物必定是要降下来的，但是下降的准确时间是无法确定的——那么，领导者就不会重视这个预测，并且无限期搁置防御工作。

2013年的诺贝尔经济学奖项颁给了两位经济学家，他们二人就"是否可以预测泡沫"这个问题产生了很大分歧。美国芝加哥大学的尤金·法玛（Eugene Fama）因为深化阐述有效市场假说而声名鹊起；换句话说，股票市场吸收了各种相关信息，因此在几天甚至几周的短时期内是不可预测的。与之相反，耶鲁大学的经济学家罗伯特·席勒（Robert Shiller）准确地预测了20世纪90年代的科技泡沫和2007年开始破裂的房地产泡沫。他的成功使人们更加坚信：我们可以合理地、准确地预测长期的市场走向。这两种不是完全不相容的观点向我们提出了一个非常重要的问题：我们可以在多大程度上信任我们的预测能力？

这些关于人类预测能力的观点虽然相互矛盾，但提高了我们越过抵触否认阶段、正确应对灰犀牛危机的能力。如果我们不具备成功预测危机的可能性和能力，那么我们就不可能正确应对危机；"可能的危机"之类的事情是不存在的。

人们确实有充分的理由对预测提出质疑。一件事究竟是否会发生的确很难预测。我们知道很多应验了的预言，但是未能应验的预言数量更多。有时候,那些未能成真的预言最初就是假的。有时候,高概率不等于百分之百的确定性,就如同我们的天气预报那样,90%的下雨概率实际上意味着还有10%的无雨概率——尽管如此,我们还是会订阅天气预报,甚至会迷信地认为自己带着雨伞,天就不会下雨;不带雨伞,天就会下雨。有时候,预言没能应验,是因为我们事前发现了危险,并且采取了措施,它才没有真的发生。多数情况下,很难界定到底是什么导致了最终的结果。

还记得那个预计会引发数百万计算机系统功能紊乱的千年虫危机(Y2K Bug Crisis)吗?我们永远都无法断定,那次事件究竟是我们对一个小小风险的一次过度反应,还是一次近似于歇斯底里的行为——无以计数的程序员修补计算机程序上的日期处理故障。(顺带说一句,我们现在应该开始做好准备了;2038年故障即将出现了。)如果我们没有花掉4 000亿美元去处理这次危机事件,结果到底会如何?对此,人们仍然争论不休。是这次近似疯狂的危机预防行为扭转了危局吗?有些国家虽然没有开展广泛的程序修补工作,但也没有出现预计的大麻烦。这是不是就说明我们做的工作是浪费了时间和金钱。我在得克萨斯遇到一些对此持有阴谋论观点的人,他们非常失望,因为他们预测的美国政府和光明会利用千年虫故障控制国家的事件没有真正发生。

《华尔街日报》(*The Wall Street Journal*)论证了一个著名的观点:如果把市场共识预测的结果和猴子用飞镖投掷的结果放在一起对比,你会发现通常猴子投掷的结果更准确一些。华尔街的预测者们已经习惯于犯错了。追踪评论博客指出:标准普尔的目标价格预测年复一年地"偏离目标"：2011 年高了 9.6%，2012 年低了 7%，2013 年低了 19%以上。追踪评论博客更补充说，预测家们总是人云亦云。追踪评论博客追踪调查的 6 项预测中，有 5 项偏离实际价格，且趋于同方向偏离，即同时高于或低于实际价格。

研究一下金融分析师们每年在预测股票市场表现时达成的共识，不难得出这样一个结论：金融市场的参与者们急于相信类似于"天上掉馅饼"的史无前例的市场繁荣，而对预言市场末日的人持怀疑态度。同样的事情在我们身上也时有发生；我们总是期望有关灾祸的预言是错误的。多数情况下，我们对预言的判断是对的，但是我们一旦判断失误，后果就不堪设想。同时，小鸡被一粒橡子砸中后，一路狂奔，大声疾呼天塌了，结果成为一则儿童寓言的笑料。这则寓言的寓意是：不要把所有坏事都看成是灾难的预兆。毕竟，即使是破钟也能在一日之内有两次准确报时，难道不是吗？就好像我们都生活在乌比冈湖畔——广播节目主持人加里森·凯勒（Garrison Keillor）虚构的位于明尼苏达州的儿时的家乡。在这里，"所有的女人都很强壮，所有的男人都很英俊，所有的孩子都很聪明"。我们知道这样的事情太美好，所以不真实，但是我们都会情不自禁地相信它的存在。

神经学家塔里·夏洛特（Tali Sharot）认为人类的大脑结构让我们总是用乐观的眼光看待问题。[3]我们总是高估积极事件的可能性，而低估无视消极事件的可能性。换句话说，我们不断地展示出"乐观的偏见"——一个由心理学家尼尔·韦恩斯坦（Neil Weinstein）创立的名词。"数据表明，大多数人高估了自己在专业领域取得成功的可能性；期望自己的孩子天赋异禀；错误估算了自己的寿命（有时多算了 20 年甚至更长），期望自己比多数人健康，比同龄人更成功富足；过度低估各种消极事情的可能性，例如离婚、癌症、失业等；总体上对于未来的生活充满了自信，认为未来生活比自己父母们那一代要好很多。"塔里·夏洛特在她的书——《乐观的偏见》（*The Optimism Bias*）中如是写道。

乐观倾向在我们的头脑中根深蒂固，左右着我们的认知和判断。塔里·夏洛特在以色列魏茨曼研究所（Israel's Weizmann Institute）做了一项实验。在实验中，志愿者们按照要求，评估遭遇如下事件的可能性：癌症、溃疡、车祸。随后，他们被告知了真正可能发生的事件，并被要求重新评估各个事件的可能性。当志愿者们得知某件事的可能性比预想的要高时，就调整了一下自己的预期，但对那些不利的信息采取完全无视的态度。由此可见，"乐观倾向"在人们的意识中根深蒂固，并左右着人们的思维和判断。

塔里·夏洛特认为，尽管乐观的天性在信息处理方面是有害的，尤其是在发现危险并及早预防方面，但是在生物机能方面发挥着重要作用，"可能因为乐观天性对于人类的生存有很大必要性，所以它才会被植入我们人体中最复杂的结构——大脑中"。

乐观天性使我们不能正确判断哪一种预测会真的变成现实。有众多因素促使我们看不到明显的危险，乐观天性就是其中之一。先天的乐观本性会妨碍我们发现和预防危险，即使我们有足够多的信息提醒我们注意，我们也很难躲避危险。塔里·夏洛特认为，以健康为例，低估健康方面的风险促使我们拒绝采取任何预防保健措施，甘愿冒着生病的危险，率性而为。

然而，塔里·夏洛特举了一个例子，证明乐观倾向可以对人类有利："低估恶性事件的可能性能够减少压力和焦虑，这一点有益于我们的身心健康。"她同时指出，只要我们的乐观是适度的，那么它就会成为一种具有自我实现性质的预言。杜克大学的一项实验发现：同其他实验对象相比，适度乐观者更能努力工作，更能存钱，更少吸烟。极度乐观者与此截然相反。

正如我们在接下来的章节中将看到的那样，在我们构建对灰犀牛危机的应对行为模式时，乐观性起着至关重要的作用，能帮助我们把危机转化成机遇。不仅如此，如果我们想避免遭受灾难的打击，就必须相信成功的概率很大，相信一切为预防灾难所做的努力都是值得的。

现代的神谕

你可能会说，我们在对待预言问题时，采取的是一种机会主义的乐观态度。我们接受我们喜欢的预言，当被预言的事情发生意料之外的反转时，我们就会谴责它；人类用乐观主义者独有的执着精神追求着最神圣的完美无缺的预言。

实际上，我们在预测某些事情上做得越来越好了。不断发展的科学技术和日益演进的体系制度正逐步提高我们对现实的理解力，让我们能通过众包、数据采集、影像制图和市场预测等手段预知未来。

大数据就是未来的大事件。谷歌（Google）、微软（Microsoft）、脸书（Facebook）和其他的科技公司正致力于寻找有效途径，利用各种信息预测消费者的消费行为和更大趋势。各种工具，例如欧亚集团全球政治风险指数（The Eurasia Group Global Political Risk Index）和政治稳定特别工作组（The Political Stability Task Force）近期创立的指数，都清楚地表明，全球热点问题处于崩溃边缘。在一些不可信的数据领域，例如中国的 GDP（国内生产总值）增长，分析师们就会借助其他替代数据，如用电量等更加可靠的数据。换句话说，像 GDP 增长之类的数据，被评论家们认为是过于僵化的测量手段，所以，政策制定者们正在试图寻找能显示经济健康状况的替代指数。

社交媒体正在创立新的预警标志——有些预言准确，有些预言不准确，但是那些能力强的人总能迅速得到想要的结果。谷歌的流感趋势最先提出，可以根据网上查询流感信息的人数等相关数据，标示出流感暴发的区域。不幸的是，大多数人患上流感后就去找医生咨询了，而不是上网查找治病方法。截至目前，尽管谷歌不断努力改进测算方法，但是这个项目仍然不能像其设计者期待的那样准确。这个网页发布后不久，就暴发了 2009 年的 H1N1 猪流感，但是这个网页没能够在事前做出准确预测。一份科学研究认为，谷歌流感在 108 周的预测中，有 100 次是错误的，在 2011 年至 2013 年期间，一直高估流感疫情。[4] 然而，当我们对大数据解读有了更多了解的时候，就能做出更好的预测了。尽管谷歌流感趋势在预测流感暴发方面表现得不尽如人意，但是它的数据仍然能给我们提供关于感冒和流感的一些综合指标，或者是目前尚且未能解读的信息。

虽然个体的预测非常散乱无序，但是如果把它们聚合起来，就能使综合的结果更加准确——詹姆斯·索罗维基（James Surowieckie）于2004年在他的新书《群体的智慧》（The Wisdom of Crowds）中，对此进行了精细的描述。[5]科学技术的进步让众包观点模式（Crowdsource Opinions）越来越容易实现。社交网络能帮助我们聚集大量各自独立的视角，然后得出一个更加准确的预测。众包的价值在于它能从各个视角和思维层面聚拢海量信息。

纳特·西尔弗（Nate Silver）已经将这个理论运用到美国职业棒球大联盟和总统选举中，改变了预测游戏的规则。[6]他提醒人们注意其专业的局限性，而且，如果迅猛增长的信息量超出了我们的信息处理能力，后果将是非常可怕的。纳特·西尔弗建议，我们在预测问题时表现得越是谨慎，预测结果就越好。正如他在自己的著作《信号与噪声》（The Signal and the Noise）中指出的那样，很多预测都是失败的。"我们专注于那些描述我们期望的世界的信息，而不是那些描述真实世界的信息，"他在书中写道，"我们忽略那些很难测算的风险，即使这些风险对我们的生存构成了最大威胁。"

纳特·西尔弗把2008年金融危机定义为预测和判断的灾难，指责评级机构是可恶的肇事者。他认为，标准普尔（Standard & Poor）指数估算被其评级为AAA的抵押债权在未来5年中出现拖欠的概率是1/850；实际的概率要高出估算值两百多倍。标准普尔辩称，确实没有看到房贷危机的出现。但是，纳特·西尔弗指出，许多人不仅确实看到了危机的到来，而且一再公开提出警告。截至2005年，新闻报纸每天不下10次提及房地产泡沫问题，而且之前的那几年，"房地产泡沫"在谷歌的搜索量增加了10倍。纳特·西尔弗补充说，事实上，参阅内部备忘录后，会发现标准普尔已经考虑到房价两年内会降低20%的可能性，但断然抹掉了这个事实，因为害怕它会影响市场安全，甚至导致降低评级事件。

专家们为什么没有看到房地产危机的到来？评级机构接受被评级公司的贿赂，产生内在利益冲突，是一个不争的事实。毫无疑问，这个问题加速了2008年金融危机的发生。但是，更大的问题是我们在武断地拒绝异己者之前，从不认真考虑他们的意见；多数时候，我们会明目张胆、理直气壮地驱逐他们。

未知的已知

美国政府以伊拉克拥有大规模杀伤性武器为借口，发动了对伊拉克的战争，后因缺乏足够证据而饱受非议。美国国防部长唐纳德·拉姆斯菲尔德（Donald Rumsfeld）在2002年的一次记者会上，为了平息人们的愤怒和责难，给了记者一个歪曲的解释，即准确地知道伊拉克到底拥有什么是非常困难的："众所周知，有些是知道的已知事件；有些事情，我们知道自己知道。我们也知道，有些是已知的未知；也就是说，我们知道，有些事情我们不知道。但是，还有些事情是不知道的未知——那些我们不知道我们不知道的事情。"

这段虐人的演说给每一个政治说客提供了丰富的素材。白话英语协会（The Plain English Association）讽刺他的演讲是公众人物演讲中最令人费解的演讲，授予他"不知所云"奖。如果有人指出这些已知和未知的概念就是组织管理心理学科学生熟知的约哈瑞之窗（Johari Window），一个于1955年创立的帮助人们评估自己与他人关系的工具，那么，公众对拉姆斯菲尔德的嘲笑就不会那么强烈了。拉姆斯菲尔德不过就是改变了一下语境。事实上，当他把这些已知和未知之类的概念摆出来的时候，它们就变成了领导者思考危机的有效方式。

那些不知道的未知是属于黑天鹅的范畴。不知道的未知具有不可预见性，但只是极其罕见案例中的主要问题。那些"知道的已知"和"知道的未知"才是我们面对高概率威胁时，要解决的主要问题。

哲学家斯拉沃热·齐泽克（Slavoj Zizek）推算出的第四种类型正是灰犀牛威胁的第一阶段：未知的已知，或者是我们刻意拒绝承认的事情（抵触否认危险的存在）。

为了给拉姆斯菲尔德辩护，语言学家杰弗里·普勒姆（Geoffrey K. Pullum）引用了一则波斯格言[7]：

> 一个人，如果无知，而且不知道自己无知，那么他就是一个蠢货；一定要远离他。
>
> 一个人，如果无知，但是知道自己无知，那么其人可教；一定要教化指导他。
>
> 一个人，如果有识，但是不知道自己有识，那么他是在沉睡；一定要唤醒他。
>
> 一个人，如果有识，而且知道自己有识，那么他就是先知；一定要跟随他。

那些"未知的已知"是属于灰犀牛的范畴：我们已经获得的、但拒绝给予应有重视的信息。

遵从神谕

现在，我们很难确切地知道这则关于四种已知和未知的波斯格言最初的启示到底是什么。但是，这则格言可以用来解释古代波斯王泽尔士一世（Persian King Xerxes）和他征服希腊的野心。

公元前481年，波斯王泽尔士一世率军攻打希腊。事前，有人警告说，战争结果很可能与他的预期大相径庭；他知道，但是他不知道自己知道。希腊人知道自己知道，并且运用自己知道的事情击退了比自己强大几倍的波斯军团。这是一场史诗般的战争，其结果证明：双方都拥有预知力、对预警回应和正确抉择的机会。希腊历史学家希罗多德（Herodotus）描述这场战争时，大量运用了神谕、梦境、幻象，而且表明了选择和遵从启示的重要性。

泽尔士一世是大流士（Darius the Great）的儿子，波斯第一任国王居鲁士大帝（Cyrus the Great）的孙子，在公元前5世纪出征希腊。在公元前486年父王逝世后接过王权的那个时候，他还没有获得泽尔士大帝这个称谓。他将自己和父王的荣耀牢记于心。早在六年前，大流士大帝就曾经攻打了希腊，理由是低贱的希腊军队竟然在公元前490年的马拉松战役中驱逐了强大的波斯军团。大流士大帝在发起新的攻击之前逝世了。

当泽尔士大帝在计划如何征服其父王在逝世前未能征服的领

土的时候，他的堂兄同时也是他的姐夫、时任军队指挥官的玛铎尼斯（Mardonius），是当时反对泽尔士大帝跨域地中海向外扩张计划的人中反应最激烈的人。泽尔士大帝此次率领的军团是有史以来集结人数最多的一次，当它踏上雅典半岛的时候，什么样的军队能够抵抗这样的波斯大军？如果马拉松战役的记忆和挫败感不是这么短暂的话，泽尔士大帝和他的谋臣们就能知道答案了。

泽尔士大帝最信任的谋士中有两人提醒过他，但是他拒绝接受。他的叔叔阿尔塔巴努斯（Artabanus）提出了这样的可能性："假如他们在海上与我们交战，击败了我们，然后驶入赫勒斯海峡（Hellespont），拆毁桥梁，这将是非常危险的，陛下。"[8]泽尔士大帝先是勃然大怒，然后冷静下来，重新考虑了阿尔塔巴努斯的提醒。但不幸的是（根据希罗多德的描述），一个高大英俊的男人在泽尔士大帝的睡梦中出现，反复地威胁他说，如果他不继续对希腊发起进攻，他将失去他的王权。于是，阿尔塔巴努斯的提醒没能奏效。

另一个提醒过泽尔士大帝的谋士是斯巴达王狄马拉图斯（The Greek Demaratus），他在被罢免之后，自我放逐到苏萨，并在这里成为泽尔士的知己。狄马拉图斯提醒泽尔士：斯巴达人是绝对不会向波斯人屈服的，即使其他希腊人向波斯人投降，他们仍然会血战到底。斯巴达人会坚守他们的土地，顽强抵抗。"他们的指挥官就是一切，他们更怕他们的指挥官，而不是你。"与对待阿尔塔巴努斯的粗暴方式不同，泽尔士"礼貌地遣退了"狄马拉图斯。但是，他并没有听取狄马拉图斯的意见。公元前483年，泽尔士断然发动了对希腊的进攻。

后来，当探子报告说，斯巴达人已经在拉科尼亚筑起防御工事的时候，泽尔士召回了狄马拉图斯。狄马拉图斯重述了早前的警告，说希腊人不是一个容易到手的猎物。毫无悬念的是，战争的结果证明狄马拉图斯的话是对的。泽尔士第三次返回狄马拉图斯那里，询问如何打败斯巴达人。狄马拉图斯告诉他说，他应该派遣一支舰队到远离海岸的赛西拉岛，以此来干扰斯巴达人，阻止他们援助其他希腊军队。但是，他提醒说，"如果你不这样做的话，什么都可能会发生。在伯罗奔尼撒海域有个狭窄地域，所有的希腊人会在那里结盟，共同抵抗你的进攻。这个狭窄的地域将是你受到迄今为止最猛烈抵抗的地方"。但是，泽尔士第三次拒绝了狄马拉图斯的建议，采纳了姐夫的意见，让舰队按兵不动，然后加强了陆地的进攻。

在泽尔士的另一个梦境中，他得到启示，这场战争将让他征服"整个人类的疆域"。于是，为征战所做的准备工作继续着。希罗多德记述了一系列预示相反结果的神谕。泽尔士的军队刚刚跨过赫勒斯海峡，"一件非常奇特的事情发生了：一匹马产下了一只野兔"。泽尔士没有认真思考这件事，尽管这件事的寓意非常明显。它的寓意是：泽尔士趾高气昂、耀武扬威地去攻打希腊，但会丢盔卸甲，狼狈逃回家。虽然希罗多德是在用一种诗意化的手法描述历史上的这个特殊时刻，但是我们仍然可以看到，这场战争的最终结局到来之前，有许多征兆表明事情不会按预想的那样发展。

战争的另外一方——希腊人——很快意识到，他们在公元前490年击退的那一次入侵只是更猛烈攻击的前奏。于是，希腊人向德尔菲的女预言家咨询。她肯定地说，波斯人会发起无情的猛烈攻击，但也同时给出了希望，即一个"木铸的城墙"会保佑希腊完好无损，保佑希腊人。于是，希腊人摒弃前嫌，团结一致，共同抵御波斯大军的进攻。在筹备防御的过程中，希腊人一再探讨德尔菲的女预言家的预言，广泛地（而不是局限于特定的内部小圈子）研究预言的真正含义。最后，他们决定采纳曾经参加马拉松战役的雅典将军狄密斯托克利（Themistocles）的建议：建立一支拥有200艘战船的舰队，即神谕的"木铸的城墙"。正如狄马拉图斯预言的那样，希腊人开始集结舰队，在海上迎战入侵者。事实上，事情或多或少是按照狄马拉图斯警告泽尔士的话那样发生着。公元前480年9月的萨拉米斯战役中，希腊舰队击败了波斯军团，泽尔士跑回了家，留下玛铎尼斯继续指挥战斗。在接下来的几年内，希腊击溃了波斯残部，玛铎尼斯战死，波斯人不得不彻底撤退。

希腊人击溃了几倍于己的敌军，取得了战争的胜利，因为他们能迅速地发现威胁，果断行动，做出了正确的决策。他们具备了除盲目自信以外的一切品质，而且参考了不同观点。他们的敌人把失败的可能性看成是无法想象的、不存在的黑天鹅，因为波斯军团的兵力远远超过了希腊军队。希腊人则把波斯人的进攻看成是正气势汹汹扑过来的灰犀牛，一个明显的高概率事件。

希罗多德刻意渲染了希腊人解读神谕的能力。但是，希腊人的胜利不是因为他们能够解读那些奇异的征兆，而是因为他们愿意按照这些征兆传达的信息去采取行动。泽尔士大帝也得到了警示，但是，他出于种种原因拒绝接受它们。我们这样的普通人在面对一些我们不愿看到的信息时，也会因同样的原因拒绝接受它们——这是一些我们知道却拒绝承认的信息。

"泽尔士从他的希腊谋士那里获得了足够的信息，这些信息本应该能让他对希腊的入侵取得极大的成功，但是这些信息被他那些野心勃勃的追随者和他自己的臆想给屏蔽了，结果他没有好好利用这些信息。"卡罗琳·德瓦尔德（Carolyn Dewald）在1998年的希罗多德经典译本《历史》（The Histories）的注解中，对此进行了精准的评述。她指出，自认拥有至高权力的人——克罗伊斯（Croesus）、居鲁士（Cyrus）和泽尔士——都有一种共同的倾向："看不到这个世界赋予他们的权力是有局限性的，不接受对他们有利，但是违背他们预期的信息。"[9]

我们早就看到，人类更易于高估积极事件的可能性，而低估消极事件的可能性。这个特性可以帮我们理解，为什么泽尔士会拒不接受狄马拉图斯和阿尔塔巴努斯提供的更加符合实际情况的建议。波斯人有一个很好的范例来帮助他们做决定：公元前490年的战败。但是，因为这是一个消极的事例，所以没有受到应有的重视。

泽尔士衡量了一下对立的两个观点，最终选择了姐夫的意见，因为他和泽尔士一样野心勃勃，试图继承家族的荣耀。波斯人战败了，因为他们的国王泽尔士一直拒绝承认有些事情对他的宏伟计划构成了威胁，同时无视众多的警示和征兆。泽尔士看起来并没有从希腊战役的失败中吸取任何教训：回到波斯后，他命令开建了许多宏大的工程项目，耗尽了国家财富，对人民课以重税，结果死在一个不够忠心的大臣手上。

理性与情感的混合体

泽尔士王身上的问题也是我们普通人在面临潜在威胁时遇到的问题,即拒绝承认威胁的存在和拒绝及时采取防范行动。我们决策的基础是一种被法国神经科学家奥利维尔·奥莱尔(Olivier Oullier)称为理性和情感混合体的东西:我们都会受理性和情感混合体的驱使。奥利维尔指出,我们总是过于自信;我们常常跟随或模仿别人;我们不愿意承认失败,即使这样做能让我们避免更大的损失。"作为人类,我们总是会做出这样或那样的决定,"他在书中写道,"但是这些决定都是有倾向性的,很多时候都不太正确,不与我们的境况匹配。"[10]

这些倾向性影响着我们对预言的信任,因此决定着我们防御危机或者降低损失的行动是否有效。很高兴看到,行为科学家们已经注意到了这个问题,帮助我们意识到在危机信号出现时,我们没有做到及时指认危险的存在,并且及早采取行动。若认识到这种行为倾向性,及时补救,我们就能像古代希腊人那样睿智,而不是像古代波斯人那样愚蠢。

这些倾向性行为中第一个也是最为隐秘的一个就是集体思维:狭隘的群体有种强烈的倾向,对其期待视域之外的任何危机信号都视而不见。心理学家欧文·詹姆斯(Irving James)在研究人们面对危机时为何能集体做出错误决定和行为时,创造了这个词汇——集体思维。集体思维会让我们无法看到传统思维之外的东西。传统思维是人类非理性行为实践的结果,会让我们无视眼前的事物。与集体思维紧密相关的是实证倾向性，它会让人们不太可能去考虑和接受其他可能性，即与传统思维相悖的可能性。我们周围有越多的人相信同一件事情，我们与他们保持步调一致的可能性就越大，无论他们的想法是对还是错。

另外一种倾向性是源头效应，它会扭曲我们对信息的接受态度和应对方式，即我们处理信息的方式取决于这些信息的来源。我们倾向于更重视专家的意见。这种不加追问质疑和思考就直接采纳专家建议的行为，会导致灾难性的结果。对此，诺瑞娜·赫尔茨（Noreena Hertz）在其2013年的畅销书《大开眼界》（*Eyes Wide Open*）中已经表述得非常清楚。她记录了这样一个实例：监控下，一组成年人先是听取了专家的意见，然后按要求做出一项决定。一个功能磁共振扫描显示，他们的大脑中负责独立思考决定的脑叶处于关闭状态。"专家开始讲话的那一刻，我们就停止了思考。这是一件很可怕的事情。"她在书中写道。[11]正如诺瑞娜·赫尔茨进一步细化的那样，如果考虑到专家们的糟糕记录，这件事件就更加可怕：医生们的六次诊断中有一次是误诊，基金经理们给出的市场指数中只有70%是对的，人们在自己准备纳税申报表时很少犯错，但是雇用了纳税顾问后却频频出错。

逆反效应进一步加强了集体思维、源头倾向和实证倾向。听到与自己想法相左的观点时，我们会坚定自己的立场，更加牢固地坚持自己的固有想法。在泽尔士梦中出现的那个高大英俊的男人——他的自我认知——是这种逆反思维的代表。

易得倾向是一种思维捷径，即我们在处理最先跃入头脑中的事例时，那些能让我们觉得自己无限强大的事例会左右我们决定的倾向。波斯人在公元485年击溃了埃及的叛乱，与此相比大流士被希腊人击败的事就显得久远了。

所有这些认知上的倾向性，合而为一，把我们同预言的关系和应对潜在危机的能力，变得更加复杂了。但是，我们有学习能力，而且我们在处理同预言的关系时做得越好，我们正确预防危机的概率就越大。

准确的判断

意识到思维中的倾向性是十分重要的一步。我在参加由智力进化研究小组（Intelligence Advanced Research Projects）资助的正确判断项目过程中发现，这个项目从一开始就会聚了几百个曾经做出无数预测的预测者。项目关注的问题包括：朝鲜、欧元区、中东、中国的经济增长率和俄罗斯等问题。这个项目对我们决定过程的关注，让我们看到改善对预言准确性的评测，很大程度上左右着我们是否会根据预测采取适当的行动。

实验研究设立在宾夕法尼亚大学，为期4年。实验参与者被分成几组，按要求做出各种预测，判断自己预测结果的出现概率，说明自己是否有信心最终取得高分。实验采用布赖尔评分法（Brier Score），记录预测准确性，包括参加者和小组对预测的自信程度。分数是0～2之间，参加者的目标是要保持分数尽可能低。例如，如果预测始终是正确的，那么预测者的得分就是0；随意预测和对错各占一半的预测，很可能会得到0.5分。如果预测某事的发生概率是100%，但是此事却没有发生，那么就会得到 2 分。这个评分体系重罚过度自信和过度不自信。

人们总是对自己的预测能力过于自信。在我刚开始参加测评的时候，我发现自己很容易受到影响。于是，我找了一个非常严格的人来监督我。结果，我的预测结果有了很大变化。在测评的过程中，同组人员的答案对我来说是种很大的诱惑，但是我还是忍住了，控制自己不去参看他们的答案，直到自己独立做完所有题，这样一来，群体思维就不能左右我的判断了。一个季度过后，当我们预测的事件逐渐有了结果，我把我的成绩和同组人员的成绩对比了一下。系统地、认真地研究自己的自信度变化，就能促使我去探究构成预测的信息来源和可能的倾向性。随着每一次截止日期的到来，一次次地判断哪些预言会成真，我看到自己的分数在逐步地提高。

这次实验项目的组织者，芭芭拉·麦乐斯（Barbara Meller）和迈克尔·霍洛维茨（Michael C. Horowitz）研究了实验的结果，得出了一个结论，认为有三个因素决定着预测的准确性。首先是心理因素，"归纳性的推理能力，发现各种类别的能力，开明的思想和研究与自己意见相悖的观点的习惯，而且尤其要有政治方面的知识"。其次是预测环境，包括概率推理方面的训练和关于逻辑依据的小组讨论。最后是勤奋努力，这也是最重要的因素；预测者对预测问题投入的时间和精力越多，其得到的结果就越准确。[12]

这个"准确判断"研究课题证明，意识到自己过于自信或过于不自信后，人们能逐步提高自己的预测能力。"如果我是奥巴马（Obama）或是约翰·克里（John Kerry），我会把佩恩/巴克利

（Penn/Berkeley）的预言放在我的办公桌上，"大卫·布鲁克斯（David Brooks）在他的《纽约时报》专栏里提到这次的研究课题时说，"知识分子群体可能会对此嗤之以鼻。把高级别的资深预言家们的分析同一群圈外人士的分析进行对比和测评，资深预言家们不仅得不到分数，而且会丢掉很多分。但是这种工作可能会帮助政策决策者们更清楚地预知即将发生的事情，也可能会促使他们用概率的方法去思考问题。"[13]

随着我们的测评和预测能力的提高，我们会不会开始严肃认真地对待现代语言给我们的启示呢？认识到自己个性上的缺点和倾向性，能让我们至少会有所改进，并且提高预知未来事件的能力。然而，这只是解决了部分问题。很多时候，我们过于乐观，或是我们的其他倾向性蒙蔽了我们的双眼，让我们看不到即将发生的灾难，所以灾难的发生在所难免。

但是，有时候问题不是出在预警机制上或是我们的预测能力上。正如我们很快将在接下来的章节中看到的那样，有时候是我们的倾向性和决策机制出了问题。有时候，是因为我们执意否认问题的存在，才最终导致问题出现。

本章要点

不要害怕犯错误。大多数的预测都是错的。因为人类本性使然,我们总是先参考周围人的意见,然后才形成自己的观点。在这个过程中,我们很容易犯错误。圈外人的预见是至关重要的,可以帮我们抵制集体思维,让我们看到那些被我们视而不见的事实。

控制自己的热情。如果预言说某个事件的结果是好的,人们就会相信这个预言;如果预言事件的结果不好,人们就会不相信这个预言。这是人类的通病。如果你发现自己看待问题总是很乐观,那么你就需要做些调整,看看是不是能更好地应对实际问题。

预测是件复杂的事。我们同预测之间的关系很复杂,它会阻碍我们发现高概率的事件。

挖掘群众智慧。聚拢分散独立的预测信息,能帮我们看到更加真实准确的现实图景。

坚持学习。熟能生巧,实践出真知;认识到自己的偏见和倾向性,能帮我们做出更加准确的预测。

第三章
否认：为什么我们看不到犀牛群？
为什么我们不能避开它们的奔袭路线？

托尔·比约戈夫森（Thor Bjorgolfsson）曾经在全球富人榜上位列第249名，而且是冰岛的第一位亿万富翁。先是投资俄罗斯酿酒厂，后是在东欧前沿市场上经营从制药到通信的各种行业，托尔·比约戈夫森在40岁之前就创造了将近40亿美元的财富。其间，他的每一项投资经营都是靠巨额的借款来完成的。在他40岁生日时，他雇了一架波音767飞机满载着120位朋友，飞到牙买加，开启了一次惊喜之旅。之后，他继续着一次又一次的投资，并且意识到自己做的事就像是海妖之歌里描述的那样："我们都知道泡沫会破裂，但是在最终破裂之前的那一刻是一次多么好的机会啊！"

同年，托尔·比约戈夫森成为阿特维斯（Actavis）的最大股东。阿特维斯是一家基因制药公司，2002年的年收益是5 000万美元，不断合并和收购后，2008年达到年收益73亿美元。2007年，当托尔·比约戈夫森为接管阿特维斯去银行借钱的时候，他试图说服银行考虑引入其他的投资者以分担他们承受的40亿美元的投资风险，但银行充耳不闻，不置可否。银行只想要利息，并且希望用辛迪加贷款（Syndicated Loan）的方式，这样就能很快获利。

托尔·比约戈夫森在银行持有的股份一再出现问题。在2002年到2008年的市场繁荣期内，外国人（多数都是欧洲人）的存款源源不断地涌入冰岛银行，数额达几十亿美元之多，因为冰岛银行的利率比他们本国的银行利率高很多。托尔·比约戈夫森和他的父亲是冰岛第二大银行——冰岛国民银行（Landsbanki）的最大股东。这家银行的市值在2002年到2008年增长了10倍。但是没有人注意到，冰岛三大银行里的钱是其国家整体经济产值的11倍，而且美元的流通量要远大于冰岛克朗。

"我曾经批评过冰岛的市场繁荣，但是当我在2006年到2007年尝试做点努力的时候，结果被证明估计错误。我研究了数据，认为市场会崩盘，但是市场没有崩盘，什么都没发生。"托尔·比约戈夫森在事过多年之后对我说。破产后，他从一位亿万富翁变成了一个穷光蛋，然后又东山再起、卷土重来。"我太相信依赖那些证明一切都将变好的信息，排斥那些违背自己信念和愿望的信息。"他说。因此，尽管事情越来越糟，但他还是放弃了早期的关于市场会崩盘的想法。当然，他从来没有想到冰岛能导致全球范围的市场崩盘。

作为一个投资人，他最大的成功是敢于涉足别人不敢涉足的领域。他从来没有想到会失去自己性格中最重要的一部分——这部分能帮助自己避免犯旅鼠一样的错误。"我一直以来都更是一个特立独行的人和逆向投资者，所以人云亦云式的投资方式不应该是我的模式，结果也证明这是非常危险的，我为此付出了很大代价。"托尔·比约戈夫森如是说。

在2008年，市场崩盘出现了。第一张多米诺骨牌就是阿特维斯。金融市场停滞后，德意志银行的辛迪加贷款计划失败了，此时阿特维斯公司正在处理日常事务，管理层很震惊：一场典型的金融风暴出现了。阿特维斯的市值大幅缩水，其股票持有者的财富迅速蒸发。在一次颇具争议的行动中，托尔·比约戈夫森从冰岛国民银行借入大笔资金，目的是要保证阿特维斯的正常运营，但是此举使银行过多承担了其投资的公司的风险。许多观察家认为，这样做的结果是使银行在金融风暴中更加不堪一击。

2008年，阿特维斯崩溃了，带着冰岛的银行体系和国家经济一同沦陷，托尔·比约戈夫森成了全民公敌。在短短几个月内，他的净资产从40亿美元变成了10亿美元的债务。他失去了其投资的多家公司的股票。他的房子和车都被人肆意损坏了。[1]

"我没有顿悟的喜悦，因为我根本不知道事件会如何展开。一切都更像是一个谜；在冰岛银行变得支离破碎之前的那几天，它就在以一种惊人的加速度方式崩塌着，直到一切事情的画面都已经无比清晰的时候，我才感到脊背发凉。"他告诉我。

金融风暴之后，托尔·比约戈夫森如着魔一般痴迷于偿还债务，创建自己的商业帝国，分享自己在危难中吸取的经验教训，希望其他人不会重蹈覆辙。

首先，他向所有人公开道歉，将道歉信刊登在报纸的头版。托尔·比约戈夫森承认了自己的失败，承认了在导致银行系统瘫瘫的市场泡沫中自己所犯的错误。"我向所有人道歉，因为我在面对各种预警信息的时候过于自负。我道歉，因为我在面临风险的时候没有按照自己的本能行事。我向你们所有人道歉。"

阿特维斯从2008年的金融风暴中恢复过来后，引起了美国基因制药生产商华生制药公司（Watson Pharmaceuticals）的重视，华生制药公司于2012年10月借给阿特维斯60亿美元，这项交易使阿特维斯在偿还债务的道路上更加信心满满，并于2014年10月还清了所有债务。2015年，托尔·比约戈夫森重新登上《福布斯》富人榜。

托尔·比约戈夫森曾经鲜红的头发和胡子，现在变成了灰白色。他一再追问自己，如果当时知道自己现在知道的事，那么自己当时会采取什么样的行动；如果自己当时没有故意回避那些预警信号，事情会是怎样的结局。"我试图想象自己会怎样做，如果自己知道即将发生的事情，我能做什么事去阻止将发生的一切，什么时候做，或者怎样做等。当然，我也常常咒骂自己，因为我把大家拖到了非常危险的境地，导致周遭的一切都摇摇欲坠。"他告诉我。

"曾经经历过危险的人都会在事后跟你说，他们本来应该在一切都来得及的时候抽身而出，躲避危险。很多人的例子都是这样的：他们有机会逃离危险，但是他们就是不相信事情真的会变坏，变得无可挽回。他们都拥有太多，不想轻易放弃，否则损失太惨重。他们都经历过风雨，而且坚信这一次他们仍然能够挺过去，仍然能够化险为夷。因此，他们没能在适当的时候全身而退。这是不可避免的。这是惰性使然，我们懒于或不愿做那些艰难的抉择。"

"我本来应该多注意那些已知的事情而不是我希望的事情。这两种是不相匹配的。"托尔·比约戈夫森说,"我曾经拥有难以置信的成功,但是我受过的教育和我的经验都清楚地告诉我,这个体制是不稳定的,是不可持续的。任性的执念是非常危险的。"他引用了美国女演员玛丽·马丁(Mary Martin)的话,说:"停止任性的执念,养成审慎地期盼未来的习惯。"他牢记她的话。"我本来应该清楚自己在干什么,并且我也确实清楚自己在干什么,只是在我的深层潜意识中,我想相信一切都会变好。我们都是这样的人。我们都是精神鸦片的狂热信徒,它会让我们麻痹,让我们快乐。我现在不是它的信徒了。我现在更依赖自己的知识,而不是任性的执念。"

抵触和否认,不过是自我安慰

托尔·比约戈夫森不是唯一忽略危险信号的人,尽管他的公开道歉使自己凸显在大众面前。导致2008年金融危机的信号就在我们周围,清晰可见,但不仅仅是冰岛,还有美国和整个欧洲,那些有能力阻止事件进程的人什么都没做,因为他们拒绝承认那些危险信号是真实的。

为什么?原因涉及无意识的倾向性、任性的执念、误判和其他更加过分的邪恶动机:个人利益和恶意动机,促使人们任性地否认危险信号的真实性,或者有时候是非法地欺骗、蒙蔽大众,致使其无法看到明显的危险信号,无法做出适当的回应。正如在

第二章中我们看到的那样,不是所有预言都能成真,所以一旦有了选择的机会,我们总会选择相信那些乐观的结果。

"否认",是一个深深根植在我们人类性格中的防范机制,是应对危险的典型行为的第一个阶段。它帮助我们在不崩溃的前提下应对危难。当我们面对困难失去了抵抗力和动力的时候,"否认"能保护我们不被可怕的困难击垮。在很多时候,否认能帮我们专注于解决当前的问题,直到我们有足够的时间适应新的令人不快的现实,调整我们的行动,着手纠正问题。

人类是唯一能提前预知未来事件的动物,这是一种祝福也是一种诅咒。我们如果能及时采取行动,就能降低灾害;如果我们一刻不停地为危险的到来做准备,就会变得筋疲力尽。"从动物进化的角度看,长期持续的心理压力是新的发现,只局限于人类和其他灵长类动物,"精神内分泌学家罗伯特·米·萨波尔斯基(Robert M. Sapolsky)如此写道,"有时候,我们非常聪明,能看到即将发生的事情,仅仅依靠预判,我们就能调动身体里的危机应对机制,让自己全副武装、严阵以待,就好像危险真的发生了一样。"当然,如果你拥有预知和行动能力的话,这会是最理想的故事情节。但是如果危机延迟了,你的预判会拖垮你的身体和精神。[2]

当我们遇到的问题太大而超出了我们的能力范围,或者掌控必要的资源看起来是不可能完成的任务,抑或危险看起来太多,我们就会采取一些补救措施,例如长时间地无视存在的问题,像灰犀牛的鸟类远亲那样,把头埋在沙子里。

"否认"应该只是暂时的,就像伊丽莎白·库伯勒-罗斯在她的成名作《论死亡与濒临死亡》(*On Death and Dying*)中说的那样："在听到意料之外的令人震惊的消息时，否认能起到缓冲作用，能让病人振作起来，随着时间的推移，他才能够调动身体和精神上其他的不太激进的防御机制。"[3]她写道，"'否认'是暂时的自我防御保护机制，很快就会被部分接受所取代。"紧接着，她说，"否认"情绪会反复出现。"否认"的最后阶段和"愤怒"及"希望"的初始阶段同时到来。如果我们想理解她的理论框架，即人类面对打击时的反应，最后的这两个因素就非常关键了。她建议允许病人"否认"情绪的产生，因为很少有人会在"否认"情绪里停滞不前，早晚他们都会走出这种情绪。我很想知道，希望和愤怒是否是那些病人和其家属，从"否认"阶段走出并走向现实的原因或者关键因素。在其他的一些例子中，这两种情绪是领导者们在危难或打击中，从"否认"阶段走出来所需要的最基本动机。

高概率的风险会给我们造成很大的损失或是给我们带来机遇，但是这些风险已经向我们传达了各种预警信息，而我们人类为了不去发现这些信息，给自己建立了一系列复杂的战略。人类的这种本性，的确令人惊讶。这套战略中的一些内容是人大脑的无意识产物，它们是伊丽莎白·库伯勒－罗斯所定义的自我保护机制。大多数人都还没有意识到它的存在，当我们意识到它的存在时，就能用一些策略去抵御它的影响，让自己快速地从"否认"阶段走出来，着手实施正确的应对方案。意识到我们本性中的这个方面，就能帮我们强大起来，让我们不再错过那些危险信号，不再被那些别有用心、试图蒙蔽我们的人欺骗。意识到自己本性中的这个弱点，但不做补救，这是出于"否认"的一种形式：固执愚昧。

无法预知，是该抓牢，还是该放手

拿起任意一天的报纸，你都会看到忽略危险信号的例子。例如《平价医疗法》（Affordable Care Act）在 2013 年 10 月 1 日发布后的几个小时内就寿终正寝了。早在之前的那几天的测试中，这个体系还是遇冷的，因为只有区区 500 个用户，压力很大。团队成员没有重视这个问题，尽管有足够的证据表明，推迟发布是一个周密审慎的举措。[4]

多年以来，人们对监狱管理漏洞上的预警信号一直置若罔闻。终于，2015 年 6 月，发生了两名被定刑的谋杀犯从纽约一所监狱逃跑的事件。"克林顿惩教所，一直以来被认为是美国最安全的监狱之一。对于此次的犯人越狱事件，监狱宣称不存在任何安全监管上的疏忽或错误。但是现在看来，在两周前的越狱事件和之后的搜捕行动中，还是暴露出安全监管上一系列的疏忽大意。"《纽约时报》报道。[5]

当新闻爆出两名乘客用偷来的护照登上了马来西亚航班 370 的时候，国际刑警的官员们说，只有 3 个国家对 40 万失窃护照数据库进行了常规的检查。国际刑警和外交官们反复提醒成员国注意使用欺骗虚假身份的旅客所能带来的危险。尽管我们已经无法知道，马航 MH370 飞机的失踪是否与丢失的护照有关联，但是这次的悲剧事件已经足够让许多国家和航空公司警醒，认识到使用失窃护照数据库的必要性。[6]

2014年,华盛顿州经历了史上降雨量最大的一个3月后,7万立方米的泥石流从山上奔流而下,一次就冲倒了上百棵树木,又横过了斯蒂拉瓜密什河(Stillaguamish River),埋葬了西雅图北50公里处华盛顿州的奥索城。[7]这是忽视危险信号的又一个例子。"请不要告诉我,没有人看到美国历史上最可怕的一次山体滑坡即将发生。"当报告称死亡人数已经达到25人,另外有90人正在搜救当中,专栏作家提姆·伊根(Tim Egan)在《纽约时报》中如是写道。"无法预见——除了1960年的警告之外,最近的一次最值得人们注意的报告发生在1999年,报告概述了山体滑坡灾难的可能性,但没有引起足够的重视。"伊根继续写道,"面对潜在的灾难威胁时,仍然相信一切都会变好——如果这种行为不是美国人独有的模式,那就一定是人类的共性和通病了。"[8]尽管危险信号一再出现,尽管这个山谷里的重大泥石流滑坡频率是每10年一次,尽管最近的一次泥石流滑坡就发生在8年前,人们仍然没有停止在山坡上的施工和树木砍伐。更加肆意地砍伐远远超出了法定的界限,这个界限的设定是为了防止类似灾难的发生。树木本来是可以用其根系固定山坡上的砂石,但是过度的乱砍滥伐使山坡上的树木消失殆尽。政府官员在受到紧急事务管理不当的指控时,宣称没有人预见到灾难的发生。

此次灾难事件有多大的比例是由任性的"否认"导致的?又有多大的比例是由于人类本性、官僚主义决策和政治壁垒导致的?对这个问题,我们可能需要花很长时间去讨论。但是无论怎样讨论,结果是明显的,即这一切都是明显的,毋庸置疑的是:

那些有能力和权力改变事件结局的人早早地否定了危险信号的存在和危险信号的重要性。

组织理论学专家伊恩·米特洛夫（Ian Mitroff）认为，组织机构最应该做的事情就是要校正信号探测机制，发现正常信号和预示潜在危险情况的信号之间的区别，确保这些危险信号能传达到相关人士那里，以及那些有能力改变结局的人那里。波士顿大学的茱蒂丝·克莱尔（Judith Clair）在研究中发现了组织机构没能看到重要信号的几个原因。伊恩·米特洛夫引用了她的研究结果，说："这些危险信号都非常重要，其中有些是非常明显的信号。实际上，它们的明显反而让我们看不到它们的重要性。"这一点正是灰犀牛思维的研究范畴：研究我们忽略最明显事实的原因。伊恩·米特洛夫认为：你需要有一个信号探测机制。"虽然它们很明显了，但是还不足够明显，因为毕竟大多数的组织机构没有信号探测机制。"他写道。即使他们有了信号探测机制，也会常常注意不到它们的存在。伊恩·米特洛夫详细叙述了这样一个例子，一次局部暂时限制用电引起了一连串的连锁反应，即致使拉瓜迪亚和肯尼迪机场空中调控信息体系完全瘫痪。这次局部的暂时停电启动了一个备用的发电机，这个发电机随后很快就坏掉了，在坏掉的同时，它启动一组蓄电池并且拉响了警报。极具讽刺意味的是，没有人听到警报声，因为所有的操作员都在参加一个为新型备用体系所准备的培训会议。[9]（这让我想起了一个思维实验：如果森林里的一棵树倒下了，但是周围没有人听到它倒下的声音，那么能说它的倒下发出过声音吗？）人们需要知道如何有效回应危险信号的出现，这就包括知道是哪些人负责在哪方

| 第三章 否认：为什么我们看不到犀牛群？为什么我们不能避开它们的奔袭路线？|

面做出有效的应对。最后，信号探测机制需要能够连接来自不同方面的各种信号。

正如在第二章中所讨论的，我们在发布必要的危险信号、拉响警报方面已经越来越熟练了，但是还有更复杂的工作要做，即提高我们听到警报声的能力。伊恩·米特洛夫描述了一项导致我们走向固执愚昧的自我保护机制：拒绝（低估可能的损失）、理想化（认为不可能发生在我们身上）、自我膨胀（认为自己有足够的能力阻止危机发生）、推卸责任（把灾难的责任推到其他人身上）、自以为是（降低可能性）、盲目（想象损失会很有限）。认识到这些组织机构在面对不利信息时运用的自我保护机制后，我们可以更容易地用它来检验自己的反应，同时更加有效地防范"任性拒绝否认"对我们造成的影响。

约翰·霍普金斯大学设计建立了一套简单的、很难被忽略的体系，来拉响警报并触发即刻的行动：一个包含五个步骤的备忘录，阻止医院传染病渗入中线导尿管。这样的疾病感染每年要耗费国家 30 亿美元，致使 6 万病人死亡。备忘录非常简单：洗手；清洁病人皮肤；穿上消过毒的衣服，悬挂消过毒的帷幔；避开腹股沟；不管导尿管安放在哪里，立刻拿开。备忘录上有个非常严格的规定，即如果所列项目没有被逐字逐句地执行，医疗组就必须立刻停止工作。在最初的测试阶段，这个备忘录就避免了感染病例的发生。在一百多个护理中心正式实施这个备忘录之后，全国的感染病例就降到了零。三年后，此类感染病例依然为零。[10]医生兼作家阿图·葛文德（Atul Gawande）给很多地方都写了一份备忘录，从飞机驾驶室到摩天大楼建设工地都有他的备忘录。[11]在这些高危的环境里，任何一个关键环节的疏漏都将产生致命的危险，备忘录是一个十分必要的手段，能标示出问题的所在，同时如果某项环节没有受到应有的重视，整个团队就有权利插手提出质疑和进行修正。当一个组织机构面临一个迫在眉睫的危机事件时，无论危机事件的到来是快还是慢，使用这样一种程序和手段，我们就不能否认预防行动的必要性了。

连续的经济指数会促动金融市场的波动、中央银行的决策和经济政策决策者的决定。有人可能会这样想，这些经济指数能起到一个备忘录的作用，帮我们标示问题，促使我们做出正确的决定；确实，自动交易程序下用证券价格信号来决定买还是卖。但是当涉及银行家和政策决策者所面临的选择时，我们就不能成功地把危险信号转变成行动了。危险信号就在那里，真实地存在着，但是我们就是不够敏锐，就是看不到它们。

假如这是"雷曼姐妹"……

如果明显的危险信号没有被注意到，那么原因就可能是这两点：危险信号的预警机制出了问题，或是我们的信号接收能力和反应能力出了问题。

艾伦·格林斯潘在他 2013 年发表于《外交事务》杂志的一篇论文中，解释了"为什么没有人看到 2008 年金融风暴会到来"，认为问题出在危险信号过于微弱。他指出解决的办法是要建立一个更好的预测模式，结合各个方面，例如人类厌恶风险的本性、时间偏好和群体行为。[12]但是真正的问题不是危险信号过于

| 第三章 否认：为什么我们看不到犀牛群？为什么我们不能避开它们的奔袭路线？|

微弱，而是人们既不愿意看到危险信号，也不愿意针对危险信号采取行动。也就是说，我们需要的不仅仅是一个更好的危险信号预警机制。我们需要的是如何把危险信号转化为实际的行动。在这个过程中，首先要做的就是找到一个好的方法，克服我们的拒绝否认情绪。我们对于危险程度的把握取决于我们是否愿意看到存在的危险，同时取决于危险信号是否清晰。

2008年美国联邦储备委员会（以下简称美联储）对于如何处理经济增长速度放缓和美国第四大投资银行雷曼兄弟（Lehman Brothers）的最终破产等问题产生了意见分歧，让我们看到美国官员在试图消除日益加剧的2008年经济危机时，表现出的各种不当行为：偏激、触发危机和适得其反等。

因为失业率急剧增加，所以美联储在2008年1月9日召开了一次非常规紧急会议。会议上，美联储主席本·伯南克（Ben Bernanke）和副主席即后来的主席珍妮特·耶伦（Janet Yellen）都以非常悲观的口吻提出警告，认为非常有可能出现一个更加严峻的经济下行时期。伯南克为证明自己的观点，引用了各种事例：股票价格下跌，相对缓慢的制造业增长速度，越来越高的借贷利息，急剧增加的失业率，GDP增长速度持续缓慢，而且还有一个极不稳定但是又极其重要的指数——美国联邦基金利率（信誉卓著的银行通过美联储在相互之间以此利率借贷）远远高于两年期的利率。珍妮特·耶伦认为一个潜在的非常可怕的衰退期已经开始了，并且在会议当天建议银行降低利率。"严重的而且是旷日持久的房地产下行趋势和经济上的意外事件已经使经济处在衰退的边缘。"

"我和30位房地产界之外的CEO谈论过这个问题,其中没有任何一个人曾经看出经济正在走向衰退境地。"美国达拉斯联储主席理查德·费舍尔(Richard Fisher)说,"一些人看到的是经济更加缓慢地增长。没有人,在这个节点上——《新闻周刊》的封面,尽管措辞不当,还是用'走上衰退'这样的词句,指明了即将到来的经济危机——看到我们的经济将会走向衰退"。

美联储公布了会议记录后,新闻界把这份记录看成是高高在上、触不可及的领导层否认失察误判的证据。"美联储误读了2008年的经济危机",一份《纽约时报》曾经以此为新闻头条标题。

在2008年1月,美联储开始行动了。1月21日,在两次常规会议之间的一次极其意外的议案当中,美联储把基准利率降低了75个基准点,是20多年以来最高的一次。1月30日,美联储又一次降低了50个基准点。然而,在接下来的一年当中,美联储一直被质疑是否有足够的能力改善经济境况、缓解经济危机的冲击和是否能承担采取更加积极的行动时产生的不可预知的后果。

9月,雷曼兄弟破产后,问题产生了。中央银行看起来与外界隔离,行动明显迟缓。2008年9月,美联储的官员在谈话中13次使用了"危机"一词,但是"通货膨胀"一词的使用达129次之多。他们在找的是通货膨胀的证据,所以没有看到经济萎缩。

波士顿联储主席埃里克·罗森格伦(Eric Rosengren)指出,仅在短短的5个月内,失业率就上涨了1.1个百分点;这是最主要的警示信号,其他的还有:一个大型投资银行的倒闭,另一个投资银行的被迫合并,联邦住房金融机构房地美和房利美的倒

| 第三章 否认：为什么我们看不到犀牛群？为什么我们不能避开它们的奔袭路线？|

闭，"金融危机的信号已经非常明显了"，他警告说。罗森格伦是联邦储备局11位州联储主席之一。这些人中，每年轮流有4位进入联邦公开市场委员会。尽管他们都能参加会议，但是没有投票权，因此不能直接左右会议的讨论结果。尽管罗森伯格忧心忡忡，尽管各种危险信号已经清晰可见，12位联邦政府官员还是全体一致地投票反对在9月削减利率。

直到10月，局面才真正开始恶化。"经济数据的下行趋势一直很可怕，"珍妮特·耶伦在10月28日至29日的会议上说，"我们正处在经济滑坡之中，这件事情目前已经再清楚不过了。"值得注意的是，有些人强烈支持联邦储备局采取行动阻止经济下行，珍妮特·耶伦就是其中之一。

雷曼兄弟倒闭后出现了一系列混乱和恐慌，最终迫使美联储从渐进主义的框框中走出，不得不采取了积极的行动。美联储主席本·伯南克凭借自己对曾经的经济大萧条的了解，极力主张对于目前的经济危机，美国中央银行应该积极行动起来，竭尽所能稳定市场。到那一年的年底，美联储把利率降为零，从1月开始，总共降息8次。但是在美联储内部，人们对于本次经济下行的性质仍然存在分歧。2008年即将过去，里奇蒙德联储主席杰弗里·莱克（Jeffrey Lacker）仍然把当时的局势定性为"中度经济萎缩"。[13]

为什么美联储的行动如此迟缓？为什么美联储的成员不愿意承认问题的严重性？原因之一是，最近一次由货币宽松政策引起的混乱仍然历历在目。艾伦·格林斯潘为了应对20世纪90年代的一次金融动荡，把利率降得非常低。在相当长的一段时间内，人们非常尊敬他，尤其是那些有很多钱在市场上投资的人，因为他引领市场进入了一段繁荣期。但是在 2007 年到 2008 年，人们又指责他，认为是他制造了金融资产泡沫，导致高一级的市场和其他市场麻烦不断。许多政府官员此时采取的是"以史为鉴"的态度，而不是用未来发展的眼光看待问题。因此，他们始终在纠结过去的事件，很难接受理解新的信息，不能及时应对摆在面前的这个比以往更加严峻的困难。

更多的事情在发生……

我们对危险信号的接受能力和对当前危险的应对能力取决于我们从以往类似危险中获得的经验。

政策分析家和学者卡洛琳·考斯基（Carolyn Kousky）、约翰·帕特（John Patt）和李察德·泽克豪斯特（Richard Zeckhauster）认为，人们不像我们想的那样理性。在他们的分析中，如果人们经历的是他们从未遇到过的"初历危险"，例如汽车冲进卧室，他们就会高估此类事件再次发生的可能性。此类事件情境在情感上越是生动，人们就越是高估它再次发生的可能性。[14] 以此推论，如果人们遇到的是他们经常看到或想到的危险，例如车祸或电脑崩溃，他们就会低估这类危险再次发生的可能性。

尽管死于车祸的概率远远大于飞机失事，但是新闻报纸对于飞机失事的夸张报道给我们留下了极其深刻的印象，让我们对于乘坐飞机这件事充满了恐惧。

"初历危险"现象能够给我们解答：为什么黑天鹅危机概念

| 第三章 否认：为什么我们看不到犀牛群？为什么我们不能避开它们的奔袭路线？|

能受到这么多人的重视；它为什么能引起人们的强烈好奇和想象。我们把大量的时间和精力用在那些会对我们心理和情感造成冲击但发生概率极低的事情上，因此没能注意到那些发生概率极高、应该提早预防的事情。我们总是寻找那些我们希望见到的事情，于是就错过了那些重要的事情。如果我们正在寻找的是黑天鹅，那么我们就不可能看到灰犀牛。

金融危机就是这类事件的典型代表。[15]正如经济历史学家卡门·莱因哈特（Carmen Reinhart）和肯尼斯·罗格夫（Kenneth Rogoff）曾经准确描述的那样：无论发生多少次经济危机，总是会有些人异口同声地说"这一次的经济危机与以往大不相同"——一种典型的拒绝否认情绪。长期没有经济危机发生——例如20世纪20年代、90年代晚期，21世纪早期——就是一个危险信号。20世纪90年代，墨西哥、俄罗斯和亚洲的银行和债务危机本来应该让发达国家意识到它们可能会遇到类似的问题。但矛盾的是，发达国家忽略了它们遇到类似问题的可能性。天鹅不可能是黑色的，对吗？所以债务危机不会发生在富裕的国家。

看见真实的犀牛

2008年，美联储能采取不同的应对措施吗？美联储的失败不是存心而为，甚至在市场需要时给市场提供了必要的流动性，在这一点上，它受到了广泛的赞誉（可以确定的是，它也受到了应得的批评，因为它实施的低利率和积极购买债券的量化宽松政策产生了负面效应）。问题在于，当美联储一些委员开始注意到存在的问题时,为什么没能早点找到证据?美联储的明显弱点之一就在于它的决策结构不合理:决策者是由一群极为相似的人构成的。

雷曼兄弟的董事局由九个男人和一个女人组成。美联储的决策者几乎都是男性。看到经济面临危机的两个人是美联储主席本·伯南克(学术型而非事业型银行家)和圣弗朗西斯科联储主席珍妮特·耶伦。当时的法国财政部长克里斯蒂娜·拉加德有句双关语名言:"如果雷曼兄弟里能多一些'雷曼姐妹'就好了,我们就不会像现在这样遭到经济危机的重创。"

在冰岛,2007年即危机发生的前一年,两个女人——海拉·托马斯多特(Halla Tomasdottir)和克里斯蒂·彼得斯多蒂尔(Kristin Petursdottir)创立了她们自己的金融服务公司——奥度资本公司(Audur Capital)。奥度资本公司是冰岛平安度过经济危机、没有给客户带来任何直接损失的唯一一家公司。这也许是因为这家公司规模尚小,没有像其他银行那样集聚大量的外国存款;也可能是因为它的业务范围——财富管理、私募股权、公司咨询服务——既不是资金密集型也不是投机型。不管怎样,公司的创立者看到了人们的贪婪欲望会导致危机,这一点非常重要。海拉·托马斯多特很喜欢重复拉加德的那句关于"雷曼姐妹"的名言,认为建立在不同原则基础上的女性领导的公司,能从冰岛那些陷入困境的银行中脱颖而出,不是一种巧合。[16]海拉·托马斯多特说,自己和克里斯蒂·彼得斯多蒂尔对男性荷尔蒙非常恐惧。能躲过危机,是因为她们排斥高风险的行为和短期的投资目标。她引用了公司创立宗旨——风险意识强烈、坦率的沟通方式、注重情感资本的投资、在原则允许的范围内谋利、保持独立

| 第三章 否认：为什么我们看不到犀牛群？为什么我们不能避开它们的奔袭路线？ |

精神——作为救治那些导致危机的思维观念和行为模式的解药。在纽约召开的女性公司领导人会议上，她做了演讲，把冰岛遭受经济危机的大部分责任归结为决策层的构成缺乏多样性。

事实上，公司董事会构成比例越是多样化，公司的运营就会越出色。2007年，非营利机构触媒（Catalyst）发布了一份报告称：公司董事会成员里女性比例最高的公司同女性比例最低的公司相比，其营业额要高出53%。[17]2013年，汤森路透（Thomason Reuters）研究发现：那些公司董事会里没有女性成员的公司，其经营远远不如那些董事会构成中有女性成员的公司。[18]但是，被调查的公司中只有17%的公司有超过20%的女性董事。

女人们常常会发出"不和谐的音符"，她们愿意说出别人不愿意说的事情：美国联邦存款保险公司主席希拉·贝尔（Sheila Bair）质疑了"大而不倒"的概念；梅格·惠特曼（Meg Whitman）提醒人们注意地方债券问题；艾琳·布洛科维奇（Erin Brockovitch）拒绝忽视地下水污染问题；辛西娅·库珀（Cynthia Cooper）发现了世通公司38亿美元的假账欺诈案；伊丽莎白·沃伦（Elizabeth Warren）发起消费者权益保护。此外，我们还应该记住的名字有：卡桑德拉（Cassandra）和圣女贞德（Joan of Arc）。预言2008年经济危机的人中有很多都是女性：《纽约时报》的格雷琴·摩根森（Gretchen Morgenson）和戴安娜·亨瑞凯斯（Diana Henriques）、《金融时报》的吉莲·邰蒂（Gillian Tett）与《财富》的贝萨尼·麦克林（Bethany Mclean）。

但是女人不是多样性信息的唯一来源。如果雷曼兄弟公司或者是美联储的领导层能努力征求来自各方的意见——无论是来自

95

不同性别的、不同种族的、不同年龄层的，还是来自不同学科的——他们就能早点看到即将发生的危险。几乎所有的机构都曾经发生过这样的事情。考察一个组织机构的领导力，首先要看它的领导层是否融合了各方观点，是否能接受对现行观点的质疑，还要看这个领导层是否纳入了必要的专家群体，是否愿意面对令人反感的意外，以及是否愿意未雨绸缪，防患于未然。

战胜群体思维

群体思维和随大溜现象非常普遍。20世纪50年代，心理学家所罗门·阿希（Solomon Asch）做了一系列实验后发现：实验对象中有很大一部分人会盲从多数人的观点，即便这个多数人的观点明显是错误的（矛盾的是，尽管女性在指出金融风险和欺诈方面表现得很突出，但是实验数据表明，同男性相比，女性更容易人云亦云）。[19]另外一项著名的实验是由社会心理学家斯坦利·米尔格拉姆（Stanley Milgram）完成的，结果发现在群体思维和随大溜上存在国别和地区差异（例如，挪威人比法国人更易随大溜；亚洲人比美洲人更易随大溜）。但是，斯坦利·米尔格拉姆对文化在这种差异上的影响持怀疑态度。"人们会问，在研究人类行为的时候，国别是否就是划分分界线的标准。"他写道，"我觉得，只有当国界和文化、环境和生物学分类一致的时候，它才能成为人类行为的分界线。[20]多数情况下，国界本身是相同文化行为的历史认定。"

我曾经询问泛大西洋投资集团（General Atlantic）董事总经

理、谢尔曼国际工商学院前院长弗兰克·布朗（Frank Brown），公司在不同国家发现和应对各种危机的过程中，文化影响的程度有多大？不同的国家和地区会不会因为文化障碍，于是不同程度地否认危机的存在？他的回答很有趣：主要问题不是文化本身，而是决策时文化对决策群体的影响。"群体成员越是多样，其决策就越好，合作越愉快。"他说。一个一致的、等级严格的团体不可能像其他团体那样有效地应对机遇和挑战。"应该让自己置身于背景迥异的人群当中，他们观察、思考、交谈和行动的方式都完全不一样，"他说，"如果你把六个人放在一个房间内，如果他们来自不同的国家，你就会得到一个非常好的答案，但是如果他们来自同一个国家，那么你得到的答案就会稍微逊色。"

戴胜益（Steve Day）是王品集团的CEO，因为创新能力和跳脱式思维而广受赞誉。王品集团是台湾最大的餐饮连锁企业，拥有很多名牌产品，其中包括王品牛排。这家1993年创立的公司，在2013年的时候市值已达10亿美元以上，创始人戴胜益被《福布斯》杂志列为台湾最成功的20名商人之一。戴胜益认为自己的成功很大一部分是因为遵循孔子的以人为本的理念和道教的领导者应该无为而治的理论，并且把这两点融入了集体领导和"以人为导向"的管理方法中。人们认为他是非典型性CEO，不仅仅因为他曾经在公司年会上扮演了女星嘎嘎（Lady Gaga），还因为他在管理上能积极地征求各方的不同意见。

王品公司由25个品牌和部门领导组成的管理团队，每个月都向200个以上的圈外人士征询意见和想法，以此来帮助公司发现危险和机遇。这些意见和想法的范围相当广泛，从"弃用一次性筷子"（这是保护亚洲森林而做出的一大贡献）到"禁止迷信行为"和在经营中"拒绝使用濒危物种"等。[21] 王品集团的决策机制的设计是为了鼓励新思想的出现，防止群体思维的发生。他们至今仍然会邀请各个领域的专家，从医药、学术到科技、时尚等。公司允许管理层成员匿名否决议案。只有极少数情况下，戴胜益会借助自己的特权对公司决议的5%实行独断，这个微小的比例让他几乎无法凌驾于否决权之上。

最好的企业领导者都很清楚群体思维的危害和它的"衍生物"：随大溜倾向、激发效应和逆反效应。他们能认识到并且能有意识地抵制认知倾向性，因为它会妨碍我们发现问题。对此，他们的解决办法就是将不同的、新的观点和意见引入决策过程。

"无数的实验和研究表明：当积极鼓励团队成员公开表达他们的不同观点时，他们不仅会分享更多的信息，而且会更加系统地思考，从一个更加平衡而不是偏激的角度看待问题。"经济学者诺瑞娜·赫尔茨写道。[22] 她举了一个经理的例子，他把自己的首要角色看成是"第一挑战者"。对于战胜决策中的固有偏见和倾向性来说，这是一个多么强大的武器！诺瑞娜·赫尔茨问道："在工作上，或者在家里，谁能够扮演你的第一挑战者角色？"

当一个大公司的业绩同多样化的董事会联系在一起时，就产生了"鸡和蛋"的大问题。"事情不会是这么简单，即公司突然开明了，引入女性进入董事会，然后公司业绩就会好转了。"女性企业高管国际协会主席艾琳·娜提维达（Irene Natividad）对我说。经常会有相反的情况发生，即公司发现市场，然后引入女性进入董事会，因为它们知道它们需要来自不同性别的观点和意见，于是开始了一个良性的循环。

当日本公司董事会向独立董事敞开大门的时候，公司女性董事会成员的比例从1.4%上升到2009年的3.1%，五年内从一个很低的点位上升了两倍多。日本首相安倍晋三（Shinzo Abe）承诺发展25万个日托名额，给增加女性董事席位的公司提供税务减免政策，延长家庭假期。在发展董事会成员构成多样性这件事上，我们虽然还有很长的路要走，但至少第一步已经迈出去了。

在适当的位置上设置正确的体制十分关键，能让我们发现明显的危险信号。在讨论问题与做决策的时候，出现各种观点和角度能更好地防止随大溜情况的发生。把对危险敏感的各类人引入决策层能更好地克服本就可以避免的偏见。我们不仅要克服我们的本性，看到那些我们不愿意看到的事情，而且有时候，我们还要面对那些蓄意掩盖真相的行为，因此，上述的措施就显得非常重要。

刻意促使人们无视危险

固有人性缺陷和主观任性，这两者之间的界限十分模糊。日本福岛核泄漏事故就是人类无视明显危险信号的典型例子。距离福岛不远的第一核电站（Daiichi）发生故障，因为它的备用发电机被海水冲坏了。南部的第二核电站（Daiini）距离第一核电站只有11千米。第一核电站仅仅高出海平面10米，第二核电站也不过就比第一核电站高3米。第二核电站也在海啸中受损，只是有一点关键性的区别是：与第一核电站不同，第二核电站的备用发电设备足够高，所以没有被海水冲毁。这是一个很明显的信号：第一核电站和第二核电站非常相似，而且都可以得到同样的信息。但是第二核电站的管理者采取了防范措施，而第一核电站却什么都没做。

威廉·斋藤参与了日本政府对此次事故的调查行动，声称事故是由于故意无视危险信号造成。加上另一事件，即美联储未能及早发现危险并及早应对避免金融风暴的发生，我们可以认为产生这类行为的原因是非常多的。通过这两件事情，我们明白了一个关键的问题：有能力改变事件进程的那些人本来能够采用不同的决策机制，把防止危机发生放在首位，然后由此获利。群体思维和低效管理结构中存在固有的偏见和盲点，但是，有些事件远远超出了这个范畴。

这些事件涉及一些人，他们充分利用人类拒绝面对危险的天性，努力阻止人们认识到危险的存在。也就是说，他们自己是在假装不知道危险的存在。

斯坦福大学的教授罗伯特·普罗克特（Robert N. Proctor）和语言学家伊恩·博尔（Iain Boal）创造了一个词汇——无知学（Agnotology）——来定义对于无知的研究。[23]"无知有许多朋友和敌人，数量非常惊人，涉及方方面面：贸易协会的宣传、军事行动、孩童中间传唱的口号。"罗伯特·普罗克特写道。他详细叙述了烟草行业的行为，即努力说服人们质疑吸烟有害健康的观念。从20世纪50年代起，烟草行业就发起各种运动，辩称吸烟的危害没有得到确切证实；直到最近，他们更是不断指明肺癌的发生有很多其他诱因。他们试图证明相关性不代表因果关系。曾

| 第三章 否认：为什么我们看不到犀牛群？为什么我们不能避开它们的奔袭路线？|

经有一段时间，这些努力很奏效。1966年的一次民调结果显示：只有不到一半的人相信吸烟是肺癌发生的主要原因。

从烟草工业到酸雨、石棉，再到气候变暖，那些依靠维持现状获取好处的人一直在利用我们的弱点，诱使我们否认危险即将发生。他们利用专家和权威人物，鼓励人们质疑那些让人不快的事实真相。这些专家和权威人物往往与他们有错综复杂的利益联系。

内奥米·奥利斯克斯（Naomi Oreskes）和埃里克·康韦（Erik Conway）在他们的新书《贩卖怀疑的商人》（*Merchant of Doubt*）中详细地叙述了很多此类事例。这本书后来被拍成了纪录电影。"这些行业的人知道，只要提问，就会给人造成此问题尚存在争议的印象，即使人们实际上已经知道答案，也于事无补。"他们写道，"于是，他们公然地将新出现的科学共识演变成愤怒的科学辩论。"[24]

内奥米·奥利斯克斯和埃里克·康韦说，到20世纪50年代，烟草行业已经非常清楚吸烟的危害。1964年，美国外科医生总会的报告从七千多份科学研究的结果中得出结论，宣称肺癌病例已经达到了传染病的比例级别，而且明确表明肺癌是由吸烟引起的。内奥米·奥利斯克斯和埃里克·康韦指出，美国外科医生总会触动联邦政府的既得利益。联邦政府一直在资助烟草种植并且从中获取很大的税收。"宣称烟草致癌，就等于宣称我们的政府批准这种致命毒物的生存，而且从中获利。"他们说。一份诉讼最终让四家烟草公司拿出两千多亿美元赔偿与烟草致死有关的各项医疗费用、无以计数的人死于吸烟和许多反烟草人士的不懈努力。就这样，几十年过去了，人们才最终把吸烟人数的比例降到起初时的1/3。

气候变化问题上，正在发生同样的事情。内奥米·奥利斯克斯和埃里克·康韦指出，从20世纪60年代刚出现的早期科学证据到政府间气候变化专门委员会最近的保证，都一再证明：人类的行为正在影响着全球的气候。但是，内奥米·奥利斯克斯和埃里克·康韦叙述了这样一件事：美国国家科学院气候研究委员会在1980年提交给国家科学院一份书面报告，其重点关注的是科学实验的不确定性，而不是报送不断累积的海量实验结果。"他们没有做他们该做的事情，没有认真对待危险信号，即全球气候的实际变化比实验模型的预测快得多——我们事后处理灾难的代价要比预防灾难的代价高出很多——经济学家于是认为严重的气候灾害离我们非常遥远，完全可以忽略不计。"他们在书中写道。这是一个非常典型的实例，当事实与人们的意愿产生了冲突时，人们甚至会推动科学家去淡化危险发生的可能性。

早期关于气候变化的争议揭示了导致我们否认潜在危险的认知倾向性，而且随着时间的推移，会出现更多掩盖证据的活动，这些证据都能证明潜在的危险是真实存在的。大型石化燃料公司会花费几百万美元资助否认气候变化的活动，其中有些钱是通过第三方渠道秘密提供的。[25]

在全球范围内，人们对气候变化的态度差别非常大。2013年皮尤研究中心的一项调查显示：十个美国人中只有四个人相信气候变化是人类面临的最大威胁，这个比例是39个受调查国家中最低的，而且比全球的平均值54%低很多。[26]但是，这一项研究没有说明公众观点与投放资金影响公众观点的行为之间有什么样的关系，它只是表明了在科学共识与可塑性极强的公众观点之间有各种各样的联系。

刻意促成人们去无视危险的另外一种手段是篡改数据。[27]2010年，当世界知道希腊一直在通过高盛掩盖其真实的债务负担时，希腊的金融危机就更是雪上加霜了。

当我在写关于拉美国家20世纪90年代经济状况的文章时，我发现很难从那些国家获取准确的经济数据。拉美各国政府在国际债券市场上筹集的资金数量越来越大，它们认识到，更好的数据就意味着更多的集资机会。在很多地方，经济数据比20年前多了许多，也好了许多。但是也有例外，而且产生例外的原因非常明显。最近几年，阿根廷经济出现倒退。为了掩饰2001年债务拖欠之后的经济问题，阿根廷政府开始采用强硬手段操纵经济数据。更为惊人的是，政府威胁会罚款或起诉任何敢于公开统计数据的独立经济学家。事情变得越来越糟糕，截至2012年2月，《经济学人》（*The Economist*）宣布，在其经济指数报表中，不再采用曾经受人尊敬的阿根廷政府的统计数据。阿根廷政府承认，经济数据是一个强大的工具，可以产生很多变化——此时，这种变化不可能再让阿根廷政府得到任何好处了。

要建立一个适当的体系，让它能在事故发生的时候拉响警报。为此，方式之一就是要确立一个奖励机制，奖励那些机警的人、发现问题的人。我们都知道，在对安然公司和世通公司进行审计的时候，审计员们本来应该非常仔细认真地核实各种数据，但是金融奖励和冲突的利益关系促使他们没能很好地完成这项工作。

"在目前的法律体系内，审计公司都有金融奖励机制，确保不被客户解约，确保能再次得到客户的聘用。"哈佛大学教授马克斯·巴泽曼在他2014年的著作《觉察力》中写道。审计公司如果不认可其客户的账簿，它们就会失去这单生意。审计公司还会提供其他咨询服务，这些服务使相互冲突的利益关系更加复杂了，但是审计公司却能从中获利。此外，许多审计和诉讼公司同华盛顿的政客和议员游说者们一样，也有一个"旋转门机制"。"所有妨碍审计工作独立性的因素都在安达信会计师事务所（Arthur Andersen）和安然公司之间的关系中出现了。当然，我们只要考虑这样一个简单的事实，就能明白真相：1986年，安然能源公司刚刚成立不久，安达信会计师事务所就使这家能源公司成为自己的客户，而且成功维持着两家公司的关系，直到它们同时倒闭。"马克斯·巴泽曼补充说。

马克斯·巴泽曼与他的同事一起进行了一项试验，旨在了解审计员利益冲突的影响究竟有多大。在这项试验中，参与分析虚拟公司财务的审计员扮演者和实际的审计员都找到了明显的证据：即便是一个与客户之间的虚拟的假设关系，也会影响审计员扮演者的判断。马克斯·巴泽曼认为，审计行业长期以来一直无视由利益冲突所带来的种种问题，而审计员之所以这样做，是因为他们不想承担体制变革可能会产生的费用。在安然公司事件中，奖励机制不当再加上短期思维作祟，使得利益冲突问题最终毁掉了审计公司和被审计方的长期利益。此类问题的另一个典型例子是2008年的金融危机。我们正逐渐认识到利益冲突问题的

| 第三章 否认:为什么我们看不到犀牛群?为什么我们不能避开它们的奔袭路线? |

严重性。这些现实世界里真真切切的惨痛教训(从马克斯·巴泽曼称之为"可预知的危险事件"中选取的事例)很有可能就是促使我们提高认识的原因之一。"审计专家们只是在最近才开始认可了我们的工作。"马克斯·巴泽曼在文章中写道。

马克斯·巴泽曼提出了一整套合理建议,例如在雇用审计公司的时候,要签署一份严格的合同,内容包括:在合同期内不能解聘,合同期满不能续聘;当客户变更审计公司时,客户公司和审计公司之间不能有人员流动;禁止审计公司给客户提供审计之外的任何服务。[28]

其他研究者已经发现,各种体制妨碍我们认识到显而易见的危险并且促使我们否认危险的存在。一组调查人员,包括麻省理工学院的埃斯特·迪弗洛(Esther Duflo)和迈克尔·格林斯通(Michael Greenstone),还有哈佛大学的罗西尼·潘德(Rohini Pande)和尼古拉斯·瑞安(Nicholas Ryan),在印度的古吉拉特邦检测新的污染审计法规。第一组审计人员由工厂选择并支付薪酬,第二组审计人员由第三方基金池选择并且支付薪酬。第二组的审计人员中,有些人再次检验了自己的审计数据;如果审计员提供的数据准确,那么他们就会得到奖励。两个审计组的检验结果差别很大,令人印象深刻。第二组审计员提供正确数据的可能性是80%,他们提供的污染读数比第一组审计员提供的读数高出50%~70%。[29]

那些本该去发现问题的人,一旦他们的动机开始相互抵触,他们就易于否认问题的存在。如果审计员们肯定地说没有问题,那么我们就不会去继续深挖探究、发现问题。

如果说这件事能够为我们提供什么经验和教训的话，那就是：当我们不能确定我们得到的信息是否准确，那么就要去考虑一下信息的来源。

从否认到接受

我们是如何从否认问题存在的阶段过渡到接受问题存在的阶段的呢？库伯勒－罗斯通过与临终者以及他们的家属进行交谈，逐渐相信，处理这种过渡的最好方式是让它自然而然地发生，而不是人为干预。

"失败同胜利一样，可以撼动灵魂，释放荣耀。"美国诗人埃德温·马卡姆（Edwin Markham）写道。事实上，打击可以帮助我们进一步看清问题，激发出人们的行动力，正如美国前副总统艾伯特·戈尔（Al Gore）在遇到打击时的反应一样。他经常提起在一次车祸中险些失去6岁的儿子，这件事让他警醒，认识到行动起来保护重要人和物的紧迫性和必要性。通过强迫自己去想象那些无法想象的事情——有可能是孩子的死亡——这样的初次体验，打开了他的眼界，让他看到各种可怕的可能性，各种失去自己最珍视的人和物的可能性。同时，他看到了我们生存的星球是多么美丽雄伟，体验到了之前无法体验到的感觉：一种我们可能会失去这个星球的恐惧感。"这次发生在我儿子身上的事故，它打破了我习以为常的日复一日的生活模式，我开始重新审视一切，尤其是开始重新思考什么才是最重要的。"他在2006年的新书《不愿面对的真相》（*An Inconvenient Truth*）中如是写道，"当

> 第三章 否认：为什么我们看不到犀牛群？为什么我们不能避开它们的奔袭路线？

你看到一个在等待第二次生命机会的男孩那空洞的眼神时，你就会明白，我们置身于这个星球，不能只为寻求如何满足个人欲望。我们是一个有机体的一部分，这个有机体比我们更大。"1992 年的美国民主党全国代表大会上，他在演讲中提起了这次的经历。他对于气候变化问题的醒悟，促使他行动起来，积极唤醒公众认识问题的严重性，同时这次的醒悟也使他赢得了诺贝尔和平奖。

有两类领导者，一类是成功解决危机，另一类是在危机中倒下后重整旗鼓，东山再起。这两类领导者的区别在于他们发现危机和应对危机的速度，他们的前瞻能力和他们的决断能力。正是这些，让他们脱颖而出。

那些总在考虑如何解决问题的人常常是那些工作狂式的、注重细节的人，坦率地说，他们在说服别人时，总被认为是单调无趣、爱钻牛角尖的人。他们想看到真相，看到数据，并且理性地理出头绪。政治决策属于逻辑范畴，不属于情绪范畴。但是克服抵触情绪，无论这个抵触情绪是任性而为还是无意而为，它都是属于情绪的范畴。我们总是想牢牢地抓住我们熟知的事情或是我们希望的事情，这样就能始终戴着玫瑰色的眼镜，乐观地看待一切。这种思维倾向性终将能被打破。

一旦我们认识到自己没有发现灰犀牛的原因时，我们就能顺利度过否认抵触阶段，向行动阶段迈进。我们要想突破认知偏见，就要从战胜集体思维开始。我们在危险信号的传递与识别上正在取得进步，并且我们能够做得更好。

所有能够劫后余生的公司、政府和组织机构必定是愿意倾听不同的意见，而不仅仅是那些别有企图的人提供的意见和参考。这些人总是揣摩人们的心思，人们想听什么，他们就说什么。只有意识到我们的盲区所在，时常检视我们固有的思维模式，建立起让人无法忽视的预警系统，设置一个反应机制，即我们的否认抵触情绪阻止我们建立的反应机制，我们才能及时看到冲过来的灰犀牛。只有这样，我们才能逢凶化吉，全身而退，甚至因祸得福，也未可知。

哈佛大学的行为经济学家开创出一个新的认知领域，启发了诸多作者，如马尔科姆·格拉德威尔（Malcolm Gladwell）、丹尼尔·卡尼曼（Daniel Kahneman）和罗姆·布莱福曼（Rom Brafman），甚至影响了政府和企业行为，促使它们聘请心理学家和行为经济学家帮助它们完善政策和管理。我前往哈佛大学肯尼迪学院聆听了马克斯·巴泽曼、玛泽瑞·巴纳吉（Mahzarin Banaji）、艾瑞斯·伯纳（Iris Bohner）、达奇·伦纳德（Dutch Leonard）和他们诸多同事关于全球领导力和公众政策的讲座。他们的讲座让我认识到是什么促成了两种截然不同的领导风格：一种是快速发现危险并采取行动，另一种是什么都不做。

有一次在课堂上，玛泽瑞·巴纳吉让同学们看一个视频，内容是躲球游戏，并且让我们数白球和黑球的数量。视频结束的时候，玛泽瑞·巴纳吉问我们是否注意到有什么异常。只有几个同学注意到有个拿着伞的女人在画面里穿过。当视频再次播放的时候，我们都看到了那个女人。这当然是那个著名实验——"看不见的猩猩"——的翻版。"看不见的猩猩"实验是由克里斯托弗·查布理斯（Christopher Chabris）和丹尼尔·西蒙斯（Daniel

Simons）设计的，在心理学和经济学堂上业已成为经典的学习内容。[30]

多数情况下，看不到预期之外的东西不会产生什么严重的后果，正如克里斯托弗·查布理斯和丹尼尔·西蒙斯所说的那样。但是当联邦储备局的人在市场上寻找通货膨胀的证据时，他们没有看到公司倒闭、经济下行、失业率攀升；当政治家无情地助推人们对移民的愤怒，对某个社会问题的不满情绪，或是对地缘政治宿敌的仇恨——此时，你就要想想，他们不想让我们看到的那些内容是什么。

对于灰犀牛这样的事情，我们知道到哪里能找到它们，但是我们却否认抵触它的真实存在。一旦我们没有看见它们向我们冲过来，结果就是灾难性的。这一点和大象游戏恰恰相反。如果有人告诉你别去想大象这个词，你会过得很辛苦：这个讨厌的词会不断蹦进你的脑袋里。如果有一个重要的信息，你知道自己应该重视它，但是你又不想这样做，于是就很容易抛诸脑后。

本章要点

到新的领域寻找危险信号。新的技术和信息资源能给我们提供新的预判能力。

质疑原有的想法。群体思维的准确性不高,所以要听取不同的意见和想法,以此来削弱群体思维的影响。防范认知偏见和集体盲区,时时检视自己的思维是否清晰,这样,我们就能及时看到灰犀牛式的危险,提前做好应对,就不会被这类危险击溃了。

战胜群体思维。形成一个愿意接受危险预警信号的文化氛围。确保抉择者中包括有各种想法的人,他们必须是不愿意接受传统想法的人,必须不是在危险面前盲目自信乐观的人。在政府部门里、企业和社会机构里,一定要有一个合适的体制,鼓励人们能发现危险,并最终能有效地应对危险,针对危险采取必要及时的行动。

防范故意否认抵触危险的行为。有时候,我们会下意识地自我蒙蔽;有时候,人们会有意识地为了个人利益去蒙蔽他人。要弄清楚这两者的区别。

第四章

得过且过：为什么我们已经
看到犀牛群冲来却仍然不躲避

"我们的生活不仅取决于过往的事件,更取决于我们在事件中的行为,不仅取决于它给我们带来了什么,更取决于我们给了它什么。无私和同情能成就一个于灾难中屹立不倒的恒久团结的集体。"这些话刻在明尼阿波利斯纪念Ⅰ-35W大桥的花园里那座抛光的黑色花岗岩背景墙上。花岗岩墙体的前面,矗立着13个Ⅰ形钢柱,每一个都是用来纪念灾难中逝去的人——2007年8月下午6:05晚高峰时段,35W大桥坠入64英尺下的密西西比河。柱子上雕刻着诗歌和回忆叙事,许多都提及了各种交通事故:一个患有唐氏综合征的男孩和他慈爱的母亲,一个墨西哥移民,一个赶去希腊东正教教堂给舞蹈班上课的老师,一个来自温尼贝戈尔部落的雷族女人,一位四个孩子的父亲,一个明尼苏达维京人棒球队和双城半球队的球迷,一个来自红色高棉的难民。这个纪念碑纪念那些"逝者、幸存者和积极伸出援手的人"。

夏天的时候,大片的河水漫上来,没过了纪念碑,没过了黑色花岗岩墙体上雕刻的171位幸存者的名字。在一个寒冷的冬日，我来到明尼阿波利斯，它从50年一遇的严冬中慢慢地缓了过来。纪念碑上的冰柱有三股水流慢慢滴落，流到地上，形成一个临时的喷泉。地面上还有一些没有清理的落叶，在风中飞舞。我去参观纪念碑的那天，纪念碑身后的和脚下的密西西比河上仍然结着冰，只有桥下有一小片地方没有结冰。庄严的红色建筑矗立在河面上，背衬着碧蓝的天空。四个烟囱顶上飘出的紫红色的烟融入了这片天空。

左侧是两座桥，包括一座旧的用来运送磨坊谷物的石制公路桥。右侧，在一片树林后面，你可以看到一座新桥矗立在塌桥的旧址上。旧桥坍塌是由于人们无视危险预警信号并且一再推迟必要的维修等原因造成的：如不是一个未经发现的连接钢制大梁的角撑板设计缺陷，大桥也不会坍塌；即使没有设计缺陷，替换旧桥的新桥建设计划一再推迟，也必然会导致灾难的发生。从1990年起，美国交通部一直把 I-35W 大桥定级为"结构性缺陷"。2006年，检验员发现了裂缝和老化现象：对于每天乘坐各种交通工具从桥上经过的14万人来说，一场灾难就在眼前。但是，旧桥的取代计划日程竟被排在了2020年之后。旧桥坍塌后，新桥以惊人的速度完成了建设，仿佛是为了弥补人们本可以阻止灾难时的不作为。新桥在2008年9月18日落成，刚好是旧桥坍塌一年之后。在不同的节日夜晚，桥上点亮不同颜色的灯，就像帝国大厦那样。

我去参观了 I-35W 大桥纪念碑，思考一个问题：有权力和能力改变结局的人，在认识到存在的问题时，仍然选择不作为，这样做的代价是什么？他们已经意识到存在的危险，但是仍然决定听之任之。这种决定是遭遇灰犀牛式危险的过程中，第二阶段的典型特征：得过且过，我们已经意识到事件的性质，但是仍然无法或者不愿意正视它。

激发我浓厚兴趣的是纪念碑的位置，就在通往磨坊城博物馆的那条路的下面。这座1991年几乎毁于火灾的博物馆，建立在1965年之前世界上最大的磨坊的旧址上。大桥纪念碑建立在这座城市的磨坊区是非常合适的。它的建筑和它的历史为我们讲述着一个关于某个行业的故事，即曾经面临类似的威胁并且最终在这个城市消失，在另外一个地方以新形式出现的一个行业。磨坊是以圣安东尼瀑布的水为动力的，曾经帮助明尼阿波利斯城在众多城市中脱颖而出，成为发达城市。沃什伯恩磨坊（Washburn Mill）在当时是灾难的中心。1878年5月2日，空气中的粉尘发生爆炸，18名工人遇难，沃什伯恩磨坊和其他四家工厂被毁。这就是历史上所谓的"大磨坊之劫"。和以往的灾后情形一样，这次灾难促进了安全措施改革。

第一次世界大战后，以燃油为动力的磨坊成为行业标准配置，明尼阿波利斯城所熟知的工业模式已经消失。面粉加工搬迁到了其他城市，明尼阿波利斯城转向了更高层次的食品加工，磨坊区关闭了。大桥坍塌，面粉加工业倒闭，这样的事情只是城市在面临巨大变革、进行艰难抉择的时候，发生的众多故事中的一例。面临选择的城市也不只是明尼阿波利斯城。面粉加工业的倒闭和被其他行业取代，代表着新事物对旧事物的摧毁：这个过程就是新思想和新技术毁灭旧有的思想和技术，同时创造机会和财富的过程。要想在这个过程中立于不败之地，我们就要对保留什么、修复什么和放弃什么做出明智的选择，这样才能得到完满的结果。当一项更好的选择就在眼前的时候，人们就会从未来和过去的双重角度出发，任由坍塌事件发生，不加阻止。

关于基础设施的建设很多时候也会涉及这样的新旧交替危机。在我的旅店附近那个废弃的有轨电车轨道和即便是星期六晚上依旧拥堵不堪的高速路，是众多城市的标识，它们都在努力寻求有效途径，以便把各个方向不同路程的人运送到商业和社会的中心区域。事实上，坍塌的Ⅰ-35W大桥和在桥上通过的各式各样的车辆也曾代表着交通进化的一个阶段。这场交通进化的演进从马和轻便小车，到马拉车，到有轨电车，一直到现在的汽车，仍然没有完结。

根据麦肯锡全球研究院提供的数据，交通拥堵使美国人每年在时间和燃油上损失1 010亿美元。这个损失会继续增加，不仅是在美国，全世界都是如此，因为更多的人口正在源源不断地涌入城市。根据联合国提供的数据，当前世界人口的一半以上，即39亿人口，居住在城市。但到2050年估计世界人口的66%会居住在城市，总数将达到60亿，因为世界人口总数届时将增加25亿。[1]

即使美国人愿意接受一个更加激进的大众交通改革，也不能立刻彻底放弃迄今为止逐步建立起来的大部分基础设施，更不能否认对其维修和升级的必要性。我们的基础设施尽管在过去的一个世纪里不断地改进着——公路、桥梁、港口、铁路轨道和路面排水系统——仍然不可能在这场新旧模式交替的较量中取胜，终

第四章　得过且过：为什么我们已经看到犀牛群冲来却仍然不躲避

究无法摆脱被淘汰的命运。城市需要更多领域的投资，以维持正在做的事情。更主要的是，只有这样做，它才能满足日益增长的城市人口需求。

麦肯锡全球研究院估计，维护和建设全球的交通体系和能源基础设施，将花费57万亿美元，远超现存设施的总体价值。这个估价虽然高得离谱，不过麦肯锡全球研究院认为，如果我们能做到提前规划、及时升级现有的基础设施，评估和选择如何让旧有设施融入新的建设设计当中，那么，我们就可以每年节省总估价的40%，即1万亿美元。[2]但是如果不在道路、港口和电信，以及其他基础设施上投资的话，我们将会付出更高的代价，即遭受各种灾难和由于拥堵、停电、水患和各种坍塌造成的经济停滞。

联合国估计，居住人口在1 000万以上的巨型城市的数量会不断增加，从现在的28个增长到2030年的41个。[3]这些城市现在就要考虑如何在公共交通设施上加大投资，因为现在还有时间考虑为铁路线预留出空间和建设基础。新的铁路将不断扩建，才能够运送在家与工作地点之间往来的数以百万计的人口。

与此同时，与挑战并存的是增加产能和发展建筑业的重大机遇。麦肯锡全球研究院估计，GDP的1%投入到基础设施建设上，在印度会增加340万个工作岗位，在美国会增加150万个工作岗位，在巴西会增加130万个工作岗位。

如果不在公共交通设施上增加投入，那么其代价将会以各种形式出现，例如：①产能降低。但是我们不会注意到，因为它是渐进式地发生的。②失去各种机会，但是我们不会太遗憾，因为我们无法衡量没有发生的事情。③造成像I-35W大桥那样的灾难，造成死亡和经济损失。这样的损失和代价都有清楚的记录，一目了然。那么，为什么我们就不能在一切还来得及的时候及时行动，阻止灾难发生呢？

我们为什么要得过且过

基础设施建设，尤其是城市里的基础设施建设，是遭遇灰犀牛式危机第三阶段反应的生动例证：得过且过，或者是明明知道存在的问题，但是一再逃避，不及时处理。得过且过，也叫踢罐子，是一种躲避麻烦的相对容易的办法。它总是有各种各样的借口：没有预算，政治上可行度不高，反正我们逃不掉了，所以做不做根本无所谓……这个列举借口的单子可以无限延长。在企业、政府机构、个人生活和金融领域，这种情况比比皆是。它也是诱发 2008 年金融危机的原因之一。花旗银行首席执行官查尔斯·普林斯（Charles Prince）所说的经典借口是，"只要音乐响起，你就得站起来跳舞。我们的舞蹈尚未停止"。

即使决策者度过了抵触否认阶段，他们也很可能会什么都做，就是不去采取果断行动，阻止灾难发生。如果你举一个果断行动阻止危机发生的领袖人物的例子，那么就会有十多个得过且过踢开罐子的例子出现。我们之所以得过且过，是因为体制设置上的严重缺陷，人力财力资源的严重匮乏，领导能力严重低下，优先处理看似严重的问题时阻力困难太大和缺乏强烈的责任感。所有这些都是造成我们得过且过不作为的原因。我们得过且过是有认知上的根源的，例如对于危机的错误认识，对于危机的错误

第四章 得过且过：为什么我们已经看到犀牛群冲来却仍然不躲避

解读和缺乏针对有效信息采取行动的动机。

我们之所以会得过且过，是因为采取行动避免更大灾难发生所做的微小牺牲，是无法不去顾及的；而不作为的成本和代价，是很容易被忽略的。这就是不作为的损失和作为的损失之间的较量。我们之所以得过且过，是因为我们更不愿意对少数人造成伤害，认为这比避免让多数人受到伤害更加重要。在那个著名的手推车问题实验中，心理学家提问：你们是否愿意把一个人推到失控的手推车前面去，以此来阻止手推车伤害到更多的人？被提问者中的绝大多数人都回答不愿意这样做。这件事揭示了人性中的一个关键点：我们不愿意以牺牲一个人的代价去救助更多的人。在其他版本的实验中，实验的对象把一个大猩猩——多残忍啊，一个非人类的生物——推到一辆疾驰而来的火车前面，或是推动一个开关，这两种行为的可能性更高一些。当我们被要求决定谁生谁死的时候，多数人都宁愿不去选择，除非死的是非人的生物。相反，如果我们能找到一个途径对赴死的人进行适当的补偿，我们就会毫不犹豫地选择牺牲掉他，去拯救更多的人。

我们之所以会得过且过，是因为我们有一种很神奇的文化思维，即解决问题的方法总会在最后出现。在好莱坞的很多电影当中，主人公总是会以这三种方式在可怕的危机中逃出生天：天行者卢克（Luke Skywalker）和绝地武士团（Jedi Knights）在一场决定性的战斗中，仅仅通过力量和技巧就击败了死亡星球；蝙蝠侠在最后的紧要关头得到了一个意想不到的同盟的帮助，即猫女，一个他认为早就背叛了他的同盟者；或者是解决方案自己现身——在火星攻击中，一个小小的无线电收音机中传来的斯利姆·皮肯斯

(Slim Pickens)的歌声，结果使火星入侵者的大脑爆炸，成了绿色的黏糊糊的东西。但是生活就是生活，永远不是电影。

事实上，好莱坞位于的这个城市——加利福尼亚，面临着许多灰犀牛式的危机——水资源的匮乏，贫穷加剧，住房短缺，财政预算混乱。《经济学人》列举了两项研究，表明加利福尼亚的贫困问题远远比我们之前想象的要严重得多，其一是加利福尼亚的贫困人口占到当地总人口的23.8%，在美国高居榜首。但是一位名叫约翰·胡斯（John Husing）的经济学家，在他的文章中引用了这件事，然后承认"所有人都知道这是个严重的问题，但是没有人愿意提及这件事"。[4]

2010年，饮食问题已经成为导致疾病和死亡的最大原因，它的上升速度使它从疾病和死亡的众多诱因中脱颖而出，把第二名——吸烟——远远地甩在了后面。[5]美国人中有2/3的成年人属于肥胖一类。在这些人一年一度的医疗账单中，肥胖的人由于肥胖引起各种疾病，比健康的人多支出1429美元；而且，这项花费每年造成1470亿美元的经济损失。医药领域提供的证据明明白白：多吃蔬菜和水果，就会大大降低患上心脏病的风险，降低血压和胆固醇，很有可能会减小患上癌症的风险。

心理学家及顾问罗伯特·凯根（Robert Kegan）和莉莎·莱希（Lisa Lahey）告诉研究人员，七个患有心脏疾病的人中只有一个会听从来自医生的警告——如果他们不改变自己的饮食习惯，他们面临的将是死亡。罗伯特·凯根和莉莎·莱希认为，出现这种现象是因为人类的性格中有一种叫作"变化免疫"的因素：一种强大的习惯性行为模式和死亡定式，会严重阻碍我们处理那些生死攸关的重大问题。[6]

有人会不知道包含太多甜品和脂肪类食物的饮食结构对健康不利吗？答案是否定的。但是儿童肥胖率逐年升高，在最近的30年内居然翻了三倍，极大地增加了儿童患上糖尿病、哮喘病以及其他各种类型疾病的风险。[7]20个儿童中，只有一个能摄入足够的蔬菜维生素类营养。从总体上看，美国人吃的蔬菜总量，只是他们应该食用的蔬菜总量的一半。而且，我们至今没有找到合适的办法来解决这一严重问题。"健康的饮食信息总是会被垃圾食品的广告击败。这些广告经常利用社会名流和卡通人物为其摇旗呐喊，所以无论在声音上和效果上，健康饮食的信息都无法与之抗衡，只能一败涂地。我们心里可能会很清楚，尽可能多地食用蔬菜和水果对我们的身体健康很有好处，但是我们每天看到的主要信息和标识——尤其是孩子们看到的信息和标识——都在不断地将我们推向垃圾食品。"迈克尔·摩斯（Michael Moss）在《纽约时代杂志》（*New York Times Magazine*）上发表了一篇文章，产生了很大影响。"毋庸置疑，一片西兰花在嘴里发出的嘎嘎吱吱的声音，远远不如一片薯片在嘴里的口感。正如食品工业的科学家们指出的那样，薯片的口感比西兰花的嘎吱声更能带给人们满足感。"他同时指出，对于那些本来就没有足够的财力购买健康食品的消费者来说，我们的激励措施很不到位。而且，我们也没有足够的措施奖励农民，以至于他们认为，种植人类可食用的新鲜蔬菜所产生的经济价值，远不如种植喂养牲畜的农作物所能产生的经济价值，或者是远不如把粮食卖给食品加工厂和酿酒厂。只有这样，他们才能赚到更多的钱。政府的经济补贴和商业保险，以及研究费用不会到农民的手里,去鼓励刺激他们种植有益健康的蔬菜水果和粮食作物。"如果政府的农业体制能给那些想种植有益健康的农作物的农民提供奖励,即便是很少的奖励,也会是对我们有好处的。"迈克尔·摩斯说。[8]

非理性化的动机在我们的金融体制和政治体制中早已根深蒂固,造成这两个体制一直以来只着眼于短期的利益和选举,以牺牲长远利益(并且极有可能是更大的利益)为代价,去鼓励人们得过且过。但是,自相矛盾的是,成功地阻止危机的发生并无任何赞誉和好处。例如我们的文化中有一个叫作卡桑德拉罪行的东西,即唤醒人们的危机意识,阻止危机的最终发生,结果就是引火烧身。如果有足够多的人得到了你发出的信息,听从了你的劝告,改变了自己的行为,那么你所预言的事情就不会真的发生了。你将会"被戴上枷锁,游街示众",接受大众的批评,因为你的预言失败了。

我们之所以会得过且过,是因为我们认为:一旦做出错误决定,我们的结局会很悲惨,远比不作为的结局要悲惨得多。我们清楚地记得当人们做出了错误的决定时,会发生什么样的事情:赫伯特·胡佛(Herbert Hoover)认为采取紧缩的经济措施是走出经济大萧条的唯一有效途径,结果经济状况更加恶化了。他得到的是来自各方的指责,并没有因为及时采取行动而得到表扬。

组织机构在应对危机、采取措施方面的表现更是差强人意。官僚主义的体制无法培养出官员的责任感;组织机构的文化氛围容易滋生极度厌恶冒险的情绪,同时会削弱个人责任感。

那么,我们要怎样做,才能从得过且过阶段过渡到积极行动阶段呢？讲道理、摆事实，都不足以让政策决策者去改变他们的原有行为模式。他们需要适当的情感上的触发机制或者是在潜意识里找到"助推器"。为了能做到这一点，我们需要用新的方法去定义描述即将到来的危机，让那些有机会和能力改变结局的人与此产生强烈的共鸣。我们还需要改变金融和政治奖惩体制，清除妨碍人们积极行动的因素。如果我们能很好地解释说明"不作为的成本"远远高于"作为的成本"，那么结果将会不同。

是选择现在就给你的车换机油，还是选择因为疏于保养维护而换掉发动机，这之间的利益权衡是非常明晰的：出于费用的考虑，不处理当下的潜在的危险，必然会导致更大的经济损失。

断裂临界

明尼阿波利斯城的桥梁坍塌，绝对不是个例。很多桥梁和其他关键的基础设施都存在问题，都有可能构成灾难性事故：总共有 77 000 座桥梁被评定为存在结构性缺陷；其中有不足 8 000 座桥梁，像 I-35W 一样，不仅仅有结构性缺陷，而且存在断裂的危险——也就是说，只要任何一个微小的环节出现问题，就会像 I-35W 一样坍塌。但是，维修一座有裂缝的桥梁不是一件简单的事情。当一个资金短缺的州面临着几百座需要同时维修保养的桥梁时——甚至少一些，几十个——这个任务就变成了不可能完成的挑战。[9]

得过且过的行为能使我们免遭眼前的痛楚，但结果就是使我们很难应付未来出现的危险，而且灾后补救费用远比今天的防范费用要大得多。在灾难级的失败后，重建的花费会是一项非常惊人的支出，因此不如事前进行周密的计划。损失生命的代价和损失经济活力的代价绝对是毁灭性的。

如果美国各州和联邦政府在进行预算讨论时，加入固定的评估，即将不作为的代价和现在进行维修的代价进行对比，那么人们就会开始注意身边的基础设施上存在的问题了——灰犀牛式的潜在危险。那座新的 I-35W 大桥被设计成能用一个世纪的桥梁，总体建筑花费是 25 100 万美元。2007 年，坍塌的桥梁让明尼阿波利斯城一天就损失 1 700 万美元，并且在 2008 年因为绕路引起的时间成本和其他费用上，总额达到 4 300 万美元。[10]

"我希望我在未来的日子里，能一直铭记这次的灾难教训。"明尼苏达州的代表凯斯·埃里森（Keith Ellison）在一次宣布新桥建成通车的记者招待会上说，"我们必须以此为契机，呼吁人们行动起来，重建维修国内的桥梁、堤坝、公路、运输系统、排水系统，这样才能保障它们都是安全的，能服务人们的最基本需求，同时也能让整个国家正常运转。"

在 2013 年，一份关于美国国内基础设施的四年一次的报告，分列出 16 个类别。从固体垃圾到港口，从航空到高速公路和防洪堤坝，都被美国土木工程师协会（American Society of Civil Engineers）评级为 D+，一个不容乐观的级别。"42% 的美国城市主要干道都拥堵不堪，直接导致每年在时间和燃油上的经济损失高达 1 010 亿美元。"美国土木工程师协会如是警告说。同时，根据它的估计，截止到 2020 年，美国需要 3.6 万亿美元的资金用于投资基础设施，以保证这些设施处于可用状态。但是接近 2013 年的时候，只有 2 万亿美元的基础设施花费被列入了政府财政预算。[11]

2015 年 1 月，高盛的一位经济学家亚力克·菲利普斯（Alec Philips）在一份给客户们的备忘录中警告说：美国的最大经济风险是其不断老化的基础设施，但是改善是几乎不可能的事情，即便有所改善，也将是非常缓慢的，尽管人们明明知道在基础设施上的投资会带来很大的经济繁荣。[12]

基础设施问题对全世界的所有国家都是一个挑战。当我于 1988 年第一次来到多米尼加共和国的时候，发现这里经常停电，并且听说了一个有关停电的笑话：停电了，但是总统没有发现这件事，因为他是个盲人。关于他是盲人的事确实是真的，并不是个笑话；但是皇宫和总统的家是永远不会停电的。大概过了 30 年，这个国家仍然不能提供足够的电力，以保证居民在一天的 24 小时之中始终不断电。

印度的高速公路拥堵不堪，以至于卡车和公交车每小时的最高时速不足 40 公里。根据一些统计，印度极其糟糕的运输体系——也就是它的供电和供水的基础设施——每年要花掉这个国家 GDP 的 2%。无论什么时候，只要投资者把印度和中国放在一起进行比较，印度糟糕的基础设施都会被投资者放到青睐中国拒绝印度的一系列理由的最顶端。根据世界银行的估计，非洲有 90% 的人和货物靠公路运输，因此它的公路交通事故死亡率是全世界最高的。如果非洲能在公路的修理和维护上投资 120 亿美元，那么就可以节省 480 亿美元的经济损失。[13]

对于发展迅速的城市来说，得过且过和不作为的代价会随着时间的推移而逐年增长，因为土地资源一旦被迅速涌现的住宅和商业企业占据，未来就很难回收用于公共设施建设了。我在2011年的时候去中国访问，对那里的基础设施建设感到非常惊讶。多车道高速公路空空荡荡，穿过大片广袤的土地，似乎是穿行在荒无人烟的地方。但是，我们实际上驶出大连不过一小时的路程而已。大连是一个人口超过650万的城市。尽管这些基础设施的建设有强大的理论支撑，但在当时看来，这条几乎没有人迹的公路还是与其所处的环境极其不协调。这条路的建设是中国在雷曼兄弟倒闭后的经济危机中，为了保持经济增长而投入的大手笔的基础设施建设的一部分。因此，中国政府是在为未来的发展建设基础设施，而不仅仅是为未来的增长保留土地。

与此相反的例子是芝加哥市。在纽约居住了多年以后，我于2014年搬迁到芝加哥市。我发现芝加哥在快速干道旁边的红线地铁非常糟糕。而且不难看出，这个城市很难找到有效途径扩建这条线路了，因为道路两边密密麻麻地矗立着各式建筑。如果不经过一场大的政治纠纷或是不付出巨额的经济代价，那么想要迁走这些建筑，腾出土地扩建基础设施，几乎是不可能的事情。于是，人们不得不忍受日复一日地把大量时间花在乘坐火车或私家车的通勤上，使得本就拥堵不堪的路面更加拥堵。这样的情况只会随着时间的推移，变得越来越糟糕。

怎样才能揭去创可贴

心理学家丹·艾瑞里（Dan Ariely）讲述了自己还是十几岁

的少年时在医院接受治疗的经历。在一次爆炸中,他的皮肤被烧伤。经过了消毒水清洗创伤面和几次换药之后,护士快速地而不是缓慢地揭开绷带,丹·艾瑞里体验到一种短暂的无法忍受的酷刑式的疼痛。护士们认为,这样快速地揭开绷带比缓慢地揭开绷带对病人更有利,可以减少疼痛的总量和时间。尽管那些护士没有什么证据证明这个理论,但是她们仍然对此深信不疑。丹·艾瑞里却不以为然,他说:"这样的理论丝毫没有考虑病人在期待治疗时感受到的恐惧;没有考虑病人应对忽重忽轻的疼痛是多么困难的事情;没有考虑到病人无法预测疼痛什么时候开始和什么时候结束的恐惧;没有考虑到去安慰病人,告诉他疼痛会随着时间的流逝而逐渐减轻。"丹·艾瑞里在他2008年写的《怪诞行为学:可预测的非理性》(*Predictably Irrational*)中如是回忆这段经历。这件事促成了他还是心理学专业的学生时就开始的一项实验,而且这项实验最终启发他在行为经济学领域找到了自己终生的研究目标。他把朋友和志愿者作为研究对象,检测他们对各种心理和身体疼痛的反应。(能够同意经历痛苦,而且能在实验之后仍然保持友谊不变,这些人一定都是他非常好的真正的朋友!)他返回当时的医院,告诉那些医生和护士他的实验发现:"如果这个治疗过程(例如在水里揭开绷带)能轻柔地并且缓慢地进行,而不是突然地猛力地进行,那么病人经历的痛楚就会少很多。"[14]这个实验似乎是一个非常贴切的比喻,很好地解释了许多国家得过且过、顺其自然的原因。它们宁愿一拖再拖,也不愿意立刻解决问题,只是因为它们希望用痛苦的延长来换取痛苦总量的减少。

同样，丹尼尔·卡尼曼和唐·雷德梅尔（Don Redelmeier）比较了几组病人的反应，他们在麻醉之前接受结肠内窥镜检查而且像现在一样大量使用治疗失忆症的药物。其中的一些病人经历的是几分钟的治疗过程，而另外的一些病人经历的是长达一个多小时的治疗过程。他们会在治疗过程的间歇报告自己经受的痛苦程度，并且在治疗结束后报告总体的痛苦程度。丹尼尔·卡尼曼和唐·雷德梅尔发现，在整个过程中至关重要的不是时间，而是另外两件事：在最糟糕的那一刻的痛苦和结束时的痛苦。结果，一些感受到最多痛苦的病人，在治疗间歇进行报告的时候，报告的痛苦很低，而那些本来应该经历少量痛苦的人在间歇时报告的痛苦却很高。"我们不能彻底信任我们的偏好，让它来反映我们的兴趣。"丹尼尔·卡尼曼总结道。[15]

这种对于经历苦痛时的心理的理解，能够部分地解释为什么领导者愿意得过且过、顺其自然。这是人性的本质核心。但是，这也只是部分原因。我们自己建立起的体制妨碍了我们，使我们很难去克服自己抵触变革的心理。

得过且过的行为合理吗

领导们的得过且过行为有合理的政治和经济理由。一些经济方面的解释似乎能提供证据，给我们偏好渐进式变革的心理提供理论支撑。俄罗斯经济学家弗拉基米尔·波波夫（Vladimir Popov）认为：对一个国家的经济增长预期有重大影响的不是这个国家的改革速度，而是其决策过程的力度。他把渐进式和急速式两种解决方案进行了对比研究，把爱沙尼亚、土库曼斯坦、乌兹别克斯坦、白俄罗斯、哈萨克斯坦这 5 个经历了缓慢渐进式改革的国家同波罗的海周围那些在 20 世纪 90 年代经历快速解放经济的国家进行对比。波罗的海周围国家的经济早早地就萎缩了，而且比那些所谓"患有拖延症"的国家更彻底、时间更长。在落入经济低谷两年后，部分国家的经济仍然比其高峰时期低 31% ~ 58%。而乌兹别克斯坦的经济只萎缩了 18%，并且在两年内就开始回升了。[16] 换句话说，速度不一定就是我们要找的答案：前提条件是要适度。

拉丁美洲的国家花了几十年的时间从独裁政体向民主政体转变，并且这个转变还没有彻底完成。拉丁美洲国家的经济增长不像东欧国家那样快。波波夫解释了这个现象，认为拉丁美洲国家薄弱的政治体系，加上贫富差距的快速拉大使得社会冲突激增，同时也妨碍必要的法制体系的建立，这些都是造成其经济滞后的原因。

波波夫提到了法治，把它作为变革的最重要的前提条件，即他说的，强硬的政府机构，没必要过于尊重人权。波波夫认为中国是渐进式改革的成功典型。中国的改革不是从 1979 年的改革开始的，而是从 1949 年新中国成立就已经开始了（尽管其间经历了"大跃进""文化大革命"）。他认为，中国改革取得成功的原因是这个国家不是通过经济刺激，而是通过强硬的政府机构和有效的政治管理保障改革的连续性，改进基础设施，增加人力资源，进行渐进式的改革。

"如果改革的顺序发生了错误，那么结果会比不进行改革更加糟糕，因为一些项目的实施会阻碍一些更加基础的改革项目的进行。"张维迎在其《市场的逻辑》一书中如是说道。[17]作为国家经济体制改革委员会管辖下的中国经济体制改革研究所的研究员，他非常赞同邓小平的全面经济改革思想。他在芝加哥全球事务委员会做访问学者期间，我同他进行过一次交谈。

我问张维迎先生一个问题，即是什么保障了中国经济改革的顺利进行，而且让中国成功阻止了潜在经济危机的发生。他回答说，时间节点是个非常关键的因素：如果毛泽东早一点或晚一点逝世的话，中国的政治态势将会是与现在完全不同。邓小平的领导是非常关键的因素。但是，即使优秀的领导者也需要一个合适的环境，才能取得成功。

"改变现状会激发矛盾，让隐藏的内在冲突浮出表面，挑战传统的文化氛围。"管理理论家罗纳德·海费茨（Ronald Heifetz）和马蒂·林斯基（Marty Linsky）如是写道，"希望看到一切都井然有序，这是人类根深蒂固的本性。组织和群体在做出反击之前的忍耐力是非常有限的。"他们的"调适性领导力"理论探讨的是如何寻求合适的方法，让人们能够感受到处理面临的挑战的紧迫性和必要性，在调动热情的同时让紧张和冲突不至于升级，仍然在可控的范围内。"热情必须在可控的范围内，太高会失控，太低会转变成不作为。"[18]

整个社会如何看待变革以及领导者是否能理解其选民的想法，都是这两种战略，即得过且过顺其自然战略或是渐进式改革战略能否取得成功的关键因素。领导者必须从两个角度出发，即从成本考虑和其选民或居民的接受程度来考量这两个选项的可行

| 第四章　得过且过：为什么我们已经看到犀牛群冲来却仍然不躲避 |

性。欧盟和中国的实际情况就是这样的。很多时候，看起来是一种否认和抵触或者是目光短浅，其实却是政治上的精明；于我而言，区别在于领导者是否承认变革的必要性，即使他不会马上去实施这些变革。但是，实施的战略能否成功，取决于领导者是否能准确地确定变革的起始时间，否则会导致失败，并最终导致一切失控。1789年的法国路易斯十六、1917年的俄国沙皇、1979年的伊朗国王都犯了这个错误，没能迅速解决酝酿已久的危机，结果导致革命失控。[19]

我听到过很多人在赞扬中国，说它保障了经济改革能够在过去的几十年内顺利实施，这一点是西方的民主管理体制无论如何也无法实现的。这样的想法没错，但是我怀疑，真正的原因可能与我们听到的内容有些出入。一国政府能够顺利地推行改革的各项措施，不是因为它能更容易、更有力地压制异议，而是因为它能更加自由地、不受任何约束地、更好地确定实施改革的时间，这是西方乱七八糟的民主议会上绝对实现不了的。但是，如果没有不同的声音也是存在风险的：领导人可能会得不到全面的重要信息，就会错过必要的提示和指引，就很有可能会走弯路。

当然，公众的异议也可能会生成一个反馈循环，从而加速变革，因为越来越多的人意识到大家和自己一样怀有不满情绪。在苏联，米哈伊尔·戈尔巴乔夫（Mikhail Gorbachev）很有先见之明地用"开放和重组"方法在苏联实施改革，但是他没能有效控制改革的时间点。他最初对于改革必要性的认识是正确的，而且他实施改革的速度比我们所说的"拖拖拉拉式"要迅捷得多。但是，他同早期的法国、俄国和伊朗的领导人一样，没有控制好改革的时间点，其部分原因是误读了公众的异议，最终导致了政权的解体。

太大，太强，太快

偏好长时间轻微痛楚的心理——这里可以回想一下心理学家丹·艾瑞里的例子——具备先决条件的重要性，能够帮助我们理解为什么欧洲会采取缓慢的渐进方式去解决其经济问题。很明显，如果不用改革来解决欧洲国家间的发展不均衡问题，欧盟很快就会面临政治上和经济上地震式的分裂。但是对于大多数的投资者来说，欧盟的改革速度实在是太慢了，慢得让人忍无可忍，使得改革的阵痛延长，使得欧洲处于局势进一步恶化的风险之中。

新经济思想研究所（The Institute for New Economic Thinking）在2012年7月召集了17位经济学家，发布了一个简短声明："欧洲正在梦游，走向一个无法估计的灾难领域。"现在已经有了一个现成的解决方案，但是欧洲的领导人却没有采纳。

但是，为何不予采纳呢？这个方案是否可行？在2013年达沃斯论坛会议大厅外面喝咖啡的时候，世界经济论坛全球青年领袖成员兼欧洲改革中心副主任卡汀卡·巴瑞斯（Katinka Barysch）对我说，她深信"拖拖拉拉、得过且过的行为方式"是欧洲目前在面临经济问题时唯一能做的事情。在她看来，欧洲当时还没有能力作为一个整体推行那种广泛的、自上而下的改革——例如银行业、政治和税收同盟——这是许多分析家认为的、让欧洲度过危机的必要改革。合并之前建立了一个统一的货币体系，这样的举措已经足够让欧洲正常运转了，而且这一步已经迈得足够大、足够远、足够快。现在，面临着各种危机，欧洲不得不在最困难的时候努力达成政治上的共识。目前唯一能做的就是迈出很小的一步或是一拖再拖。

卡汀卡·巴瑞斯和我又一次在2015年8月的世界经济论坛会议上相遇。她已经到安联保险集团（Allianz SE）（德国金融服务公司）政治关系部担任主任一职。当时，欧洲的政策困境也有了新的进展。整个欧元区的经济已经开始恢复增长。经历了最严重的经济危机冲击的国家已经开始逐渐稳定下来。西班牙和爱尔兰的经济增长十分迅猛。葡萄牙和意大利也从经济衰退中走了出来。但是，希腊和欧洲的政策抉择者们仍然争论不休，不知道该把希腊经济危机愈演愈烈的事实归咎于谁，也不知道该如何走出这一困局。

卡汀卡·巴瑞斯指出几百年累积下来的问题：出口额小（潜在的出口额也不大），"侍从主义体系"导致公共部门机构臃肿，数以百计的受保护的行业，腐败泛滥，私营部门因为涉及某些人不可撼动的利益而无法发展壮大。私营部门的工资同公立部门的工资相比，下降的幅度更大、速度更快。关于是应该实行经济紧缩政策，还是应该实行税收刺激，所有的讨论文章都没能正确认识到希腊问题的复杂性和难度。

她对欧盟推行强力改革措施保障欧元长期有效运行的能力持怀疑态度。没有这样一个必需的但是可能性不大的全欧洲性质的改革，欧洲联盟所能做的全部事情就是一次解决一个国家的问题了。但是，她认为，牢记全面改革的最终目标是非常正确的行为。"对于目前什么举措更加可行，应该好好地讨论讨论，"她说，"但是，我们需要人们拿出一个好的解决方案，这样我们才能有行动的依据。问题是我们总是意识不到，最好的解决方案是符合我们的利益的。但是，如果你一点一点地改革，那么你就会对自己的利益产生新的认识。"

卡汀卡·巴瑞斯感到，欧盟是一个主权独立的国家群体，而美国是一个统一的国家，如果把它俩放在一起比较，是不公平的。"分析家们和政治家们一再呼吁欧元区实行货币统一的同时，实行税收和政治的统一。但是这到底意味着什么，没有人能说清楚。"当法国和南部欧洲国家提到税收统一的时候，它们实际上是希望把财富从富裕国家向贫穷国家传递。对于德国和其他北欧国家而言，税收统一就意味着用有力的中央集权堵住税收漏洞。因为德国是最大的债权人和最强大的国家，因此在任何事情上都有更多的发言权。"所以，如果我们真的像很多人要求的那样，在经济危机的最紧要关头迅速实行税收和金融的一体化，那么欧盟很可能就是严格以德国和以其为基础的规则为主导了。"卡汀卡·巴瑞斯说，"对其他国家而言，当我们还无法知道最后到底会需要投入多少的时候，就让德国去建立起一个自动的输送机制，这和以往一样，是它们无法接受的事情。"换句话说，这些实施不同政策和面对不同经济困局的国家，会逐渐拓宽视野，认识到什么对自己更有利。但是，在此之前不会有任何解决方案。卡汀卡·巴瑞斯持有谨慎的乐观态度："既然现在欧元区的经济危机已经逐渐平息了，那么我们找到一种可行的、各方都能接受的加强欧元区的方法，还是有可能的。"

在面临明显威胁的时候，欧洲各国的领导者们确实行动了，而且是在意识到自己正在滑入深渊的时候。当市场抛售量越大的时候，欧洲的领导者们就越可能会行动起来消除人们的恐惧，例如会放宽信贷，或者很不情愿地提供应急救援资金给欧盟中最贫穷的国家。欧盟中的成员国也只有到了崩溃的边缘，那些尚未一同沦陷的国家才会出手相救。

正如我在2015年9月发表的文章中说的那样，欧盟决定得过且过、一拖再拖后，在原地绕了一圈。几个月的极速上升期过后，希腊吵吵嚷嚷即刻退出欧盟的可能性已经越来越小了。但是希腊的问题如何解决还根本没有任何进展。所有的银行业、税收和政治一体化仍然是痴人说梦的妄想，尽管一体化的必要性和对它的认可仍然存在，没有消失。

尽管拖延和得过且过是一种理性的战略，即欧洲领导者们一再决定用拖延方式而不是果断行动的方式来解决问题，它仍然不足以阻止严重灾难的发生。它可能只是推迟了必须做的事情而已。或者，它可能只是必要的折中措施。

接受不确定性

文化背景能很大程度上左右一个人或一个领导者对危险的反应方式，决定他是选择得过且过、拖拖拉拉还是果断采取行动，而且也会影响他对不断变化的环境的适应。"这完全取决于你对不确定的事情的接受程度。"戴娜·科斯塔克（Dana Costache）说。戴娜·科斯塔克是一个跨文化交际管理顾问，为在东欧和美国驻扎的众多西方公司提供咨询服务。一次在纽约市中心喝咖啡的时候，她对我说了上述这番话。戴娜·科斯塔克出生和成长的地方是罗马尼亚，一个在铁幕落下后24年内经历了24届政府的国家。"提到不确定性的事物，"她说，"生长在一个混乱的环境中唯一的好处是能学会思考如何解决一个又一个难题。在混乱的环境中，脱颖而出的党派一定是那个最具灵活性的党派。"

她说，在一个变化不断的环境中，尤其是这些变化的事物中唯一可以预测的部分就是经常会有意外的障碍与困难发生，此时，一个人或者党派在面对不确定的事物时如果能够做到应对自如，那这就是一项宝贵的财富。美国和西欧这样独立性高的地方，不确定性相对较少，而拉丁美洲和东欧这样集体性高的地方，不确定性非常多。因此，这两类地方的文化差异非常大。

西方企业的领导者会在处理问题时牢记自己想要实现的具体目标，并且会一心一意地想要实现这个目标，即使其他人告诉他还有别的可行方案，他也不会改变初衷。如果制定特定的战略方案时过于自信，那么当出现一些意料之外的状况时，就很难做到应对自如。这样的方案和自信会让领导者变得盲目，看不到局势的演变，也看不到制定新战略方案的必要性。戴娜·科斯塔克认为，这种缺乏灵活性的个性特征，部分地解释了为什么许多美国和西欧的管理人员在不确定因素较多的环境中步履维艰，例如罗马尼亚和其他东欧国家这样的环境。

缺乏灵活性的性格特征也能解释为什么人们会用得过且过、

拖拖拉拉的方式处理问题。"如果你坚信命运掌握在自己手中，那么你很有可能会成功。"戴娜·科斯塔克说，"有两种人，一个人制订了一项长期的计划后，坚定地认为计划的成功或是失败完全取决于自己，那么他就很可能会成功；另一个人制订了一个长期计划后，认为计划的成功或是失败有10%取决于自己，另外90%取决于其他因素。前者的成功可能性远远大于后者。"如果一个领导者对于所处的环境不够自信，或者不认为自己有能力实现自己想要的结果，那么她采取行动的概率就会很小。另外，如果领导者们对自己的方法过于自信，那么就会盲目地推行错误的战略方案。如果是这样的话，我们会在事后觉得，他们的行动还不如不行动。

不作为的代价

不作为是如何产生出机会成本的？我们可以以基础设施为例加以解释。如果我们没有在适当的时候对基础设施进行维护和升级，那么机会成本就由此而生了。医疗问题也是一个很典型的例子。本来可以成功预防的疾病，每年造成的生产力损失高达2 600亿美元。大多数医疗的目标是：一旦某项疾病得到确诊，那么我们就要集中精力阻止其演变成多种并发症。例如2014年的埃博拉病毒暴发，国会批准了60多亿美元的资金，控制病毒的暴发。这笔资金是疾控中心（Centers for Disease Control and Prevention）整整一年的常规预算额。

疾控中心估计，在多数情况下，阻止疾病的暴发所花费的资金只会是治疗疾病所花费资金的一小部分。但是，人们莫衷一是，争吵不休，即预防保健是否更加节省资金。这个问题的答案，不仅取决于如何定义"预防保健"，而且取决于在评估中包括的昂贵检测的数量。但是，有一点是不容置疑的，是一种广泛的共识：一定的预防措施能节省大量资金，例如，儿童接种疫苗、戒烟、监测血压和胆固醇、肥胖和糖尿病的预防和控制。

美国健康信托估计，在每个美国人身上投入 10 美元，就会在未来的 10～20 年间产生出 180 亿美元以上的医疗保健储蓄，而且是不包括工人生产力和生活质量上的收益。[20] 如果我们仔细计算一下就会发现：在预防保健上投资的每 1 美元，都会在两年内收益翻倍；10 年或是更长的时间内，这个收益会是最初投资的 6 倍之多。美国健康信托估计，如果把 2 型糖尿病和高血压减少 5%，就可以使美国在健康医疗花费上减少 50 亿美元。英联邦基金会的一项研究也得出了相似的结果，仅仅靠减少吸烟和控制肥胖这两项，就可以在 10 年内将全国的医疗花费减少 4 740 亿美元。[21]

事实上，有大量措施可以帮助我们改善医疗保健的停滞现象。我们都明明知道哪些措施可以帮到我们，但是事实证明，要把这些措施付诸实践是非常困难的。当保罗·奥尼尔（Paul O'Neil），即后来的美国财政部部长，在 1987 年进入美国铝业公司（Alcoa）的时候，他立即设立了一个体系，即在所有事故和伤残发生后的 24 小时内报告原因以及如何阻止其再次发生的具体方案。保罗·奥尼尔在美国铝业公司任职 13 年，其间事故伤残造成的损失工时事件率由原来的 1.86 下降到 0.23，到 2013 年，下降到 0.085，节省了巨额的赔偿救治费用，同时创造了生

| 第四章　得过且过：为什么我们已经看到犀牛群冲来却仍然不躲避 |

产力的巨额收益。查理斯·杜希格（Charles Duhigg）在《习惯的力量》（*The Power of Habit*）一书中说，保罗·奥尼尔在美国铝业公司对现状的变革，帮助美国铝业公司提高了高达 5 倍的收益。

保罗·奥尼尔后来把这个体系稍加改变，应用到匹兹堡的阿勒格尼总医院，得到了惊人的结果。这家医院仅仅投资了 85 607 美元，就几乎消除了病人们常常在这里患上的三种治疗费用高昂的感染，而且两年内把医院的收益提高 5 634 269 美元。2004 年，宾夕法尼亚州开始要求所有医院升级它们的报告系统，结果减少了 27% 的事故。保罗·奥尼尔曾经做了如下估算：在医院患上的感染以及医疗事故每年造成的损失高达 6 000 亿美元。"有件事令我非常困惑，即让全美国的医疗机构都建立这样的一个既省钱又能救命的报告体系，为何会这么困难？"他对美国《匹兹堡新闻邮报》（*Pittsburg Post-Gazette*）的记者说，"这些体系，我已经说了大概 15 年的时间，它能够大大地提高收益，而且每年能节省几万亿的资金。"[22]

2012 年，保罗·奥尼尔督促美国要求全美的退伍军人管理局和军队医院都建立一个简单但是功能强大的体系：在事故发生后 24 小时内报告体系，包括在医院患上的感染、病人摔倒、用药错误、看护人员受伤等。退伍军人管理局的问题相对较大，即它没有准确报告体系中规定的全部事故和病例，也没有严格遵守 24 小时的时间限制。内部审计发现，有超过 12 万个老兵被迫无限期地等待医疗护理。[23]退伍军人管理局是一个令人震惊的极度缺乏责任感的例子。但是这个特殊的案例不能解除人们对于这个问题的困惑，即为什么在宾夕法尼亚州建立一个简单而有效的体系会这么难，行动为什么这么慢？

一项针对匹兹堡的阿勒格尼总院的个案研究以一种无可辩驳的方式解释了这个问题：200万个在医院受到感染的病患造成的损失每年达50亿美元，而且会感染其他病人，比例是10个中有1个会被感染。"毫无疑问，这样的有害医疗条件是没有价值的，并且，医疗行业的工作人员也不希望这样的事情发生。"医生理查德·香农（Richard Shannon）在报告中说，"重要的是，我们缺少一个提供系统医疗的方法，而且当这样的医疗条件存在或者说被允许存在，说明我们的医疗机构缺乏必要的责任感。"他的研究对这种现象提出了质疑，为什么我们会如此拒绝改变——从潜在的文化壁垒和错误的奖惩机制开始，探究其中的原因。"我们相信，第一，HAI（在医院被感染的病患）现象仅仅是一种间接伤害，必须支付一些必需的费用，用于复杂的、精细的医疗护理；第二，我们相信HAI是良性，可以用抗生素立即治愈，而且不会有意外；第三，在一个报道公开的时代，达到平均水平线就是我们的目标，没有理由渴求更好；第四，也是最少被提及的事实，即HAI是复杂医疗的常见情况，由其他机构支付。[24]于是，如果医疗护理因HAI而变得复杂的话，医生和医院就能得到更多的酬劳。"

不良的奖惩机制也应担负一定的责任。当我们的行为和文化帮我们理解拖沓行为的同时，我们扭曲的奖惩制度也应该承担责任。医院不会因为做了正确的事情而得到奖励。当人们靠总收入来判断医院的优劣时，医院就会把注意力放在如何盈利这样的事情上面，即使它们的收益无论如何都追不上成本。宾夕法尼亚州非常幸运，因为它有非常合格的领导群体，推动医院越过了不合理的奖惩机制，清除了其消极影响，做了应该做的事情。这个州的成功故事让人们注意到准确说明收益与成本的必要性，这样就能对问题有清楚的认识，并且能做出合理的应对。这件事也说明领导力的重要性，它能让人们认识到自己的惰性和不良习惯，然后积极地行动起来。

民众和政治家

最让我无法容忍的惰性是：绝大多数公民都一再表示支持变革，但是政治上的决策机制却挡在那里，让人无法前进。例如在美国的政治体制中，只有最激进的和最两极化的事情才会得到很大的重视，而这些事情本来是不应该得到这样的重视的。

移民改革就是一个很好的例子。一次又一次的民意测验显示，绝大多数的美国人支持移民改革，因为这项法律一旦实施，就会正式确立几百万在这里生活和工作的人的法律地位，而且在这个过程中能让经济更加具有竞争力。2013年夏天的一项盖洛普民调显示，有87%的人愿意让移民成为合法的公民。

但是，为什么事情没有任何改变呢？很多时候，我们都需要一场可见的危机才能推动事情发生转变。危机是一场个人化的危机。首先，对于大多数人来说，即支持变革体系的人中90%都会认为目前的状态还不是严重危机。对于1 100万没有公民身份的人中的绝大多数人来说，缺少公民身份就是一个危机事件，但是他们不是决策者，没有发言权。在国会选区的人反对移民法改革，认为移民们挑战了他们公民身份的关键因素。直到最近，唯一一个把移民问题看成是种危机，并且感觉自己有能力对此做点什么的人，是那个一直以来反对绝大多数人的主张的人。移民改革的好处迅速扩大，但是那些觉得自己受到了移民改革冲击的人，体验到的却是恐惧越来越强烈紧迫，完全忽略了移民改革给他们带来的好处。

但是，支持移民改革的人已经重新定义了这一问题，认为它是共和党的未来，就如同我们在第二章中讨论过的拜伦·韦恩全球经济十大预测里提到的那样。许多人认为，除非共和党支持移民改革，否则它将失去国内迅速增长的多数选民的支持；与此同时，那些犹豫不决的选民将不再犹豫，他们会排斥共和党，以至于共和党无法得到它急需的民意测验中的胜利。意识到这个新的危险，共和党中的温和派开始有条件地支持移民改革。在2013年，一个由两党共同组成的8人参议员团体达成了一个共识，制定了一项提案，反映了绝大多数的美国人在民意测验中表达的愿望。尽管这项提案在众议院获得了绝大多数人的支持，它也不可能会越过程序障碍，到达投票环节。

在乱糟糟的民主体制内，一个少部分人的团体只要经过一番谋划，就能够颠覆大多数人的意愿。民主体制也很难做好调和利益冲突的工作——例如，如果所有人都看到了存在的问题，那么所有选区都会按兵不动，以此来避免为解决这个问题而埋单。

当我在2014年秋天搬到芝加哥的时候，芝加哥的市长选举运动正如火如荼。多年得过且过的政府行为方式造成的后果让人无法忽视：退休金支付时的疏忽大意，十年内城市债务几乎翻

第四章 得过且过：为什么我们已经看到犀牛群冲来却仍然不躲避

倍，政府职能几近瘫痪。到 2015 年年初为止，芝加哥的公立学校陷入了无法拿到预算的困境，州最高法庭驳回了削减退休金福利的提案，国际评级机构穆迪投资者服务公司（Moody's Investors Service）把城市的债务调低到垃圾债券级别。"芝加哥目前陷入了深深的泥潭。"政府官员布鲁斯·劳纳（Bruce Rauner）说。他的坦白让媒体非常高兴。他警告说，美国的其他州不会愿意为芝加哥担保的。这个问题还是不能过早定论，因为芝加哥代表着美国 70% 的经济产出，而且芝加哥基本上是可以为自己担保的。但是这也就是说得好听而已。

尽管芝加哥的闪光点很多，成功吸引了世界五百强企业的青睐，而且城市居民人口相对稳定，与底特律破烂的房屋、废弃的街区形象大相径庭，但是这个与芝加哥一样同是中西部城市的底特律的破产，仍然让芝加哥心有余悸。辩论专栏作家们争论不休，一直在讨论芝加哥和底特律是否具有可比性。一些芝加哥人一再强调芝加哥和底特律不属于同一类问题，这一点足以证明他们还没有到达得过且过的心理阶段。他们还深陷于否认问题的抵触情绪之中。他们尚在沾沾自喜、自鸣得意，认为自己的城市在预算超支、腐败和投资不足等方面都与底特律没有共同点。破产促使底特律开始进行变革。一旦底特律做出让步，把财政大权交给国家，而且如果它的债权人（包括退休金持有人，同时也决定着芝加哥的命运）同意它进行债务重组，那么居民和投资就会重新回到这个城市。

芝加哥仍然在得过且过。尽管市长拉姆·伊曼纽尔（Rahm Emanuel）做了很多努力，例如通过增加多种赋税的手段来平衡预算（截至目前，还没有什么成效），减少退休金成本等。芝加哥能做到在税收上取得重大进展，而又不掉入和底特律一样的严重局势里吗？如果每个选区都尽其所能出资出力的话，芝加哥能做到公平地分派其金融预算吗？芝加哥能找到有效的途径，用短期的痛楚来换取长期的效益吗？这些问题是人们在遭遇灰犀牛群的过程中，会遇到的典型问题。这些问题对民主制度和专政制度来说都是一种挑战，而且也是对整个社会的挑战。找到解决问题的方案并且坚定地实施这项方案，不会得到任何赞誉，反而会引火烧身；全世界的领导者们都面临着这样的选择：是得过且过，还是自取灭亡。

预知死亡纪事

加夫列尔·加西亚·马尔克斯（Gabriel Garcia Marquez）的《预知死亡纪事》（*Chronicle of a Death Foretold*）里描写了一个年轻人被妒火中烧的爱人谋杀的场景。许多时候，生活中的危机同电影中的谋杀一样，在我们面前一点一点地慢慢展开，而我们却只是袖手旁观，任其发展。然而，我们是有办法走出得过且过、一拖再拖阶段的。有时候，我们之所以会一拖再拖，不立即采取行动，是因为我们以为自己还有足够多的时间能摆脱困境。19世纪的科学家们宣称，如果把一只青蛙扔进一锅热水里，它会马上跳出来；如果把一只青蛙放到一锅冷水里，然后慢慢地加热，只要你做到逐步缓慢地加热，那只青蛙就会一直待在锅中，绝对不会跳出去，直到死在沸水里。尽管最近的科学实验表明，真正的情况不是这样的，青蛙不会像19世纪的科学家们说的那样待在水里直到死去，但是这个故事还是被人们当作一个比喻广泛地使用着。同样，我们常常注意不到自己的孩子们成长得有多快，因为我们每天都能看到他们。所以，我们很容易看不到局势正在一点一点恶化的事实。这一点可以部分地解释为什么我们没有立即采取行动，而等到一切都已经无可挽回，才悔不当初。很多时候，我们总是要在深受打击之后，才会猛然警醒，意识到自己必须着手解决眼前的问题了。

我们常常会计算、衡量得过且过和果断行动这两种行为方式的成本。很多时候，修改一下计算方式，是一种非常可行的策略。有一种方法就是改变一下对成本的解释，这样众多家庭、组织机构和政府部门就能够清楚地看到，省下一分钱就等于赚了一分钱。一旦涉及巨额的投资和修缮费用，例如对基础设施和教育的投入，人们就会一拖再拖。你经常能听到这样的言论：我们没有这笔钱，因为我们有更紧迫的短期的投资需求。这样的逻辑毫无疑问会产生恶性循环。正如我们之前看到的那样，拒绝对基础设施投入资金进行建设和维护，其可怕代价就是让我们无法抵抗突发灾难，在灾难面前总是不堪一击，并且进入一个永无止境的得过且过的泥潭。

培养塑造成功扭转危局的能力，是一个十分重要的策略，能帮我们走出得过且过阶段。如果我们面临的问题太严重，以致任何人的力量在它面前都显得微不足道、不堪一击，那么就应该在描述这个问题的时候尽量弱化其严重程度，把它说成是可以通过人力解决的问题，这样人们才能充满信心，认为采取行动去解决这个问题是值得的。以全球气温变暖为例，我们当中有多少人相信，自己的行为可以改变整个星球的未来？恐怕没有多少人会这样想。但是如果我们换种方法去描述这个问题，把它描述成人们有能力改变的事情，那么人们的反应可能会大不一样。我们中的任何一个人，在离开一个房间的时候，就关掉房间里的灯，我们潜意识里认为这是一种很值得的行为，但它可能与气候变暖没有任何关系。我不可能靠关掉灯来阻止全球气候变暖，但是可以减少自己的电费支出。

有时候，得过且过是唯一明智的选择，虽然这种时候不像政治家想让我们相信的那样得过且过起作用，必要条件是局势的变化非常缓慢。如果欧洲是在步履蹒跚地、缓慢地走向一个更加统一的体制，那么欧洲领导者们得过且过、一拖再拖的方式就是最佳选择。但实际情况是，留给欧洲的时间已经所剩不多，而且，欧洲是否能够躲过这场灰犀牛式的灾难，还很难说。

有时候，如果我们同时面临着很多灰犀牛式的危机，我们就得选择让一些犀牛过去，然后在不太严重的危险当中得过且过。此外，如果我们面临的问题是相互关联的，那么解决它们的唯一方法就是要采用一个大型的战略，把其中的几个问题放在一起同时解决。

如果得过且过的时候能够着眼全局，把它当作逐渐变革战略的一部分，那它就是正确的选择。（有人可能会说，正确的态度不是简单地得过且过、拖拖拉拉，而是在这期间为行动打基础。但是，这样的渐进式策略包括了一个重要的成分，即反复地尝试与实验，也就是说，我们要在黑暗中摸索前行。渐进式策略是得过且过策略的近亲，因此，把握好尺度是非常困难的一件事。）

准确定义危机的性质，激发人们的紧迫感是非常重要的。同样，正确解读所有雇员、客户和居民对改革的期待也十分重要。如果我们成功地创造了紧迫感，但是对于该做些什么和怎么做缺乏共识，拖延战略或渐进战略可以起到行动之前的过渡作用。有的时候，我们一拖再拖，这样的行为也不难理解，这是因为我们不确定该做什么。正如我们在上面的讨论中看到的那样，知道什么事情是该做的，只是一个开始，并不会让你真地就去行动。因此，领导者必须要先确定灰犀牛式危险的性质，这样才能决定做什么，确定等待解决的危险的先后顺序并做出必要的改变，来躲避灰犀牛式灾难的打击。

本章要点

得过且过是要付出昂贵代价的。古语"一分预防等于十分治疗"在此十分适用。无论是在一再拖延的基础设施投资、预防性医疗、金融危机,还是其他各种各样的明显的危机中,这句古语都十分适用。

选择正确的时间节点。无论是行动太早,还是行动太晚,都是要付出很大代价的(虽然我们太早行动的可能性很小,太晚行动的可能性很大)。在分析是该行动,还是该等待的时候,要考虑机会成本的问题。

变革奖惩机制。用适当的奖惩机制让人们明白,努力和付出是值得的。在一个公司中,确立绩效指标,奖励那些及时自主行动解决问题的员工,反之就给予惩罚。对那些在面对可能的灾难时,及时阻止其发生、清除行动障碍的员工,应该提高奖励的额度。

公平地分担成本。如果你发现必须要把一个人或一个群体推到失控的手推车前面,才能挽救更多的人、避免更大的损失,那么就必须找到有效的方式减轻被牺牲者的痛苦。

正确地计算成本、盈余和投资。改变体系,让决策者能因为节省未来成本和带来未来收益的投资行为而得到奖励。这样的变革包含建立一个特殊预算体系,避免可以避免的成本。

有时候拖延是唯一可以选择的方式。拖延方式有时是有效的,但是这样的时刻很少,尽管政治家们想让我们认为这样的时候很多。

第五章
诊断:解决方案是对的还是错的

一旦领导者们承认危险是实实在在地存在的,他们就会面临三种选择:做对的事情、做错的事情和什么都不做。正如我们在第四章中看到的那样,会有很多事情妨碍我们及时行动并走出困境;我们现行的奖惩制度会挫败我们做我们必做之事的决心。但是,即便是你已经成功走出了否认抵触问题存在的阶段和得过且过、拖拖拉拉的阶段,想采取行动了,你仍然会面临一个大问题,即不知道该做些什么。要想成功走出否认抵触阶段,走向行动阶段,十分必要的一件事情就是要判断灰犀牛式危机的类型,以及危机的根源,这样你就能找到解决问题的方法。

换句话说,你需要弄明白你将要对付的犀牛是什么种类的犀牛。在自然界中,有五种犀牛:黑犀(非洲双角犀属犀牛)、白犀(白犀属犀牛)、苏门答腊犀牛(苏门答腊双角属犀牛)、爪哇犀牛(独角犀)和印度犀牛(印度大独角犀)。尽管有很多种类,但是它们都是属于灰色系的,而且每种都有自己与众不同的特点。黑犀，是非洲的本地犀牛，长着尖尖的嘴唇，用来咀嚼。这种犀牛被认为是更加愿意单独行动，并且被认为脾气很坏，比白犀的脾气还要坏。白犀也是非洲的本地犀牛，据说其名字是荷兰语或者是阿非利堪斯语里的"宽阔"的意思，因为它有宽阔扁平的嘴唇，适合咀嚼。学者们认可了这样的解释，但是对于其他解释不置可否。[1] 苏门答腊犀牛是所有犀牛中体型最小的一种，有毛，虽然很稀疏，但是远比其他种类犀牛的毛多。爪哇犀牛，是所有犀牛种类中最稀有的种类，目前仅存60头，是比印度犀牛体型小一些的犀牛，而且堆叠的皮肤也相对较少。印度犀牛只有一只犀牛角，皮肤堆叠着，像是铠甲一样，而且与其他生活在森林里和灌木林里的近亲不一样，它更喜欢生活在湿地。

灰犀牛式危机的分类会是怎样的呢？这个分类将会有许多次级种属，每一级种属都会有大量与众不同的特征。危机一：人们广泛认可它的存在和危险性，而且很清楚解决方案是什么，但就是在谈及行动时心不在焉；危机二：是一种真正的危机，或者说是隐藏得更深的危机，是一种本质上的危机；危机三：人们广泛认识到它的存在，但是不知道该如何解决它，所有的解决方案看起来都不太合适；危机四：新出现的危机，它的存在让之前所有不可能的事情都成为可能；危机五：根本解除不了的危机，其所造成的损失是由于我们不肯放手那些不可能的事情或是过时的事情。

不愿意面对的事实真相

最容易识别的灰犀牛式危机就是我们不愿意面对的真相：我们都知道它的存在，却没有"一招制敌的武器"，而且否认抵触的情绪很强烈，阻碍着进一步的行动。这样一个不愿面对的事实真相，需要我们每个人都做出牺牲让步才能够得到顺利解决。一般来说，一些人（不可能是所有人）已经开始着手解决它，但是这样的努力还远远不够解决问题。

气候的变化就是最为明显的例子。全球的气温正在以非常惊人的速度上升着。美国航空航天局的科学家们报告说，2014年的全球气温是自1880年开始有记录以来，气温最高的一年；10个气温最高的年份都发生在2000年以后。科学家们已经达成了一个广泛的共识，即全球气温的变暖是人类的活动向空气中大量排放二氧化碳的结果。尽管各国政府已经达成一致，要保持全球气温升高在两度以下，但它们是无论如何都不可能兑现承诺的。如果全球气温以目前的速度继续升高的话，全球的气温将会在21世纪末升高六度，极大地威胁气候、海平面、海洋酸度和许多物种的生存。我们没有太多的选择：大幅度减少温室气体排放，防范由于气候变化引发的越来越频繁的极端天气危害，为几百万人的转移做好计划和准备。一些人已经选择了其他的选项：否认问题的存在，正如我们在第二章中看到的那样。如果我们想安全避开这样的灾难，我们就需要做出更多的努力。

解决"不愿面对的真相"这个难题时，我们面临的最大挑战就是，有太多的人希望把责任推卸给别人。我们中的每一个人可能都在想，这个问题太大了，我个人的努力根本就是杯水车薪，起不了任何作用。或者，我们可能会想，这个问题应该由政府来负责处理。这个问题可能应该是由政府负责处理的，但是政府可能根本没有处理这个问题的能力或是根本没有处理这个问题的政治意愿。一个企业可能会想去解决这个问题，但是它没有相关的数据或者没有能力让股东们认识到出手解决这个问题的必要性。

"CEO 们清楚地看到了全球面临的挑战有多严峻——但是许多 CEO 没看到问题有多紧迫，或者找不到让自己的企业去解决问题的动机。"埃森哲公司和联合国全球契约组织在 2013 年的报告中说。[2] 全球 CEO 也越来越认为，发展停滞是因为企业不能充分认识到企业价值同可持续性发展之间的关系。许多 CEO 认为可持续性发展是慈善范畴的事情或者是监管部门的事情，但是，许多受访的 CEO 又认为自己远比他人在这方面做得更多更好。

反复出现的犀牛和发起冲锋的犀牛

有时候，那些我们不愿意面对的事实真相会迅速地变体，以新的形式出现。已经发起冲锋的犀牛是令人窒息的灾难，它们突然之间就已经来到我们面前。通常，这些发展迅速的危机已经潜伏了相当长的一段时间了。因为它们能造成一种紧迫感，所以能迅速地激起人们的反应，但是这样的反应不可能解决问题，而且会使问题恶化。如果问题的根源很深——例如，中东困境的原因是其治理上的混乱——那么它将是极其危险的。年轻人的失业率高居不下和食物的短缺,两个问题混合在一起,成为导致"阿拉伯之春"的大型抗议活动的导火索。政府体制向民主制度转变的失败和无力推动经济的增长,都会导致出现更多这样的危机,它们就是已经发起冲锋的灰犀牛群。

当我们面临的问题迅速地从"慢性病"转变成"急性病",那么我们用来解决问题的时间就会被极大地缩短,我们被打败的概率也会极大地增加。这样的事情出现时,我们采取行动的可能性会增加,但是我们的应对措施很可能不够完善,也不够恰当,因此可能会导致出现更多问题,就如同中东那样,使问题越来越复杂棘手。

其他已经发起冲锋的犀牛也是反复出现的犀牛:飓风、海啸和流行性疾病,都是已知的必定会发生的灾难,只是不到最后一刻,不知道它们会何时发生和在哪里发生。对于大多数这类反复出现的灾难——除了金融危机以外——我们总有方法向相关的人们发出预警,并且把他们转移到安全地带。

元—犀牛式危机

元—犀牛式危机是结构性问题,能产生出各种"症状",因此能比根源性问题得到更多关注。我们很容易会把这些表面的"症状"看成是真正的挑战,采取一次处理一个的办法。但是,除非我们进行深入的挖掘研究,究其根本原因,否则根本改变不了这些表面症状。

一个非常典型的例子就是经济领域里的性别差距,它被人们看成是对未加开发利用的潜力和机会的巨大浪费。但是要下决心缩小这个差距，是件很困难的事情，因为它的根源在于人们长久以来对全球人口的另一半的低估。经济领域和政治领域里的性别差距也是决策出现缺陷的罪魁祸首——群体思维以及在前面第一、第二、第三章中讨论的盲目问题等——它导致很多其他灰犀牛式危机的出现。

领导者们已经注意到了性别比例差距带来的严重问题，而且已经做了一些改变。许多欧洲国家规定在政府机构里必须有一定的女性职位配额；其他的规定要求公司报告董事会和领导层里女性的人数；还有些国家规定议会里的女性人数必须要达到一定数量。一些社会组织机构决心缩小商业领域、政治领域和教育领域里的男女比例差距。但是，阻力仍然很大，而且成效甚微。多年追踪这个问题的一项研究表明，女性比例的数值在将近十年内只有非常微小的增长。世界经济论坛的《全球性别差距报告》是一个非常强大的工具，可以作为研究、追踪和推动改革的依据。然而世界经济论坛近年来饱受诟病，因为在瑞士达沃斯举行的一年一度的经济论坛年会上，女性参会人员比例非常小。论坛曾经试图鼓励各个参会企业派更多的女性代表参会，承诺给四人代表团的参会企业提供第五个参会席位，但是女性比例仍然没有变化，固执地停留在17%左右。

政治两极化是另一个元—犀牛式问题。正如我们在第四章中看到的那样，我们的政治结构不完善，因此不可能解决日渐紧迫的问题。2014年关于迈克尔·布朗（Michael Brown）和埃里克·加纳（Eric Garner）的抗议游行难道只是由于这两个人死于警察之手吗？或者游行的群众是在抗议法治和深层次的社会经济问题，要求政府加以解决？伊斯兰教徒和西方的冲突只是由于宗教原因吗？2010年在海地地震中几千条生命的逝去，只是由地震造成的吗？或者是由于他们缺乏安全的建筑材料和建筑规范吗？

2014年12月索尼娱乐公司遭受黑客袭击的事件也是一个典型例子——几个不同级别层次的问题最终导致了尴尬和代价惨重的危机事件。《福布斯》记者得到了一份安全审计报告，显示索尼娱乐公司的系统有17%的部分处于无人监管的状态。"把一个本应该保护一个行业的IT团队放在一起，绝不是件好事。这实际上等同于打开了一个缺口，就如同索尼娱乐公司经历的那样。"记者托马斯·福克斯-布鲁斯特（Thomas Fox-Brewster）说。[3]索尼的员工们对媒体控诉，索尼娱乐的安全措施非常不严格，而且公司一直在忽略员工们的警告，甚至在最近一次发生黑客袭击事件时，仍然无动于衷。2011年4月，黑客攻击索尼的游戏平台，造成了至少1.71亿美元的损失。[4]索尼公司的反应是仅仅升级安防措施，防止数据的泄露和防止发生"分散式阻断网络服务的黑客行为"。但是《财富》杂志上的一篇文章指出，索尼影视娱乐公司——索尼公司的另一个分支——没有与索尼游戏平台同步从这次的黑客中吸取教训。[5]在这种情况下，黑客攻击事件就会是巨大危机的一个预兆：公司的隐患。黑客还挖出了索尼公司的海量信息，让索尼公司非常被动和尴尬。但这又是另外一件事了，与我们讨论的问题无关。

根据FBI的估计，十个公司中有九个都不可能逃过类似的黑客攻击。这是在解说攻击索尼公司的黑客的能力，还是在说明自负情绪在各个行业中有多么普遍？此类事件非常普遍，许多公司都没能成功保护自己，战胜网络黑客攻击。关于黑客攻击塔吉特公司（Target）、内曼·马库斯百货公司（Neiman Marcus）和其他公司的事件，我们已经听了太多。所有这些黑客攻击事件都涉及无视预警信息的问题。

一群人采用了一个非常极端的方法，让一个公司明白无视警告会付出十分昂贵的代价。Snapchat（阅后即焚）是一个非常流行的智能手机应用程序，能让使用者分享图片和信息。这些信息和图片被打开后，会在1~10秒内自动销毁。黑客一直在警告Snapchat——同时在警告全世界——其运行模式存在问题。事实也确实如此，在2013年6月公司提高6 000万美元资金投入之前，这项程序出现了三次故障。

吉布森安全公司（Gibson Security），将自己形容成一个网络安全公司和一群"没有稳定收入来源的可怜的学生"，其置顶网（ZDNet）聚集了一群澳大利亚黑客。该公司说，它在2013年8月的时候警告Snapchat，认为其程序非常脆弱，不堪一击。Snapchat编码上的漏洞，会让黑客有机可乘，盗取使用者的姓名、电话号码和别名，从而创建虚假账号。到2013年12月底的时候，Snapchat没有做出任何回复，于是吉布森公司公开了一份圣诞惊喜：Snapchat存在安全漏洞，会让黑客潜进数以万计用户的网址。[6] "考虑到距离我们上一次公布Snapchat的漏洞已经4个月的时间了，我们认为我们应该给上一次的版本做一次更新，看一看那些公布的漏洞是否被修复了（最终结果是：漏洞一个都没有被修复）。既然该公司没有做出任何的改进，我们决定从我们所有人的利益角度出发,彻底公布我们在过去的这四个月中发现的东西。"[7]

当 Snapchat 最终做出回应的时候,它既没有道歉,也没有给出令人信服的说明,说明自己已经解决了问题。[8]"我们想确认,网络安全专家一旦发现滥用服务的新方法,就及时通知我们,那么我们就能快速地做出反应,解决大家关心的问题。"那家公司如是答复,"Snapchat 是一个让朋友们自由自在表达自己情感的地方,我们会竭尽全力阻止对服务程序的滥用。"

难题和戈尔迪之结

迄今为止,我们看到的很多灰犀牛式难题都有很明显的答案。那个我们最难解决的灰犀牛式难题——也是那个我们很少实际去解决过的难题,当然这样做也是可以理解的——是一个死结:这个问题的答案是彻彻底底的含混不清。问题之首是"不平等"问题:法国经济历史学家托马斯·皮凯蒂(Thomas Piketty)以此为内容写的一本书,成为 2014 年的畅销书。

2014 年 1 月末,韩国明星"鸟叔"朴载相(Psy)在一年一度的达沃斯世界经济论坛会上莅临演出。他在其热门歌曲和视频《江南 style》中,用模仿孩子骑马的舞蹈,夸张地演绎了韩国的富人居住区的故事。尽管一身傻傻的江南风格造型,但是"鸟叔"朴载相本人的性格看起来惊人的谦逊。他和一群韩国显贵一起,围站在用天鹅绒绳子隔开的精心陈列的韩国美食旁边。根据报道,会议的举办地丽城酒店(Belvedere Hotel)在这次的世界经济论坛期间，给宾客提供了 1.6 万瓶香槟酒和 3 000 瓶葡萄酒。[9] 全世界的商业、媒体、学术、政府和非政府组织的精英会聚在被德国大文豪托马斯·曼（Thomas Mann）称为魔山的瑞士阿尔卑斯山的山脚下。

乐施会（Oxfam）在前几天发布一项报告，估计世界上 85 个顶级首富的净资产是 1.7 万亿美元，相当于 35 亿个穷人的净资产的总和。[10] 教皇方济各（Pope Francis）对各方代表团表示欢迎，同时呼吁人们关注贫富不均衡问题，督促与会的商业界的领袖们采取广泛的措施并且能把他们的智慧用来为那些仍然生活在贫困线上的人服务。"我请求你们，保证让财富服务于人类，而不是统治人类。"他言辞恳切地说。

全世界的精英会聚在阿尔卑斯城中的几天里，一直在谈论中产阶级里早已经尽人皆知的问题：美国 CEO 的平均薪酬是一个普通工人的 300 倍以上，是最低工资工人的 800 倍以上。尽管经济的增长不可能不出现贫富差距，但是穷人与富人之间的差距已经非常大，大到了影响经济增长的程度。由于全球化的作用，不同国家之间的贫富差距正在逐渐缩小，但是国家内的贫富差距竟然在几个世纪之内就达到了一个新的高度。

撇开公平道义不论，达沃斯会议上的商业和政府领导者们仍然认为，贫富不均衡是一个非常棘手的问题。由于贫富不均衡，现在很难找到顾客，而且贫富不均衡使得社会压力增大、抗议游行增多、动乱频发等，严重威胁了他们的财富安全。财富不均衡使得经济发展迟缓，尽管经济学家们不断探讨如何缩减短期经济增长和缩减多少为宜，因为这样的短期经济增长使本就落后的国家更加落后,最终对富裕国家和贫穷国家都极为不利。[11]

对贫富不均衡和经济增长之间的关系,人们意见并不统一,但是大多数人都认可一个事实,即贫富不均衡造成了很多严重问题。人们对诸多问题都无法达成共识:贫富不均衡的根本原因是什么?如何解决这些问题?谁应该为贫富不均衡担负责任?什么样的政策能够改变贫富不均衡?

托马斯·皮凯蒂建议在全球范围内征收财富税。其他建议还有发展教育、规定最低工资、减免或增加赋税、增加或减少政府服务项目、提高抵抗灾难性金融危机的保险、增加或减少补贴。如今,人们已经认识到了存在的巨大问题,如何把这种认识转换为行动,设立具体的目标和行动步骤,这是一个不太容易回答的问题。

这类待解的难题到了下一个阶段就成了戈尔迪之结,在这一阶段,损失最小的选项就是最好的选项。关于这一点,我们看看叙利亚或者是以色列和巴勒斯坦的冲突,就会明白。事情到了这个阶段就更加棘手。我们完全可以理解,为什么那么多领袖会选择用得过且过、一拖再拖的方法来处理面前的难题?因为很难看到出路在哪里,所以只能等待。即使存在一些可行的方案,其回报也会是很久以后的事情。因此,即使领导者们按照这些可行的方案行动,他们还是会被诟病,而他们的继任者会因为在他们选择的道路上继续前行而得到称赞。

在难题阶段,我们经常是在治疗各种表面症状,而不触及根本病因。

科技创新的颠覆力量

有的时候，最好的应对策略不是仅仅躲避灰犀牛式危机就可以了，而是积极主动地彻底改变自己，或者是优雅地退场。在面对导致旧秩序和旧事物毁灭的科技创新时，很多公司都应该这样做。

柯达（Kodak）在1975年发明了第一台数码相机，但随后就将这项技术创新束之高阁，目的是保护其核心胶片业务。[12]到了20世纪90年代，它不得不正视技术创新问题，因为这是无法避免的，而且它的胶片业务开始下滑。柯达在1994年剥离了其和化学有关的业务，以此来偿付在进入数码领域时欠下的债务。柯达全力进入数码相机领域以后，从20世纪90年代一直到21世纪初期，一直处于行业领先地位。在2005年的时候，柯达是位列第一的数码相机生产商，产值接近60亿美元。但是，当数码相机逐渐成为普通商品而不是奢侈品的时候，来自亚洲的价格相对较低的数码相机开始出现，并且逐步抢占了市场份额。截至2007年，柯达已经下滑到第四位，而且下滑势头不减。当数码摄像开始向手机和平板电脑发展时，柯达的市场份额进一步减少了。

对于柯达的不幸，人们给出了各种各样的解释，而且大多数都把问题归咎于柯达领导层没能快速发现并接受其行业的新变化。但问题是，如果快速发现并且接受了行业新变化，就一定能改变柯达的命运吗？没有人能回答。

"从任何一个角度来看，柯达都得倒下了，因为它已经完成了自己的使命，实现了自己的价值。"埃里克·舍曼（Eric Sherman）在《财富观察》的一篇文章中如是写道。他指出，世界500强企业的平均寿命只有40～50年，[13]柯达的寿命已经远远超出了这个平均寿命。乔治·伊斯曼（George Eastman）和亨利·斯特朗（Henry Strong）在1881年建立了伊斯曼干片公司（The Eastman Dry Plate Company）并且让柯达相机在1881年进入市场，标志着快照摄影技术的诞生。

柯达于2012年1月申请破产。它已经转向数码打印领域，卖掉了多项专利，进入影像业务行业。2014年，它在纽约股票交易所重新以KODK的名字挂牌。此时，它有了一个新的CEO和新的战略。在它的官方网站上，企业历史故事是这样两句话："柯达的名字为世界人民所熟知，是因为它的宝贵品格，即长久以来一直在引导影像革新。柯达目前正在书写新的篇章，成为一个专注于影像业务的科技公司。"[14]

你们公司所面临的行业危机是会导致淘汰更新之类的危机吗？如果是，那么是否有其他的出路可以使自己不被淘汰？或者，新事物的力量真的非常强大吗？公司面临的前景是要么改革，要么倒闭。有时候，这类灰犀牛式的危机非常强大，以至于不可能躲开它的袭击。如果你能早点发现这一点，你就能早点停止无谓的对抗，把损失降到最低限度。

身份不明的犀牛

在思考和谈论灰犀牛式危机的时候，人们总是拿出那些更像是黑天鹅式危机的例子来，这让我很是吃惊。一个朋友提到了巨大的小行星撞击地球的危机——这是白垩纪时代的恐龙都很难苟同的想法。对我来说，这样的事件不可能发生，而且这样的事件一旦发生，任何人都逃不掉，所以就没有必要谈论应对问题了。

其他一些事件也让我很是困惑，我不知道如何确定其可能性到底有多大。人工智能就是这样一个难题。第一次听到有人说，机器人是最有可能发生的、影响力最大的威胁，我未加理会。但是，当史蒂芬·霍金（Stephen Hawking）和埃隆·马斯克（Elon Musk）站出来，提出这样的警告的时候，我就开始重新考虑这个问题了。一个朋友提出的关于人工智能的威胁是一回事，而史蒂芬·霍金和埃隆·马斯克提出同样的警告就是另外一回事了，毕竟他们比我们中的任何人都更加了解这个领域。史蒂芬·霍金的研究领域是理论物理学与创建理解相对论和量子力学的一般理论，而且他另外的功绩在于让科学为更广泛的公众所了解接受。[15] 他对英国广播公司（BBC）说，人工智能会终结人类。同样，特斯拉（Tesla）创立者和技术发明人埃隆·马斯克曾经把人工智能称为"我们最大的生存威胁"，而且甚至说在 5～10 年内，就会有真正危险的事情发生。[16] "人工智能行业的龙头公司已经做出很大努力来确保安全性。"他在一家网站（Edge.org）上如是写道，"它们看到了危险，但是认为它们能够塑造并且控制最高级别的数字智慧，能够阻止这个智慧的负面物质进入互联网上。我们拭目以待。"[17]

世界经济论坛在 2015 年的《全球风险报告》中也论及了这个问题，而且采取了更加谨慎的态度："与公众的观点和好莱坞的电影恰恰相反，先进的人工智能突然有了意识并且对人类产生恶意，这样的事情看起来不太可能。"[18]

我仍然不知道该如何理解人工智能威胁的本质。维韦克·瓦德瓦（Vivek Wadhwa）是奇点大学科学研究的领头人。他在访问芝加哥并在一次会议上发言的时候，我问了一个问题，一个关于迅猛发展的科技在不久的将来取代人类的问题。他皱了皱眉，然后提出了一个引人深思的事情，即一个已经形成的对人类的挑战。"我们对即将发生的变化还没有做好充分的准备，"他说，"我们创造了一个新的物种，而我们不知道这到底意味着什么。我们无法跟上它的智慧进步。当计算机发展到足够快的时候，它们就能制造出新的计算机。它们会不会进行自我创造？它们会因为我们创造了它们，而对我们心存感激吗？它们会放过我们吗？"

维韦克·瓦德瓦描绘了一幅图景：机器人医生比人类医生的技术更高超；基因序列分析的工作，计算机只需片刻就能完成，相当于人类喝杯咖啡所用的时间；自动驾驶的汽车比人类驾驶的汽车更加安全；由机器人管理的纵向立体农场远比传统农场更加高效；由人工智能驱动的数字化的家庭教师；能够持续更新医疗服务和诊断的医用传感器。他看到，通过降低各种成本，如医疗服务、信息交流、能源、交通和很多其他事情，科技变得更加亲民。

与此同时，他也描绘了一个潜在的不太乐观的图景，即机器人将会接管人类的许多重复性工作，这些工作目前是由技术远远不如机器人的人类来完成的。"我担心的是，我们未来很难找到工作。"他说。富裕的人会更加富有，但是穷人会得到什么呢？维韦克·瓦德瓦描述了一些可能发生的场景，例如机器人罢工，因为3D打印机抢走了工作，或者会出现新的卢德运动，工人们烧毁科技公司。"唯一可以确定的是，这些正在发生。"他说。

扫地机器人已经接管了一些家务清洁的工作；我们大多数人都更有可能从ATM（自动取款机）那里，而不是从人类柜员那里取钱……看来，机器人每天都在将我们做的事情进行自动化处理。

就我个人而言，我仍然在分辨人工智能带给人类的危险。但是，我的确认为人工智能是一个灰犀牛式的威胁，给我们的工作和社会带来的冲击是我们必须面对的。2013年牛津大学发布的一项报告估计，在美国接下来的20年间，47%的人类工作将由计算机替代完成。问题是，自动化会带来什么样的新工作，它会如何改变我们对于人类特有技术的评价标准，我们是否准备好了用这些新的技术培训工人。[19]

犯错误

我们常常不能分辨自己面临的灰犀牛式危机属于哪一种类型。有时候，我们会误打误撞，因祸得福。20世纪80年代早期，可口可乐公司发现自己犯了大错，处于被灰犀牛踩踏的境地：由于百事饮料的出现，可口可乐公司的市场份额已经从第二次世界大战末期的60%降到了1983年的24%。年轻人更加喜欢口感甜一些的饮料，例如百事。可口可乐公司做了一项盲测，检验可乐、百事和一个新配方饮料的口感。结果这个新配方饮料击败了可乐和百事。以测试结果为依据，可口可乐公司于1985年4月改变了可口可乐的配方，结果遭到可乐品牌忠实消费者的强烈抵制。在三个月的时间内，可口可乐公司重新启用了原来的配方，超过了新可乐而且从百事手里赢回了市场份额。这个公司看到了存在的威胁，调查研究、分析了各种可能性，然后采取了行动；受到新的危机的打击，因为它没能正确认识自己的巨大实力；引起广泛关注，从而迅速从打击中恢复过来。这件事证明，我们在面对灰犀牛式的威胁的时候，想做出正确的决定，是多么困难的事情。

可口可乐公司最初的决定是错误的，最后的结果却是好的。有些公司在面临灰犀牛式威胁的时候，早早地、明智地做出应对，但是过于自负，结果迅速地走到错误的道路上去了。美国的奈飞公司（Netflix）看到自己很快要面对视频格式从DVDs向流视频格式转变的问题，并且大胆地采取了行动，迎接挑战。结果，令所有人感到意外的是，这家公司狠狠地跌了一跤，因为它在2012年宣布向其用户额外征收DVDs和流视频的费用。这个错误使得奈飞公司失去了1/3的用户。由此产生了一个问题，这样一个沉着稳健的公司为什么会犯这样一个错误？

致命危机

尽管人们很容易忽视本应该多加留意的灰犀牛式威胁，但是他们也更容易错误地关注一些本来不太可能发生的危机事件——这个倾向会妨碍我们及时处理真正的威胁。灰犀牛式战略经常要在两个完全相对立的可能结果和战略之间进行选择；发现灰犀牛式危机也取决于如何判断出某件事是否是危险的，尽管别人都认为这件事是非常危险的。

世界各国中央银行，当它们试图在通货膨胀和泡沫、通货紧缩和经济衰退这两个完全对立的灰犀牛式危机中进行选择的时候，陷入了进退两难的境地。如果它们保持太长时间的低利率，就会使得资产泡沫膨胀，结果会使资产泡沫破裂而制造更大的经济危机（例如21世纪早期的情况）。另外，如果它们过早、过快地提高利率，就会提高窒息经济复苏的风险，增加通货紧缩的压力，一些经济学家认为，这样做的结果会导致比通货膨胀更大的危险。它们会加重政府预算赤字，因为它们提高了政府清偿到期债务时的成本。两种选择都有不可抗拒的因素，而且都有很高的风险，没有任何可以犯错的空间。但是在一个真空状态下讨论金融政策问题，就好像这是唯一解决复杂经济问题的途径，这就很难做出正确的选择。必须把决定利率决策的关键经济问题同其他因素联系起来，或者联系其他的能更加准确地刺破经济泡沫的方法，比生硬的利率手段更好的方法。这个原则适用于国家债务问题，或者适用于许多其他经济决策的难题：如果你能从其他的、相关的因素角度出发看待问题，其结果可能会大不相同。

不是所有看到危机的人都会站出来去解决危机。有些人，如果认为这里一定会发生危险，那么他们就会快速撤离。丹·阿尔珀特（Dan Alpert）是纽约投资银行威斯特伍德资本公司（Westwood Capital）的创始人。他非常了解担负巨额债务的公司和国家，很清楚危机的重要性，以及如何重组、如何回到经济增长的轨道。他写了一本书，书名是《供应过剩的时代：克服全球经济的最大挑战》(*The Age of Oversupply：Overcoming the Greatest Challenge to the Global Economy*)，同时他也是世纪基金会的成员。他花了大量的时间和精力思考、倡导解决灰犀牛式公共政策危机，从债务问题到基础设施建设等，无所不包。

丹·阿尔珀特于2000年春天抵达东京，去为威斯特伍德建立新的公司。他到达的第二天，日本首相逝世了。这个悲伤的事件，揭开了这个国家的另一个悲伤事件的面纱，即它正面临着严重的经济危机。在接下来的一年内，日经股市的指数下降了26%。"这是日本遭遇危机的起点。"他在自己第五大道阳光明媚的办公室里回忆说。早在八年前日本经济就开始崩溃，八年后，日本政府的一切努力似乎都是徒劳的。无论是放松货币政策还是基础设施建设等，都未能有效刺激经济发展。政府曾经试图刺激其一度十分繁荣的出口业务的发展，但是没能取得成功，因为日本在其一度领先的许多领域里，已经失去了竞争力。日本政府接管了六个摇摇欲坠的银行，结果扩大了国家债务。日本的国债目前是世界上最高的，而且是其经济总量的两倍。

日本的巨额国债就是一个致命的危机：日本的国家债务会让这个国家的债券市场彻底崩溃。对于卖空日本债券的投资者来说，上述猜测是肯定的。他们卖光了借入的有价债券，希望在必须支付有价债券之前，其价格会下跌。日本正在等待着灾难的降临。很不幸，投资者期待的政府债券市场的崩溃一直没有发生，结果让投资者损失惨重。一些观察家仍然相信这个判读是正确的，只是推迟了时间而已。丹·阿尔珀特对此持有不同观点：他认为投资者损失巨额资金，是因为这个判断根本就是个错误，日本政府债券市场根本就不会崩溃。他指出，日本和其他深陷债务危机的国家不同，它的大部分债权人是其国家的公民。这一点给它带来了极大的好处。换句话说，这个国家的债权人与其成功与否休戚相关。他说："这个国家还没到无力偿还债务的阶段。日本没有债务危机。这个国家是一本表面看起来很滑稽，但实际上很令人费解的书。"

墙上的裂缝

有时候，怎样做才能成功躲过危机，是再清楚不过的事情。不要把工人派往一个摇摇欲坠的危险建筑，就是一个典型的例子。2013年4月24日孟加拉大楼倒塌，致使工厂1 800名工人受伤，1 132人死亡（根据政府公布的数据）。这次事件是工业史上有史以来最大的灾难性事件。但是这根本不是意料之外的事件：其他四个工厂和一个银行在大楼倒塌前的一天就关闭了，因为当天在大楼的第七层发现了裂缝。工业警察已经要求拉娜中心（Rana Plaza）关闭大楼，直到大楼被彻底稳固为止。刚开始的时候，拉娜购物中心的老板告诉工人们离开大楼，但是后来得到大楼主人确认裂缝不严重的信息后，这个老板就要求所有员工重新回到工作岗位。和失去生命相比，许多工人更怕的是失去工作，于是说服自己无视清清楚楚摆在眼前的危险，结果最终付出了生命的代价。

政府体制没有足够的惩罚措施督促人们遵守法律，政府官员多年以来一直对非法建筑问题睁一只眼闭一只眼。结果，原本计划建六层的大楼，在未经许可的情况下，额外加盖了两层，甚至在倒塌的时候正在非法加盖第九层。大楼里的服装厂为美国和欧洲的大公司生产服装，但是这些大公司事后否认曾经授权其生产。19家公司承认了与拉娜中心的工厂有关系。另外6家公司否认批准过其生产；其他2家公司对于是否批准其生产不置可否，尽管在大楼倒塌后的瓦砾里面发现了这两家公司的标签。没有法律能让这些工厂主和他们的客户承担责任。

从2005年到2013年，有超过1 800名工人死于这个本来可以避免的孟加拉国灾难：一家工厂2005年出现裂缝后倒塌，造成64名工人死亡；2010年，一家给盖璞（GAP）、杰西潘尼（JC Penney）和塔吉特（Target）供货的工厂发生火灾，致使29名工人死亡；2012年，沃尔玛超市和希尔斯百货的供货商——在孟加拉郊区的塔姿润时尚（Tazreen Fashion）发生火灾，造成112名员工死亡；当然还有拉娜中心的倒塌。"我们在描述这些事件的时候，避免使用意外这个词，因为这些悲剧都是可以避免的，只要有适当的防火措施和安全建筑条例，同时尊重工人拒绝危险工作的权利。"在拉娜中心倒塌六个月之后，净衣运动的一份报告如是写道。[20]

很清楚，在孟加拉国这个雇工超过400万，而且70%的雇工为女性的行业里，"非礼勿视、非礼勿听"是其能够运行的基本规则。

看起来好像孟加拉国没有法律法规，实际上，情况并非如此。图拔集团（Tuba Group）是塔姿润工厂的所有人，它在公司的一份文档中这样记录道："按照国际劳工组织和孟加拉国的劳

171

动法律法规的规定,严格遵守各项安全、健康和卫生条例。"[21]

根据报道称,沃尔玛集团在2011年5月到塔姿润工厂检查,给出了一个警告评级,指出了这家工厂所有违规行为,并且要求这家工厂起草一份计划书,纠正所有违规行为(目前尚不清楚这家工厂是否按照沃尔玛集团的要求去做)。这家工厂得到了环球成衣生产责任认证理事会的认可。

没有什么能抵得上那些失去了生命的工人所遭受的后果。但是那些与图拔集团有生意往来的公司,不论是直接的还是通过承包商间接的生意往来,无一能够幸免。14家大型国际公司——来自欧洲、美国和中国香港——都面临着声誉严重受损的危险。其中一些公司声称,承包商未经它们的授权许可,私自将合同转给图拔集团,因此它们本身对事故不承担任何责任。

净衣运动估计,如果彻底赔偿所有在拉娜中心事故中受害的家庭和幸存者,将会花费7 100万美元;赔偿塔姿润工厂事故中的受害家庭和幸存者,将会花费570万美元;品牌损失就很难计算了,因为其牵涉其中的大品牌都拒绝承认与这两次事故有关联。

八个牵涉其中的知名品牌和国际劳工组织在日内瓦开会,同意建立一个基金来赔偿事故中的受害家庭和幸存者,而其他品牌拒绝承担任何责任。在拉娜中心事故后的一周,35家公司在孟加拉国签署了新的防火和安全生产协议;截至2013年,一百多家公司签署了类似的协议。而在此期间,又有16名工人死于工厂厂房的火灾。

化悲痛为动力

一家公司正在试图阻止未来类似拉娜中心事故的灾难发生：把存在的问题变成解决方案。牛头投资管理公司（Tau Investment Management）是一家基金公司，其建立的前提条件是：必须要让公司做出积极处理应对明显灾难威胁的决定。各个公司或者把它看作是一个威胁，或者清醒地意识到：现在的世界环境中，虐待工人的恶行、劣质产品和其他有损信誉的污点等，都越来越难以掩盖。因此那些能够抵御未来的类似拉娜中心事故灾难的公司，将会更加有优势。牛头投资管理公司的计划是要把西方的管理方式向全世界的服装产业推广，通过提高工作环境和设备，使这些工厂提高产能和效益。同时，把工厂和买家联系起来。这些买家不希望其他本可以避免的灾难再次发生，因为其不想去承担这样的损失和风险。

"目前，我们的体制建立在不透明的基础之上，因此是一个有缺陷的体制。"牛头的CEO——奥利弗·尼埃德梅耶（Oliver Niedermaier）告诉我说。但是现在媒体的速度和新闻触角发展非常快，正在改变着这一切。在这样的情况下，这些工厂要掩盖自己的恶行而不付出代价、全身而退，是越来越难了。

越来越多的公司把高透明度看成是一次机遇，因为它们可以让自己无可挑剔的行为给自己带来好处。"在表面层次上，透明度越高，就越有可能把消费者同孟加拉的工人、投资者和401K持有人联系在一起，"奥利弗·尼埃德梅耶说，"最好的公司已经为这样的高透明度做好了准备。"

他所说的最好的公司不仅仅是指在拉娜中心事故中勇于承担责任的公司,还包括在海地设厂的耐克(Nike)、凯思立(Kathie Lee)和迪士尼(Disney)等其他品牌。这三家品牌在反对血汗工厂的运动中遭受了重创。血汗工厂是指工人在极其恶劣的环境下生产鞋和服装的工厂。这些品牌承认,危险的工作环境是比厂房倒塌更加可怕的灰犀牛式威胁。

"中国和印度消费者数量在急剧上升,而且所有消费者都更加精明,目前的情况将会发生极大改变。"牛头投资的调研部主任本·斯金纳(Ben Skinner)说。他的工作就是像一名调查记者那样调查全球范围连锁供应商的严重违反人权行为(我遇到奥利弗·尼埃德梅耶和本·斯金纳,是因为他们是全球青年领袖协会的成员)。

本·斯金纳说:"越来越多的政府认识到,人们不愿意因为河流里堵塞着一只只死猪,而不得不喝瓶装的饮用水。"他发现,各个工厂不能再指望"黑暗操作"经营了。"很有可能的是,当我们揭开窗帘,一切都变得公开透明,我作为一个大的下游消费公司,我就得摆脱损害我品牌利益的东西。对于大多数公司来说,这是非常可能的事件。"他说。

本·斯金纳列举了新西兰的事例。长达30年的时间里,新西兰的渔业领域里充斥着苦役用工问题。这个行业的领导者一直在试图为这个可怕的现象开脱。他们解释说,他们无法做到在不丧失竞争力的情况下,成功解决这个问题。这样的情况还发生在照明业,即一个由于长期无视存在的问题而最终导致破产的行业。此外，还有一个例子：一家公司的市场总值减少了几百万美元，直接导致其 CEO 的离职。新西兰的议会颁布法令禁止雇用苦役的渔船出海。"有些 CEO 们看到法令的实施，抓住了机会——签署了新的合约，"本·斯金纳说，"其他渔业公司的人认为，他们看见来自中国的灰犀牛式危机，中国人用廉价劳力使他们在市场上一败涂地。他们不能理解的是，为了保持同中国渔业的竞争力，不能降低新西兰品牌的鱼类产品的价格，否则就会损失几百万美元。"

服装行业里有一个相似的故事，即看到了危机，然后成功地将危机转化成机遇。这个公司就是 MAS 控股——科伦坡（Colombo）股票交易市场上最大的公司之一。这家斯里兰卡公司成立于 20 世纪 80 年代，围绕混合纤维制衣领域，开创了稳定的业务，同很多美国公司合作，提供货源。美国公司根据《国际纺织贸易协定》（Multi–Fiber Arrangement）给它提供了很多优惠政策。但是，这些优惠政策于 2005 年到期，迫使 MAS 和其他的斯里兰卡的公司付给工人每小时 35 美分的计时工资。此时，中国的工资是每小时 25 美分，孟加拉国的工资是每小时 16 美分，都远远低于斯里兰卡。这是一个真正的危机，百分之百会发生的危机，一个可能让 MAS 破产的危机。MAS 把工厂从城镇转移到农村，降低了成本，而且开展同大的国际公司合作，因为它的工作环境远远优于典型的发达国家的工作条件：现场的健康医疗服务和儿童看护服务、禁止超时工作、安全的工作环境、雇员和经理之间相互尊重的交流方式、免费的交通和教育、不歧视妇女以及其他一些不太常见的受人尊敬的社会活动等。这样的工作条件帮 MAS 获得了同重量级客户如维多利亚的秘密（Victoria's Secret）和马莎百货（Marks Spencer）的合作机会。尽管MAS的劳动成本不像中国的劳动成本那么便宜，但是它获得了高端的客户，因为它让客户明白他们的钱不会白花，物有所值。

像MAS和牛头投资这样的公司都是奉行了同一个原则，即传奇式汽车制造商亨利·福特（Henry Ford）说的话："对于制造商来说，只有一个原则，就是要以尽可能低的成本制造尽可能好的产品，付给工人尽可能高的工资。"它们明白，所谓成本，不仅仅是日复一日的花费，更多的是来自潜在的成本和损失。这些损失和成本的产生是由于人们选择失误造成的——只看到了眼前的利益，结果捡了芝麻丢了西瓜。

是该无视危机还是把它看成机遇加以利用

葡萄牙木塞生产商代表着另外一个行业，在遇到明显的即将发生的威胁时，它们清清楚楚地看到了出路在哪里。它们遇到的威胁来自人工塑料瓶塞。和其他许多行业里发生的故事一样，人们总是需要一场灾难让自己从骄傲自负的情绪中走出来。在整个20世纪90年代，超过170亿的瓶子使用木塞，木塞的市场份额达到95%以上，其他材质的瓶塞只占据微小的市场比例。几个世纪以来，木塞是葡萄酒业唯一接受的瓶塞，尽管它不是最完美的，仍然存在缺陷。葡萄酒行家们早早就注意到了葡萄酒中的"木塞污染"问题，即由木塞真菌引起的污染，导致葡萄酒中闻起来有一股狗骚味道。虽然这个味道很轻微，但是在行家眼里，仍然是不可接受的瑕疵。喝葡萄酒的人一直抱怨,他们在很多瓶子里都发现了木塞污染,多到他们无法容忍的程度了。但是,木塞生产企业对此充耳不闻,装聋作哑。它们在葡萄酒瓶塞领域里的垄断地位让它们觉得自己是不可战胜的。

以往所有试图改变瓶塞的尝试都失败了,木塞生产商不仅没有迅速认识到不断变化的技术对其是严重的威胁,反而对自己的产品更加自负了。它们依靠进口商和批发商把产品带到市场,因此不能很好地把握消费者的诉求。此外,新的葡萄酒生产商正在日益涌现,比如来自澳大利亚、新西兰、南非和南美的葡萄酒生产商,整个葡萄酒市场正在扩大,于是对于瓶塞的需求也急剧增加了。矛盾的是,这样一个美好乐观的前景却给葡萄酒木塞生产行业带来重大冲击,因为那些历史久远的木塞生产商很难适应新的市场变化。

在 20 世纪 80 年代,科学家们已经找到了木塞污染的原因:化学物质 2、4、6 三氯苯甲醚,也就是公众知道的 TCA。这项研究引发了人们对木塞污染的关注。这个时间节点对于木塞生产企业来说已经不能再糟糕了。它们长期无视存在的问题,拒绝改进产品,迫使革新者不得不去寻找替代产品。硬邦邦的塑料塞子一直就不是最理想的替代产品,因为很难把它塞进酒瓶子里,然后再拔出来,而且它太容易漏气。然而,随着科技的进步,这一切都发生了变化。在 1993 年,华盛顿州的公司成功生产出了第一个注射成型的塑料瓶塞,质量非常好,足可以代替原来的木质瓶塞。塑料瓶塞很快投入市场,而且其他生产商迅速加入了生产。随后在 2004 年,螺旋瓶塞也开始出现在市场上,逐渐挤占了木质瓶塞的市场份额。[22]这些新的竞争者不断用 TCA 问题来攻击木质瓶塞，使其市场份额逐渐缩小。超市成为葡萄酒越来越重要的销售商，并迅速采用了这个更加廉价的替代产品。木质瓶塞的市场统治地位岌岌可危，遭受重创，下降到不足 70%。

在 20 世纪末到 21 世纪初，木塞生产工业终于承认了来自新的竞争者的威胁。这个行业现在面临着非此即彼的选择：是无视挑战的存在，还是把它看成机会，进行投资。几个世纪以来，它们一直都选择了前者，现在是时候选择后者了。

阿莫林软木塞集团有限公司（Corticeira Amorim）是世界最大的木塞生产商。它于 1870 年成立，总部设在葡萄牙的圣玛利亚岛。葡萄牙掌握着全球木塞市场 50% 以上的份额，每年 10 亿美元的木塞出口额能够创造 6 万个工作岗位。这些工作岗位的薪水是农牧业中最高的，因为它们要求熟练工人从树上直接取下软木，而不伤害到树木。

作为葡萄牙木塞协会的领袖、阿莫林软木塞集团有限公司的主席兼 CEO，安东尼奥·瑞欧斯·阿莫林（Antonio Rios de Amorim）一直以来在推动整个行业正视来自新型瓶塞的威胁的过程中，起到了重要的作用，因此广受赞誉。这个威胁被忽视了太长的时间。他说："我们在内部进行了很多次讨论，要么我们仍然专注生产我们的木塞，要么我们也紧跟时尚，成为瓶塞专门生产商而不是木塞专门生产商。"

为了迎接来自塑料瓶塞的挑战，木塞生产商不得不确保它们对于面前形势的判断是正确的。它们不再否认解决木塞污染问题的必要性，同时承认低成本的竞争者对自己构成了真正的威胁。

安东尼奥·瑞欧斯·阿莫林意识到，木塞行业的关键问题是从来没有与其产品的消费者沟通，因而不知道其消费者的诉求，也不知道自己的价值定位，更不知道能否或如何赢回其流失的消费者。它们需要在塑造消费者的消费倾向方面，比超市做得更加出色。

首先，木塞行业的领导者要消除人们对木塞污染的恐惧，让葡萄酒瓶生产商相信木塞是安全的。在20世纪90年代，第一个塑料瓶塞出现后，安东尼奥·瑞欧斯·阿莫林就投入大笔资金，重新设计了自己的工厂，位于葡萄牙南部、一个相当于11个足球场的工厂。他提升了工厂的标准，目的是赢得同木塞污染的战争的胜利。建设工厂不是一朝一夕就能完成的事情，也就是说，应对危机是需要时间的。安东尼奥·瑞欧斯·阿莫林在2000年开设了第一家工厂，在2001年开设了第二家工厂。

葡萄牙木塞行业的领导者们团结起来，共同创造良好的生产模式，要求每一个木塞生产商都能被认可。他们邀请了研究人员和合作者，包括葡萄酒公司的人员，让他们见证并理解自己是有能力提高产品质量的。他们开始正确认识正在发展变化的新瓶塞产品，思考如何完善产品以同其替代产品进行竞争，并开发新的用途。过渡期对于许多木塞生产商是非常痛苦的，葡萄牙木塞协会的成员数量下降到267个，仅仅是其鼎盛时期的1/3。这次危机因此开启了一个创造性破坏的时代，木塞生产商无论是否放弃原有生产方式，都受到了影响。

一旦木塞行业的领导者们有足够的自信能够战胜TCA，就该向市场公布了，只有这样才能从塑料瓶塞那里赢回原来的市场份额。考虑到这个行业对于整个国家的重要性，2011年，葡萄牙政府同意资助210万欧元用于市场营销运动，推广木塞的价值。安东尼奥·瑞欧斯·阿莫林和其他欧洲木塞生产商合作破解成本难题，给出了一个很有说服力的观点：玻璃瓶加木质瓶塞的葡萄酒价格高于塑料瓶塞的葡萄酒。也许塑料瓶塞和螺旋瓶塞很便宜，但是如果木质瓶塞能让葡萄酒卖出更高的价格，那么它就一定是物有所值的。

他们还说，木质瓶塞是可持续性产品，来自树木，它对于葡萄酒和环境都是有好处的，对最底层的生产者也是有好处的。安东尼奥·瑞欧斯·阿莫林委派普华永道会计师事务所研究对比木塞生产和其他类型瓶塞生产造成的温室气体排放。[23]这个顾问公司得出的结论是：塑料瓶塞生产造成温室气体排放量是木质瓶塞生产造成温室气体排放量的10～24倍，而且消耗的能源是木质瓶塞的5倍。这项研究传达了新的信息："人工塑料葡萄酒瓶塞和其他螺旋瓶塞消耗石化燃料，每吨瓶塞要多使用至少五倍的能源。数以百万计的瓶塞最终会被填埋或被抛弃到我们的陆地和海洋。要求葡萄酒瓶使用木质瓶塞，看起来是一件小事，但却是我们能够做到的、保护地球资源的具体行动。"

最终，木塞生产商们给出了一个决定性的理由：一木桶价值700～1 000美元的葡萄酒，其部分价值来自橡木木桶的独特气味。木质瓶塞与葡萄酒有稍微的接触，就会提升葡萄酒的口味。这一点是塑料瓶塞无论如何都做不到的。针对加利福尼亚葡萄酒生产商做的广告，宣传说："真正用葡萄制成的酒，值得拥有木质瓶塞。"

第五章 诊断：解决方案是对的还是错的

安东尼奥·瑞欧斯·阿莫林高度赞扬了高端葡萄酒生产商，尤其是香槟酒生产商，它们始终坚持使用木质瓶塞，这样就能帮助木质瓶塞生产商们认识到自己对于葡萄酒行家和偶尔的饮用者的价值所在。"如果我们能做一项全球范围的民意测验，评选出五个最容易令人产生幸福感的声音，我断定，葡萄酒瓶开启时，木塞砰的一下跳起来的声音，一定是其中之一。"阿莫林软木塞集团有限公司的外联部主任卡洛斯·德·赫苏斯（Carlos de Jesus）补充说，"如果你要抛弃木塞，换回一个金属类型的破碎声音，那么你可要想清楚自己在干什么。"

第一次的市场营销运动在2011年到2013年之间进行，它不但稳定了木塞产品的市场份额，而且使其市场份额提高了两成。木质瓶塞的全球葡萄酒瓶塞市场份额保持在了70%左右。很多大的葡萄酒生产商，例如法国的米歇尔·拉赫希（Michel Laroche）和卢顿（Lurton），连同加利福尼亚的几家葡萄酒生产商，都宣布将重新开始使用木质瓶塞。在美国，塑料瓶塞的使用比其他国家更为广泛，但是到了2015年，优质葡萄酒的木质瓶塞份额已经上升到了59%，即在5年间，上升了9个百分点。[24]

我问过安东尼奥·瑞欧斯·阿莫林，木质瓶塞行业九死一生的经历是否改变了他和相关公司对待高概率的未来威胁的态度，他回答说，这件事的最大影响是让他的公司能够时刻保持警觉。"我们还没有取得任何胜利。我们只是正在赢得一次又一次的战斗，但是战斗不会停止，始终是存在的。"安东尼奥·瑞欧斯·阿莫林说，"我们由此建立了一个机制，一个让自己不会再次陷入困境的机制。"

市场混乱

很多行业和工厂都没能成功应对市场混乱问题。由于科技发展速度很快，因此而造成的市场混乱在未来会有很多。

传媒业给我们提供了面对正在日渐显露的危机的例子。这同时是数字技术提供的一次机遇。在对的时间做出对的事情是一项双重挑战。如果过早采取行动，那么就必定会浪费投资；如果过晚采取行动，那么必定会非常被动。美国在线公司（AOL）和全球最知名的搜索引擎公司之一阿尔塔维斯塔（Alta Vista）是属于行动过早的一类公司，它们被行动更加迅速的对手打败了。《华尔街时报》（The Wall Street Journal）很早就投资了数字技术，但是它忽略了自己的内在价值和灵魂，因此其持有人不得不将其卖给了新闻集团（News Corp）。

雅虎遇到的麻烦也是广为人知的事情。CEO的"旋转门"事件之后——从2007年到2012年共有四位CEO遭遇"旋转门"事件，最近的一位CEO是因为学历造假而被解雇的斯科特·汤普森（Scott Thompson）——雅虎从谷歌引入了玛丽莎·梅耶尔（Marissa Mayer）。玛丽莎·梅耶尔是非常受人尊敬的女工程师和极富活力与策略的领导者。"有些人很是好奇，为什么雅虎这样一个受到重创的公司能从对手谷歌那里挖来如此受人尊敬的管理人员。"《纽约时报》当时如此评论道。[25]

玛丽莎·梅耶尔的战略就是让雅虎的移动产品成为最好的，改善雅虎的搜索引擎，以及为未来的大变革做好准备。但是这些战略没有像投资者们期待的那样，很快地带来变化。股东一直在呼吁雅虎处理其最大的资产，即在阿里巴巴的股份，然后同美国在线公司合并。

2015年1月，《纽约时代杂志》刊登了一则极具破坏力的摘要："雅虎已经通过彻底解决了一个问题而成长为一个巨人。雅虎的产品已经取得了无可否认的进步，而且它的企业文化已经变得更加具有革新精神，除非玛丽莎·梅耶尔能造出下一代的iPod，否则她不可能改变雅虎不可避免的进程。毕竟，所有里程碑式的公司都终将走向停滞，然后走向衰落。"同月，雅虎宣布处理掉阿里巴巴的股份。

事后看来，也许解体雅虎的行为过于谨慎了。但是应对灰犀牛式危机需要的是先见之明而不是后见之明：看见危机，就是要迅速承认必需的变革，然后判定需要进行什么样的变革。在雅虎这件事上，解决问题的最有效方案始终没有出现。然而，变化却从未停止。

2015年3月，美国最具影响力的商业杂志之一《快公司》（*Fast Company*）刊登了一篇关于玛丽莎·梅耶尔的文章，题目是"不要踢出雅虎：CEO玛丽莎·梅耶尔将如何为自己辩护"。这篇文章认为，玛丽莎·梅耶尔已经很大程度上改变了雅虎的企业文化，以及雅虎处理商业事务的方法和态度。"多年来，雅虎第一次站在了通往未来成功的路上。"哈利·麦克恩（Harry McCraken）说。

许多公司都曾面临过同样的困境：宝丽来（Polaroid）、黑莓（Blackberry）和美国最大的实体书店巴诺书店（Barnes&Noble）

等。这些公司的故事还没有完结，仍在上演着。也有些公司在被危机击倒后重新站了起来，例如 IBM、苹果（Apple）、福特（Ford）、通用（GM）和克莱斯勒（Chrysler）。

有些公司能成功挫败灰犀牛的进攻，有些公司就只能被灰犀牛撞倒踩踏，还有一些公司能够在倒下后重新振作起来，这三类公司的区别在哪里呢？区别在于面对危机的时候，它们的应对速度，包括发现威胁，安排日程，针对威胁采取行动，前瞻能力，努力从同行中脱颖而出的决心。这些问题最终还要归结到摆脱群体思维上。危机中幸存的公司都是愿意倾听不同意见的公司。

成功解决危机的公司那里和没能有效防止危险发生的公司那里，都有很多东西值得我们借鉴和学习，尤其是要去搞清楚，是哪些决策造成了它们目前的局面。

灰犀牛的分类

灰犀牛式危机同真正的犀牛一样，也有很多类别。不愿面对的真相、反复出现和已经发起冲锋的灰犀牛式危机、元—灰犀牛式危机、难题和戈尔迪之结、革新的颠覆力量、无法确定类别的威胁——所有类别的威胁都会以其独有的方式发起攻击，应对策略也应该是不同的。

| 第五章 诊断：解决方案是对的还是错的 |

表 5.1 灰犀牛式危机的分类

危机种类	特征	例子	应对策略
不愿面对的真相	很多人都已经意识到了问题的存在，但是行动的阻力非常大；人为地抵触和否认问题的存在；问题的解决成本太高；持股人意见不统一；没有"一击即中"的解决方案；危害影响不均衡	气候变化，预算赤字，肥胖问题，危险的工作环境，基础设施建设，木塞污染	把危机看成是机遇；建立成本和利润分摊机制
已经到来的危机	发展迅速的挑战；常常是积蓄已久的问题的爆发	阿拉伯之春，叙利亚问题，次级房贷的坍塌，人权问题，自然灾害	利用问题的紧迫，激发人们采取行动
反复出现的危机	熟悉的征兆（可能会变成一个冲击而来的巨型危机）	金融危机，流行病，地震，网络威胁	运用核查表和演练模式，形成习惯性的行为模式，建立自动报警系统；建立弹性机制；避免自负情绪的产生
元—犀牛式危机	机构性问题导致的危机	管理，不平等，法治，性别排斥	优先处理或者把它们同其他危机联系在一起
多米诺类的或是喀迈拉①类的危机	一个会影响其他问题的危机；如果再加上其他因素，就会变成一个多头式的喀迈拉类的危机	饮用水资源匮乏，食物价格昂贵，流动性，健康问题，不平等	优先处理或是连同其他危机一起处理

---

① 喀迈拉，chimera，即一个拥有羊身、三个狮头和蛇尾，会喷火的怪物。——译者注

续表

危机种类	特征	例子	应对策略
难题或是戈尔迪之结类的危机	很难找到解决方案，常常带有根深蒂固的障碍，妨碍人们决断	叙利亚问题，以色列和巴基斯坦冲突，不平等	重新定义问题的类别，解决表象问题
革新的颠覆力量带来的危机	不可避免的衰退或者解决问题的成本远大于收益	柯达公司，水力磨坊	欣然接受新鲜事物；精心地、有序地逐渐展开
无法定义类型的危机	无法确定危险的性质和解决方案	人工智能，数字技术对传统媒体的冲击（一个谜题或是一个由革新带来颠覆的危机）	检验已有的情况，找到最类似的危机；保持灵活的态度和警惕性

上述的分类中没有包括我们误判的那一种。本书第二章和第三章的内容可以帮助我们做出正确的判断，那种认知偏见和集体思维决策模式迫使我们去忽略的，往往更需要多加注意；警惕那种警报一样的场景，结果其真相不过是臆想出来的威胁而已。

多米诺类灰犀牛式危机会催化并加剧其他相关的灰犀牛式危机。次级抵押贷款，加上银行松懈的风险管理和流动性危机，最终导致了2007年到2008年的全球经济滑坡。饮用水和食物短缺，加上高居不下的失业率、政府对其人民的呼声充耳不闻和政府机构官员的腐败，所有这些合起来形成的喀迈拉式危机导致了中东今天的混乱局面。这些多米诺类灰犀牛式危机和喀迈拉类灰犀牛式危机应该被列为优先处理的问题，然后我们需要建立一个策略合并处理。把这些挑战放置在一起处理的好处是，涉及的人非常广泛，有可能获得更多的支持者，推动必要的政策改革，例如得到改进的医疗的推广和防止气候变化的行动等。

同样，元—犀牛式危机，尤其是涉及管理和决策的问题，也应该被列为优先处理的问题。如果我们不能改进我们分析问题的方法和确定问题优先程度的思路，其他一些威胁与挑战就会永远得不到解决。

难题和戈尔迪之结类的灰犀牛式危机是最难应对的，就像我们在下列事件中看到的那样：叙利亚问题，以色列和巴勒斯坦冲突，以及男女不平等问题。我们可以用几种不同的方式建立我们的反应机制。例如在处理像男女不平等这样的问题时，非常重要的一步是把问题分解成几个具体的可以实现的目标：法治、税收政策、教育、住房政策等，都是改变现状的必要因素。利用人们对不平等问题的广泛关注，引导人们关注具体策略是如何解决严重问题的。在一些非常复杂的局面里，我们很难改变什么，除非有一个带有触发性质的事件发生——也就是说，一个能引起变革的灰犀牛式危机。优先处理戈尔迪之结中的危险能帮助我们确立反应模式；例如在叙利亚，很长一段时间以来，决策者在阿萨德政权和极端非政府武装ISIS之间，进退两难，腹背受敌，而且，互相竞争的不同国家间的地缘政治利益冲突，使整个局面更加复杂。在我写这本书的时候，叙利亚的决策者似乎已经断定ISIS是当地政府面临的两大威胁中更加棘手的那一个，尽管大量难民涌现已经造成新的紧迫感，在优先处理的天平上还是会出现一点变化，而且这个变化很可能会改变事件的进程。

要欣然接受那种能够触发变革的灰犀牛式威胁带来的紧迫

感。如果可能的话，利用宏大的推进式应对策略处理这类威胁，这样就能引导人们注意一切相关的威胁。还有，对于发起冲锋的灰犀牛式威胁——如果同以往曾经发生过的灾难相类似，抑或同我们曾经成功克服的困难相同——那么我们就可以建立一个体制和演练模式，以此获得一些可用的方法和习惯性行为，这样就能最终改进我们的应对模式。从那些反复出现的灰犀牛式危险中，我们能学习到很多东西。这类威胁应该是最容易应对的一种，当然，这必须是在我们没有变得骄傲自负的前提下，因为毕竟我们曾经毫发无损地、成功地解决了这类问题。然而，为防范一年一度的流感病毒的扩散而建立起来的应对体系，或是用来提醒人们注意逐渐靠近的龙卷风和飓风的预警体系，都可以应用到广泛的领域里，如防范经济政策和组织机构中遇到的危险。

处理不愿面对的问题的最好方法是及时把它看成是一次机遇（我们将在本书的第七章中介绍公司是如何处理这类问题的）。同样重要的是，我们要发现哪些利益相关者最强烈地感受到了必要改革带来的威胁，然后要找到适当的方法，减轻改革带来的痛楚。

几乎所有的危机在给人们带来伤害的同时，也带来了机遇，尤其是对于那些能够有远见和行动力，早早建立起应对方案的人来说。我们必须认识到危机问题的这个独特之处，并且把它们作为机遇来面对，这样才能做到不仅仅躲避灾难的袭击，而且能从中受益。即使是科技革新的颠覆力量——一个最令人痛苦的灰犀牛式危机——也是一次机遇，对其善加利用的话，就能建立新的更好的事物。

本章要点

充分认识你面前的灰犀牛式危机。不同类别的危机需要我们用不同的方法处理。

正确定义危机的类型。一个正在靠近的灰犀牛式危机对一些人来说是可怕的灾难,对于另外一些人来说,可能就是一次机遇。如果有能力改变局面的人迟迟不采取行动,那么就要重新定义面前的危机,让这个危机与他们休戚相关。把危机看成是一次机遇。

信息可以产生强大的变革动力。利用非常透明的体制来对待问题,提高不作为者应该付出的代价。

不要因为以往的成功而骄傲自负。一些公司因为曾经成功消除了各种危机,于是就变得骄傲自负。这样的公司在下一次危机中,会变得非常脆弱,不堪一击。

你不会总是一次就能找到解决问题的方法。每一次错误都是通往正确答案的必要过程。有时候,那个当时看起来是个错误的举动,可能其实正是通往成功的必经之路。

第六章

恐慌：灾难迫近时的决策

大学时期我主修法语,当时读过法国剧作家欧仁·尤内斯库(Eugene Ionesco)的超现实主义剧作《犀牛》(*Rhinoceros*)。尤内斯库一直致力于研究导致第二次世界大战的法西斯主义,我非常敬佩他的精神。当我最近重读他的作品时,我发现尤内斯库的作品与我的灰犀牛理论惊人的相似:群体思维加剧了否认抵触情绪;在该做什么和不该做什么方面,拖拖拉拉或者犹豫不决;当城镇的人开始变成犀牛时,产生恐慌。

故事的开始是这样的:法国一个小镇的居民聚集在一个室外咖啡馆里,他们看到一群犀牛在街上跑。令他们困扰的首要问题是:他们刚才看到是一只角的犀牛还是两只角的犀牛,是亚洲的犀牛还是非洲的犀牛(是白天鹅还黑天鹅),或者他们正在看的是一只角的犀牛或两只角的犀牛,还是二者都有?

贝兰吉(Berenger)——一个嗜酒如命的普通的酒鬼,是这部剧作中的主角。他最初没有过多留意这件事,这一点很是符合他整体上的消极性格。当那个年轻的金发女侍黛西（Daisy）试图提醒人们注意危险的时候，其他人都嘲笑她。随后，小镇上的人开始变成犀牛，开始践踏所有的社会秩序，整个小镇变得混乱不堪。

第二天，他们的同事，脾气暴躁的博塔尔（Botard）大声地说，法国根本就没有犀牛，新闻记者只是为了多卖报纸，就胡编乱造。当一头犀牛撞毁了楼梯时，人们就无法对犀牛群在逐渐壮大的事实视而不见了。贝兰吉试图劝说他的同事和邻居，不要屈从于野兽本性，被它控制，但是一点儿用都没有。一个接着一个地，所有的人，从疑心重重的贝兰吉到他们的老板，都屈从于兽性的控制，变成了犀牛。另外一个同事，狄达尔（Dudard）试图说服贝兰吉，让他相信，发生的事情是非常正常和理性的。

当这个戏剧接近尾声的时候，只有贝兰吉、黛西和狄达尔保持了人形。很显然，有些人是积极主动地选择变成犀牛，有些人是屈从了兽性的控制。"我们很难搞清楚，人们做这样的决定是出于什么原因。"狄达尔说。他在思考，一个主动变成犀牛的人会有怎样的命运。但是，狄达尔最终也屈服于兽性，自己跑出去变成了犀牛："我觉得，守在我的朋友和老板身边是我的责任，在任何情况下，都要与他们在一起。"

此时，贝兰吉和黛西是仅有的人类。他们想弄清楚，他们本来能做些什么，或者本来应该做些什么，才能改变现状，而不是无意中造成伤害，或者任由事情不受限制的发展。贝兰吉请求黛西和他一起生儿育女，这样就能让人类延续下去，不至于毁灭。但是，黛西已经放弃了拯救人类的想法。"为什么要拯救人类呢？"她问，然后也加入到了野兽群中去了。

| 第六章 恐慌：灾难迫近时的决策 |

贝兰吉是仅存的唯一的人类。"如果一个人努力保持自己的个性，不随波逐流，那么他的结局一定是悲惨的。"他总结道。他是自己这个族群的最后一个了。是该加入到朋友们中去，还是保持自己的样子不变，他犹豫不决，很是纠结。他试图变成犀牛，但却做不到。最后，他坚定了态度："现在，我将永远不变成犀牛，永远不，决不！"但是，这些都为时已晚。人类的末日已经到了。

正如漫画家沃尔特·凯利（Walt Kelly）的另一个自我形象，波戈（Pogo）可能会说的那样，我们都看到了犀牛，贝兰吉就是我们自己。当面对一个我们不愿意去解决的问题时，我们就会用各种各样的方法去逃避。如果我们等了太久而不能防止灰犀牛式威胁的发生，我们也很可能就会恐慌不安。

我们只有在犀牛非常靠近而且是冲着我们个人而来时，才会采取行动。但是，它离我们越近，我们的选择机会就越少，我们就要越快地做出决定。此时，我们的选择很可能不是我们期待的样子，也就是说，此时的选择，错误的可能性非常大。

我们在深谋远虑与审慎思考之后做出的决定、最幸福的时候做出的决定和危机迫近时做出的决定，会产生截然不同的结果。心理学家丹·艾瑞里已经告诉我们，我们的情绪会左右我们的偏见和克制对我们的影响。"我们在不同情绪状态下理解自己的能力没有随着经验的增加而提高。"丹·艾瑞里说。[1]

解决的办法，就是要快速地从发现阶段进入到判断和行动阶段，这样就能避免恐慌情绪的产生。但是，事情往往都是说起来容易，做起来难。

买　低

汉斯·休谟斯（Hans Humes）是格雷洛克资本公司（Greylock Capital）的 CEO。格雷洛克资本公司是一家投资公司，专注于买卖遇到困境的国家发行的债券。我在汉斯·休谟斯位于纽约麦迪逊大道的办公室里见到了他，他穿着一件喀麦隆足球衫。早春时节，冰冷的雨倾盆而下，他骑着自行车穿过整个曼哈顿区才来到办公室。他不仅没有抱怨雨水的冰冷，而且还好像因为这场雨而变得精神抖擞。他就是这样一种人。

早在 20 世纪 90 年代汉斯·休谟斯刚开始为雷曼兄弟交易新兴市场贷款和债券的时候，我就认识他了。雷曼兄弟在 2008 年破产后，就成为多米诺效应的代名词。在这个新兴市场上，一些二十多岁的交易商经营着几亿美元价值的拉美债券，每天都在夸耀吹嘘着这样一个事实，即他们一句西班牙语或者葡萄牙语都不会说。在这群人中，汉斯·休谟斯是为数不多的、对拉美国家了如指掌的人。他在很多个国家都曾经生活过，能说一口流利的西班牙语，有真正的知识分子的好奇心，更不用说在做市场报价时对其政策和技巧的理解。他总是非常清楚在每一国家中，哪个人才是能真正左右时局的人。我记得最早遇见他和他的一个同事是在秘鲁和厄瓜多尔宣战的那一天。在这样的日子里，他当然是需要喝一杯，毕竟这两个宣战的国家中，有一个是他投入了大笔资金的国家。但是他没有你想象的那样紧张。

汉斯·休谟斯在别人惊恐不安的时候发现了机遇，成就了自

第六章 恐慌：灾难迫近时的决策

己的一番事业。他在赚钱的同时，也会帮助解决一些大的金融问题。多年来，他一直是我咨询金融危机问题的第一人选。在2008年冰岛危机时，他在干什么？在冰岛分崩离析的时候，他正在考虑买入冰岛格里特里尔银行的债券。利比里亚危机的时候，他在干什么？在利比里亚发生内战的时候，他静悄悄地以非常低的价格买入了它的国债。事实上，他后来成了利比里亚最大的债权人，每1美元只收取3美分的利息，就获利不菲。与此同时，他抹去了这个饱受战乱折磨的国家的许多债务。他是全球顾问委员会的联合主席，在阿根廷于2001年发生举世瞩目的金融危机之后，与其谈判。在2010年的希腊危机逐渐暴露的时候，他是谈判团最关键的成员，在2012年帮助希腊和其债权人及时从悬崖的边缘退了回来。

我想不出任何其他人能像他那样，在市场像可怕的过山车那样急剧上升或急剧下降的时候，仍然能保持冷静的头脑和幽默感。当处于灰犀牛式危机的恐慌期时，其他人都惊恐不安，他却因为有冷静的头脑、理性的思维和积极的行动力，而成就了自己的一番事业。所以，我邀请他坐下来谈一谈，希望从他的经验中学习：如何为迫在眉睫的经济危机的到来做好准备，并且克服经济危机带来的恐惧，以及在天似乎要塌下来的时候，读懂经济信号。他带来了他的公司总裁梅迪拉塔（A. J. Mediratta），即贝尔斯登公司（Bear Stearns）的资深人士。贝尔斯登公司成立于1923年，是全球最大的投资银行与证券交易公司之一，名列全球500强。在贝尔斯登公司被摩根银行（J. P. Morgan）收购之后，梅迪拉塔作为证券投资经理加入格雷洛克资本公司。梅迪拉塔也是拉丁美洲、亚洲和中东债务重组的专家。

我们以一个导向灰犀牛概念的问题开始了我们的讨论，这是一个很少有人回答上来的问题：是什么造成了阿根廷和希腊的不同结局？为什么阿根廷和它的债权人没能通过减免一些债务，来抓住机会，防止金融危机的发生？为什么希腊私营债权人能够成功地暂时避免了危机？"协议——因为希腊和其债权人签订了协议，而阿根廷没有。"汉斯·休谟斯很快地说。他深信，如果阿根廷的管理者把债权人召集到一起，严肃认真地探讨怎样做才能避免发生债务拖欠，那么他们一定会制定一项协议，这样就会减少债权人的损失，而且也能为这个国家减轻一些金融崩溃后的痛楚。

但是，在阿根廷发生债务危机的时候，国际上还不存在这样一个机制，让国家能够简单地承认自己无法还清债务。[2] 执掌花旗银行达17年之久的李世同（Walter Wriston），在墨西哥于1982年宣布延期偿付所欠债务，开启了拉丁美洲"丢失的十年"后不久，说过一句非常有名的话："任何国家都不会破产。"但是，在过去的这几个世纪中，很多国家都倒下了。不仅如此，在未来的日子里，还会有国家倒下。主权独立的国家延期偿付债务，就是拒绝承认存在的问题而且拒绝采取行动的一个典型例子，最终注定导致市场恐慌和经济崩溃。

导致经济崩溃的最大问题是：在市场处于由低到高的拐点导致的恐慌期时，深陷债务危机的国家的管理者和其债权人本来应该坐下来，好好探讨解决问题的方法，避免造成双方更大的损失，但是他们没有这样做。因此，到后来要想阻止势态继续恶

第六章 恐慌：灾难迫近时的决策

化，谁都无能为力。这就是发生在阿根廷的真实情况：在经济还没有彻底崩溃的时候，阿根廷和其债权人都拒绝考虑减免30%的债务。结果，债权人为此付出了超过70%的投资损失，而阿根廷则陷入了经济混乱的深渊，给几百万人带来了痛苦。

不过，阿根廷的经历给世人提供了教训，证明了一句老话：千万不要浪费了危机（旧事物衰败的时候，正是新事物崛起的契机）。在阿根廷经济危机后不久，乌拉圭受到近邻的拖累，经济步履蹒跚，丢掉了投资级别的地位，其政府也开始担心自己在偿付债务的时候会遇到困难。在2003年3月，乌拉圭政府找到其债权人，商议一项债务重组计划，欲将在接下来的几年内到期的债务延后。降低债务额度在希腊问题中是一个至关重要的因素，虽然乌拉圭就没能做到这一点，但是它积极地重组债务的行动在一定程度上也是相当有效的，因为流动性才是最大的问题，偿付能力则是其次。

许多国家和债权人开始在借贷协议中加入了一些协同行动的条款，希望在未来遇到问题的时候，能更加容易地一起坐下来商讨应对措施，防止发生债务拖欠。2010年到2011年，希腊的债务危机问题已经日渐明朗。由于有了阿根廷和乌拉圭的先例，以及投资者们和政策决策者们愿意坐下来心平气和地讨论本来不可说的过去十年间发生的事情，更愿意商讨合作解决问题的方法，才有了希腊今日与阿根廷大相径庭的结局。

"市场已经进化了，"梅迪拉塔说，"债权人现在能够快速地聚集起来，在这些国家发生债务拖欠之前，组成一个委员会，来共同解决问题。"几分钟后，汉斯·休谟斯起身去接了一个电话。

电话来自一位投资者，他很关心希腊和其欧洲债权人之间谈判的最新进展情况，想知道希腊最终是会得到下一轮的援助资金还是发生债务拖欠。因为下一个债务清偿日期即将到来，所以关于债务拖欠的新闻标题充斥着各大报纸的版面。不过，汉斯·休谟斯和梅迪拉塔一直保持着冷静。他们注意到，欧洲描述希腊问题的措辞发生了微妙的变化。对此，他们解读为：欧洲正努力重新定义希腊问题的严重程度，不是之前各个媒体报道的那样严重；讨论的焦点已经从债务总数过渡到了利息成本问题，即一个更加容易解决的问题。这种过山车式的情绪波动是他们每天都要面对和处理的事情。同消防员和急诊手术室里的医生一样，他们也是从自己的经验出发，从纷乱复杂的表象中找到信号，从而决定是买入还是卖出。像这样的市场动荡，他们之前已经经历过无数次。

"在2011年夏天，希腊每周都要跌下去几个点，投资者不断地打电话询问是该买入还是该卖空。"梅迪拉塔回忆说，"我们说'什么都不做。现在下结论还太早'。在行动之前，你需要看到交战中的一方缴械投降：胜负明朗的那一刻。我们一直在等待它的出现，它才是我们进入市场确立买点的关键信号，也是抵触否认期结束的关键信号。"换句话说，他们要一直等，等到市场上的其他人都开始恐慌不安，他们才会大踏步进入市场。当然了，这样就可以看出，这是一个勇敢者的行业，懦弱胆小的人是没有机会的。梅迪拉塔说："你要是去接一把下落的利刃，你必定会赔上一两个手指头。"

在2012年5月，汉斯·休谟斯接受了《纽约时代杂志》的专访，他在访谈中称在希腊投资是"是很简单的事情"。[3] 几个月前，就在这次专访还没进行的时候，很多投资者，包括格雷洛克资本公司，已经同意减免希腊所欠债务总额的1/3，总共缩减了1 000亿欧元。但是希腊的官方债权人却无意减免希腊欠他们的任何债务，而且希腊是否能够如期偿还其欠债券持有人的债务，还是个未知数。在那个夏天，在希腊大选和一切都是未知数的这段时期，刚刚重组的债券价格大跌。零对冲（Zero Hedge）的座右铭是"在足够长的投资期限上，任何人的生存概率都是零"。零对冲金融网页上一直在嘲笑格雷洛克资本公司和汉斯·休谟斯。这样的嘲笑持续了整整一个夏天。

但是，格雷洛克资本公司的行为逻辑非常简单：欧盟和国际货币基金组织不可能眼睁睁看着希腊这艘舰船沉没，而不施以援手。考虑到最终持有债权的纳税人要付出的代价，新的左翼激进联盟政府已经表明态度，不会让早早就站出来帮助它们的私人投资者再做出任何的牺牲；而且，同欧盟和国际货币基金组织相比，它们的债权数额要小得多；希腊的问题主要是债务延期，因为希腊每年的债务清偿额度并不是很大。此外，朝鲜同样存在债务问题，而希腊在基础设施建设、教育和许多其他领域都远远领先于朝鲜，朝鲜都完好无损，希腊就更不会有事。

最后，这场豪赌有了结果：在其他人仓皇逃出希腊市场的时候，格雷洛克资本公司大举买入，赚取了其投资额4倍的利润。在这里，我们应该记住两个教训。首先，建立一个适当的危机处理体制，这样就能更容易地扭转日渐进入恐慌期的问题。其次，深入研究了解群体行为的本质是值得的，而且要具备从混乱的表象中寻找并解读信号的能力。

最坏的和最好的

很多时候，在强大的压力下做出的一项决定，可能是最好的决定，也可能是最坏的决定。当我们的大脑高速运转的时候，记忆力会提高，感觉会变得敏锐，肾上腺激素会增加。但是我们没有机会考虑那些不想要的结果，成本和盈利——同时，没有机会通盘审慎地思考。如果我们能够事前做好充分的准备，那么结果就会完全不一样。

我们在灾难渐行渐近的时候做出的决定，与我们在灾难很遥远的时候做出的决定是完全不一样的，因为那个时候我们有充足的时间考虑如何应对和采取什么样的解决方案。这就是诺贝尔经济学奖得主行为经济学家丹尼尔·卡尼曼所说的体系 1 和体系 2 的区别：体系 1 是本能的、下意识的和快速的决定，此时我们的行动迅速果断；体系 2 是我们在拥有大量时间的情况下做出的、经过审慎推理和严密逻辑思考后的决定。运用丹尼尔·卡尼曼的理论框架，在灾难已经迫近的时候，我们应该找到一种方法去高速运转体系 1，并且适时建立我们提前用体系 2 创造的应对架构。

在应对迫近的灾难时，我们的表现取决于事先建立的组织战略。虽然克服群体思维的影响是及时发现灰犀牛式危险的关键，但是有证据表明，在应对危机的时候，有一个紧凑的、权力集中的决策团是非常有益的。

锡拉库扎大学麦克斯韦尔公共服务学院（Maxwell School of Public Service at Syracuse University）的莫伊尼汉全球事务研究所

（Moynihan Institute of Global Affairs）跨界收集整理了一个以往危机事件的数据库，并且深入研究了全球范围内 81 起危机事件，然后进一步把这些事件分成含有或多或少意外成分的事件和领导者有时间做出事前准备的事件。1997 年的泰国货币危机、美国得克萨斯州韦科市的"大卫派"邪教惨案和北约武装解决科索沃危机和其他 39 个危机被列为意料之中的危机类别。埃克森·瓦尔迪兹号石油泄漏事故和美军为解救一艘进入柬埔寨 90 海里领海的美国商船马亚克斯号而发生的夺岛战斗等 7 次危机是决策式危机，也属于短期的、可以预知的范畴。另外 31 次危机，例如秘鲁前总统阿尔伯托·藤森（Alberto Fujimori）和 1990 年的海湾战争等，都属于长期的、可以预知的范畴。发生在美国的一起从 2001 年 9 月 18 日开始为期数周的生物恐怖袭击——炭疽攻击事件、西班牙马德里"3·11"列车爆炸案和联邦航空管理局对"9·11"恐怖袭击的一系列应对等是短期的意外事件。

莫伊尼汉全球事务研究所发现，根据事后的分析，决策者对自己处理紧急事务时的决策都非常满意，但是对自己有充足时间权衡各种选项后做出的决策非常不满意。在面对那些可以"预知"的情况时，有相对较多准备时间的 64% 的决策者和准备时间相对较少的 55% 的决策者认为自己的决策是正确的，是成功的。在面对"意外"情况的时候，有 53% 的决策者认为自己是比较成功或者是非常成功的。

为什么会出现这样的结果呢？莫伊尼汉全球事务研究所的政治学家玛格丽特·赫曼（Margaret Hermann）和布鲁斯·W. 戴顿（Bruce W. Dayton）说，决策者对自己的选择非常满意。"对那些跨界的威胁，决策者能预知它们的存在，但不会把它们看成是一件很紧迫的事情。"玛格丽特·赫曼和布鲁斯·W. 戴顿在一篇论文中总结了这次的研究结果，"其实，有一个非常令人惊讶的现象：恰恰是因为预测到了危机事件的存在，才让决策者们安下心来，不急于采取行动了"。[4]当领导者错误地认为他们有足够的时间来解决这个迫在眉睫的问题，而实际上他们没有的时候，整个委员会就动起来接管问题。自负也是导致应对危机失败的重要因素。美国前总统小布什的管理层正确地预测了飓风卡特里娜会袭击东海岸，但却错误地认为一切应对计划都已经到位，因为飓风不是第一次来，也不是最后一次来。研究者认为，有些危机事件是由罕见的"意外"触发的，领导者会更好地掌控有利益相关者和相关群体参与的决策，于是在这种情况下，应对行动就会更加坚定迅速。

这样的认识能够帮助我们理解，为什么在面对灰犀牛式危机时，领导者面对非常危急的局面会疏忽大意，结果让自己陷入恐慌境地：我们认为自己能很好地处理已经被自己成功预知的灾难和威胁，但实际上我们不能。卡特里娜飓风事件的问题就在于，尽管有应对飓风的计划方案，但是这些方案并没有被严格地执行。很明显，如果我们事前没有应对方案来处理像飓风和龙卷风之类的灾难，那么我们必定会损失惨重。但是，我们更需要一个体制来确保事前计划好的每一步都能按照计划严格执行。因此，就存在这样一个矛盾：如果有充分的准备时间，我们就能有机会制定一个合理的、理性化体系 2 类的决定，但是准备时间太充裕了，也会让我们的紧迫感逐渐麻痹，而这时，我们就应该转向体系 1，这样才能更好地制定决策。

灰犀牛式危机出现的时间节点也决定着我们是否会掉入"提前计划"和"迅速行动"之间的"裂缝"中去。因麻省理工学院经济学家鲁迪格·多恩布什（Rudiger Dornbusch）而得名的多恩布什法则（Dornbusch's Rule）："危机向我们一步一步地走来，这个时间远比我们想的要长很多，但是它一旦来到我们面前，其发动攻击的速度就比我们认为的要快很多。"鲁迪格·多恩布什是处理危机问题的专家，他提到了1994年至1995年间导致墨西哥比索大跌的龙舌兰酒危机以及其带来的各种冲击，说："这个墨西哥事件就是一个很好的证明。危机的形成是漫长的、积年累月的事情，但是危机的爆发却是一夜之间的事情。"[5]危机的形成时间非常漫长，于是我们就渐渐地麻木了，变得非常自负，所以不太可能会提前做计划安排，让自己遇到危机就立刻行动起来，而且在计划没能起到作用的时候，立刻查找原因，起动备用方案。所以仅仅有事前的计划是不够的。迈克尔·泰森（Mike Tyson）曾经说过一句很有名的话："每个人都有计划，在受到打击之前都是有计划的。但是一旦真的受到打击，他们就呆若木鸡，不知所措了。"[6]

拯救世界的责任感

事实上，面对危机时的恐惧会促使人们做出一些错误的决定，这些决定会让局面越来越糟糕。国际货币基金组织前执行副总裁约翰·利普斯基（John Lipsky）认为，很多金融问题最终成为杀伤力巨大的金融危机，例如 2008 年金融危机，究其原因是"恐惧"作祟。"我们没有足够的责任感来促使我们去阻止危机发生，研究解决方案。事后看来，要阻止危机发生，打个提醒电话，就能解决问题。"他在接受访问的时候说，"那么，为什么我们需要建立应对紧急情况的责任感呢？为什么只有这样的责任感才能拯救世界呢？"

长期以来，我们不断收到关于未来金融危机的各种警告，而且建立金融体系以来，危机就曾反复出现。1995 年和 1997 年新兴市场金融危机本来应该是能够触动我们去建立应对体系的，但是国际货币基金组织和其他的金融机构根本无动于衷。

"责任感和使命感的匮乏是因为我们对失败充满了恐惧。如果你不期望成功，那么你就不会经历失败。你选择顺其自然，因为你不想在事后被指责为失败者。"约翰·利普斯基说，"你是会选择站出来解决问题？还是会选择顺其自然，以避免 4 年或 5 年后，有人指着你的鼻子说'你搞砸了'？"

"恐惧情绪的破坏力非常强大，"丹尼斯·夏尔（Denise Shull）说，"知道该做什么是远远不够的，我们要看到这些该做的事情都在按部就班地进行着，这样才可以。"丹尼斯·夏尔是慎思集团（ReThink Group）——一个风险咨询公司，结合神经学、心理动力学来研究市场行为的公司的创始人。丹尼斯·夏尔是在纽约的一次会议上说出上述这番话的。她认为，导致金融危机的情绪因素不是贪婪，而是恐惧：害怕错失良机的恐惧。

我们如何评判自己的行为能力

如果我们想让自己充分做好准备，成功地解决未来的危机事件，那么我们首先需要做的就是准确认识自己的行为能力——既要认识自己的行为能力在压力下的变化，也要认识它在回忆检讨过去时的表现。这件事比我们想象中的要难得多。

特蕾泽·休斯顿（Therese Huston）是西雅图大学的认知心理学家，她收集了各种证据，证明在强大的压力下，决策策略会发生改变。有意思的是，无论男女都会改变他们的决策方法，但是他们的变化是以不同的方式完成的。南加利福尼亚大学的玛拉·马瑟（Mara Mather）和杜克大学的尼科尔·莱特霍尔（Nichole Lighthall）做了一项实验：让实验对象吹数字气球，成功了，就给他们一些分数，气球爆掉了，就扣掉一些分数。研究人员要求实验对象把手浸到冰水里，然后比较他们在这之前和之后的表现。这些实验对象，在浸冰之前的分数是一致的。但是在把手浸到冰水里之后，女实验对象很快就减少了吹气球的举动，而男性实验对象吹气球的举动超出女性实验对象50%。这项实验结果表明，在压力面前，女性会趋向于保守，而男性则相对趋向于冒险。特蕾泽·休斯顿警告我们说，压力会影响我们的决定。而且，男人和女人在自我认知上存在很大区别。特蕾泽·休斯顿还提到了由密歇根大学教授斯蒂芬妮·普雷斯顿（Stephanie Preston）做的一项研究。在这项研究中，在压力逐渐加大的时候，女人的决策远远好于男人的决策。而且，在事后回忆检讨的时候，男人更多的是把自己的错误决策看成是一种冒险尝试行为。"如果我们希望我们的机构能做出正确的决策，我们就必须看看是谁在做决策，同时看看决策者是不是足够坚定。"特蕾泽·休斯顿在《纽约时报》发表文章总结实验结果时如是说道。[7]

这样的发现对我们理解在第二章中讨论的群体思维冒险性的形成原因是非常重要的。让女性在决策中占有一席之地，不仅能帮助我们发现并承认存在的风险，而且当风险越来越大的时候，让我们的决策纳入一些理性成分，是十分必要的。

哥伦比亚大学神经心理学家希瑟·柏林（Heather Berlin）希望人们认识到，在我们形成心理动机和行动决定的过程中，潜意识里的大脑活动具有非常大的作用。"人们经常意识不到，有不计其数的各种各样的因素，在左右着人们会做什么和说什么。"她在文章中写道。潜意识里的变化发生了几百毫秒之后，我们才能意识到。她还警告我们说，对压力、愤怒和可怕的事情，我们会不知不觉地就做出了反应，触发大脑中杏仁核的回应区——大脑中负责情绪和动力的区域。

于是，一旦决策团的成员们进入恐慌模式，他们周围的人就很可能会同样变得害怕起来，而且完全没意识到发生了什么。此外，我们在事后评判自己的决策时，会不知不觉地建立一个防卫机制，保护自己，使自己免予愧疚和焦虑。要避免在恐惧情绪中制定决策，一个最好的办法就是认识到：在面对迫在眉睫的危机时，"情绪"对我们选择和决策过程的影响是非常大的。当我们不再处于恐慌和害怕的情绪中，才能很好地运用自己的推理能力和逻辑思考能力，做出正确的决定。

直面危机

尽管恐慌情绪会影响我们的决策过程，但是这种情绪也能起到一个好的作用，即激发我们进入行动模式。人们常常说，黎明前的那一刻是最黑暗的。在同惰性做斗争并且试图改变局面的时候，我们就会遇到这样的黑暗时刻。有时候，恐惧情绪是我们去让领导者注意到问题的严重性的唯一途径，虽然这样的注意很可能是短暂的。在20世纪90年代早期，我是道琼斯公司的财经记者，专门负责报道新兴市场重组问题。在此期间，银行开始使用"新兴市场"这个词汇，来代替"不发达国家"这个称谓。

我和我的同事曾经发现，证券交易商非常迷恋股市绞肉机，这让我们很惊讶。在本国看起来是最糟糕的买点的时候——委内瑞拉、俄罗斯、厄瓜多尔和巴西——就越是有证券交易商会大举入场，赌定现在的局面越是糟糕，那么局面迅速好转的可能性就越大。1993年叶利钦在议会前与俄罗斯警察摊牌，纽约和伦敦的股票经纪人买光了他们能得到的所有俄罗斯股票。为什么？因为这些投资者和股票经纪人指望这次危机能够触发变革。

在金融市场上，聪明的投资者能比普通的投资者赚到更多的钱，他们的方法就是，发现危机并且加速危机的到来。根据报道，乔治·索罗斯在每一次卖出的时候都会腰疼。在1992年，他看到法国、德国和英国的货币差异正在制造压力，很有可能重创货币管理，而且，这将是欧元解体的前兆。他不仅仅笃定这件事会发生，而且加速了它的发生。乔治·索罗斯做空英镑，结果导致英镑退出了欧洲货币体系。当然,索罗斯的目的不是要解决危机,而是凭借危机为自己赚钱。但是,此次的英镑事件表明,发现问题并且引导人们走向你希望的方向,在这个过程中存在着绝佳的机会。

情况越危急,决策者就越可能会这样做,尽管已经为时已晚。在一个很受欢迎的电视剧《实习医生格蕾》(Grey's Anatomy)中,实习医生艾索贝尔(Isobel)就面临着这样的难题:她爱上了自己的病人丹尼·杜奎特(Denny Duqette)。他的心脏正在衰竭,但是他的病情还没严重到能让他被列为接受移植者名单的首位。艾索贝尔冒着丢掉工作的风险,关掉了丹尼·杜奎特的左心室辅助装置,这样他的病情就会恶化,从而得到心脏移植的机会。但很不幸的是,丹尼·杜奎特死了,艾索贝尔被医院吊销了行医资格。

这个电视剧的情节不由得让人深思:为了挽救局面,就故意使局面恶化,这样做对吗?故意加剧危机,让当权者注意到问题的严重性,促使其采取行动,这样做可行吗?一旦我们强行激发决策的产生,我们怎么能确保这样的决策是正确的?

熟悉悖论

股票经纪人和医生都会控制自己的情绪,不让自己过于情绪化,因为他们经历的环境总是提高他们的压力反应强度同时又要求他们保持冷静。我们会一次又一次地举行高层建筑防火演习,一次又一次地提醒飞机安全注意事项,就是希望在遇到火灾或是

第六章 恐慌：灾难迫近时的决策

坠机迫降的紧急情况时，所有该做的事情和不该做的事情都已经深深地印在人们的脑海里。警察和消防员事先接受各种培训，目的就是要把不可言明的认知在潜意识里打上深刻的烙印，这样在遇到危急情况的时候，就会自动地做出正确的反应，而不是愣在那里，"积极"思考该如何应对。即便是这样，这些训练也不是总能奏效。在2014年，警察接到报警电话，说一个男人持枪站在邻居的门廊上。警察赶到后认为那名男子拿着枪指向自己，于是开枪打死了他。事后才发现，那名男子手里拿的不过是看起来像枪支的园艺师用的喷水龙头。至于股票经纪人，他们每天的决定都涉及几百万美元的买卖，绝大部分时间，他们的行动和决定都是非常理性的，但是一遇到泡沫问题时，他们就会败下阵来。

2008年世界经济论坛夏季会议在中国大连召开。当时正值雷曼兄弟破产，我的一个朋友同美国一家主要银行的副主席进行了一次交谈，结果发现了两件事：首先，这个银行家根本不明白市场到底发生了什么事情；其次，他对市场形势感到非常害怕。我的朋友打电话给自己经营的公司的董事会主席，告诉他要立刻做好准备，准备迎接最糟糕的局面。他们超越了那些仍然不承认市场局势正在恶化的公司一大步。10~12月，销售额大幅下滑；其他公司也意识到了问题的严重性。但是经济在次年1月仍然没有好转，在2月出现了断崖式的下跌。直到此时，其他公司才开始着手应对，而我朋友的公司早已采取了行动。我的朋友成功地避过了恐慌期，因为他早早地看到了恐慌情绪在蔓延，于是事前制订了有效的计划。

那些成功的决策，无论是在常规基础上制定的，还是在非常规的情形下制定的，都清楚地表明：我们完全可以阻止恐慌情绪发生，保护自己不受其干扰。但是，要防止情绪干扰理性思维，我们需要做的事情还有很多。我们需要建立一个体系，帮助人类成功避开过山车的上升、下降。这些体系应该以这样的方式运行：建立强大的行为习惯，使人们的及时反应变成一种后天的本能；建立自动的触发机制，让人们自动"悬崖勒马"。

我感染了埃博拉病毒吗

我们很容易产生恐慌情绪，并且针对相关危险局面，做出可怕的决定，把自己置于更大的危险之中。例如，2014年埃博拉病毒的暴发。在那些远离病毒暴发地的国家里，它唤醒了人们丰富的想象力，然后把这种想象力转化成恐慌情绪。由于流行病毒造成的情绪作用，美国人的风险意识远远高于其感染病毒的概率。这样的风险意识，受到片面和错误信息的驱动，以及媒体报道的助推，结果愈演愈烈。这样的反应严重阻碍了许多机构的行动，这些机构的职责就是要防止流行疾病的发生，或者降低流行性疾病的风险。

在2014年秋天，美国正处于寒冷的季节，人们多数都对埃博拉病毒反应过度。一个曾经在利比里亚治疗埃博拉病患的医生返回了纽约，人们的反应过于歇斯底里了，尽管人们知道埃博拉病毒不会因普通接触而传播，或者没有症状的人不会传播埃博拉病毒。即使死于得克萨斯达拉斯的托马斯·埃里克·邓肯（Thomas Eric Duncan），也没有感染他的女朋友、同他一起生活的家庭成

第六章　恐慌：灾难迫近时的决策

员或者是在其出现症状后与其有过接触的五十多个人（在他病情最严重的时候，他出现了腹泻和呕吐症状。负责照顾他的两名护士确实受到了感染）。[8]一幅图曾这样描绘这件事："小测验：你是否接触了疑似埃博拉病患的下列东西：呕吐物、血液、汗液、唾液、尿液和粪便。回答：没有。诊断：你没有感染埃博拉病毒。"[9]（然后，画面语气转为嘲笑式：你看新闻了吗？回答：看了。诊断：你被感染了埃博拉病毒。）

从摩洛哥回来之后的第二天，我就进了急诊室，因为我的眼睛出现了飞蚊症现象，同时伴有眼底出血。后来的检查结果证明，这些症状很可能是长时间空中旅行受到频繁的压力变化而导致的。急诊室的接待员按照指示，会问所有前来就诊的患者，是否近期曾经去过非洲。事后，开车送我去医院的姐姐说，整件事情最高潮的时刻，就是我告诉护士我刚刚从非洲回来的那一刻。他们脸上的警觉表情非常明显，尽管我向他们描述的症状和埃博拉病患的症状完全不同。只有当我向他们解释，我去的摩洛哥与埃博拉病毒肆虐的国家相隔3000英里，他们才稍稍放松下来。公平地说，大约一个月后，一个埃博拉病毒感染者经由卡萨布兰卡机场，到达了英国。我也曾进出卡萨布兰卡机场。但是，这同那些医生和护士头脑中出现的画面是大相径庭的。

埃博拉病毒造成九千多名患者死亡，其中有1/3的人是确诊感染了病毒，而且大部分都是居住在塞拉利昂、利比里亚和几内亚。《新英格兰医学期刊》（*The New England Journal of Medicine*）严厉指责世界卫生组织行动不够迅速。"世界卫生组织花了三个多月的时间才确诊埃博拉病毒是此次流行病的病源。（与此形成鲜明对比的是，最近一次在刚果民主共和国暴发的流行病，只用了几天时间就确诊了。）而且，直到5个月后，出现了一千多例死亡病例，世界卫生组织才宣布进入公共健康紧急状态。又过了两个月后，人道主义援助才开始就位。"杰瑞米·法拉（Jeremy J. Farrar）和皮奥特（Peter Piot）在文章中如是写道："世人不是不知道：无国界医生组织冲在应对危机和照顾埃博拉病患的最前线，连续几个月一直在倡导人们采取措施。换句话说，这个流行病危机本来是完全可以避免的。"[10]

艾拉·沃森－斯瑞克（Ella Watson-Stryker）作为无国界医生组织埃博拉应对小组的成员，到达了塞拉利昂、利比里亚、几内亚和蒙罗维亚。"这个病毒在这里已经传播了几个月了，但是没有人上报，直到一名医生死于病毒感染。"她在哥伦比亚国际与公共事务学院的一次座谈上说。我与她是那里的校友。无国界医生组织的救援小组不得不帮助劝说惊恐万分的人们接受那些揪心的安全措施。"我们不得不解释，这不是人为制造的病毒，不是政府屠杀你们的阴谋，不是非政府组织的牟利行为。"她说，"然后，我得告诉他们，'不要照顾生了病的人，不要埋葬死去的人'。这些事都是纪念我们爱的人时，常常会做的事情。但是现在，你不能做了。这是一个非常可怕的信息，人们都不愿意听到这样的信息，但我们的工作就是要让他们接受这些信息。"

《时代》（Time）杂志专题报道了艾拉·沃森－斯瑞克，把她作为2014年"年度人物"特刊的封面人物，表彰她是对抗埃博拉病毒的英雄。无国界医生组织的人们无论怎么努力，都无法阻止势态恶化。看起来，他们设立的病床床位越多，新的病患出现得就越多、越快。医疗设施几乎要瘫痪了,但是地方卫生部门不愿意听他们的报告。世界卫生组织也不愿意听他们的报告——甚至转走了疾控中心。[11]"我们在 4 月的时候,发出求助信号。我们在 6 月的时候,再次发出求助信号。当我们说,我们遇到了前所未有的严重流行病,他们说我们是在夸大其词。我们被告知,不要夸大问题的严重性。"艾拉·沃森-斯瑞克说,"人们否认自己感染了病毒。政府隐瞒死亡病患数量。他们连续几个月一直在否认出现的危机。"

埃博拉病毒危机的爆发和许多其他的灰犀牛式危机的爆发是一样的,都始自人们的抵触否认和拖延怠慢。对人们应对行动的评判就更加复杂了。问题远远超出了目前的局面:问题的根源在于非洲根本没有有效的健康医疗体系。导致埃博拉病毒暴发流行的原因不仅仅是医学界要挑战的难题;行政管理问题;颠倒的奖惩制度;不合理的资源配置;疾病监测应对机制的失败;先是受惰性阻碍、后是受恐惧支配的决策过程;基层组织到国际机构的匮乏。拥有大量资源并且本可以伸出援手的人没意识到问题的严重性,直到埃博拉病毒威胁到了他们自身的生存,他们才幡然醒悟,积极行动起来。一名在非洲西部照顾病患的美国医生肯特·布兰特利(Kent Brantly)感染了病毒后,被用飞机运回美国接受治疗;托马斯·埃里克·邓肯到达达拉斯不久,就被确诊感染埃博拉病毒,不久即被宣告死亡——直到这时,美国才开始真正介入。

已经迫在眉睫、避无可避的危机比那些慢慢靠近的危机更能激发人们采取行动。但是,反向的过程也是存在的:人们会退回到初始的抵触否认阶段。在埃博拉病毒事件中的情况就是这样的，部分原因是那些导致病毒暴发流行的深层原因长时间没能得到解决。因为资源的严重匮乏，所以最基本的、最简单的医疗问题都会引起无助和恐慌，最终将一次感染演变成大范围的流行性疾病。在没有医院、医生和药物的情况下，即使是遇到慢性的疟疾、霍乱和其他疾病，人们也是束手无措。由此看来，埃博拉病毒的暴发流行就是必然的了。

无助和恐慌能够导致更加严重的结果：抵制、抗拒和拒绝去解决问题。在几内亚，当恐慌情绪袭来的时候，一些人否认埃博拉病毒会造成大的伤害，不过这已经算是好的了，更可怕的是抗拒治疗：一些与病毒有过接触的人，威胁医护人员，攻击前来诊治的医生。如果任由局面恶化到恐慌阶段，这样做的代价就是：问题升级，本该用于长期的、有效的设施上的资源会大量流失，由此触发一个恶行循环，即资源的匮乏导致其他灾难，又由灾难导致更多资源流失。

2014年年末，世界卫生组织估计：埃博拉病毒给非洲西部国家造成的经济损失大概是320亿美元，其中大部分的损失来自贸易和经济活动，同时，一万多的死亡人数造成的人口损失还仅仅是个开始。据估计，如果事前建立一个疾病防控体系，其费用仅仅会是事后处理灾难时全部费用的一半。2014年12月，美国国会同意拨款54亿美元用于治疗埃博拉病毒，接近美国疾病防控中心的全部预算，即68亿美元。这就是让恐慌去引发行动所产生的代价。我们的选择本来不应该只停留在"事后花费重金补救"和"事前任其发展"之间，但是事情往往都是会发展到这一

第六章 恐慌：灾难迫近时的决策

步，因为我们的决策机制只有到了大难临头的时刻才会运转起来。其实，我们完全可以不这样做。

但现状就是，大家都在等待恐慌期的到来。美国疾病防御和控制中心估计，只有16%的国家在积极防控疾病威胁。我们防控流行病时必须做的事情，往往都是我们每天面对的普通疾病时做的事情：一个稳定的医疗体系，保证那些需要救治的人快速地得到必要的药物和护理。

很多情况下，埃博拉病患如果能得到及时治疗，很快就会痊愈：抗生素，药店柜台上就能买到的止疼药，口服补液盐，加上系统的消毒措施和患者隔离措施以防进一步的病毒扩散。[12]在富裕的国家里，这些都是最简单的疗法。但是当这些合理措施所需的资源严重匮乏的时候，其结果就会是灾难性的了。这就是为什么在塞拉利昂、利比里亚、几内亚和蒙罗维亚这样的国家里，感染埃博拉病毒的死亡率是50%~70%，而在美国这样的国家，10个感染了埃博拉病毒的人，有8个能够存活下来。

美国疾病防御和控制中心的办公大楼是一个光线充足的、非常现代化的建筑，俯瞰着亚特兰大市中心以及远处的森林和公园。很多时候，病情研究室里面是安静的，巨大的屏幕上滚动着地图和图表，展示最新的病例统计情况：国内临床调查、累积的病例和死亡数据、监控设备的指数、天气、物流运输、监管的事件和更多的其他信息。在我到达美国疾病防御和控制中心的当天，埃博拉病毒的威胁级别已经被下调到了1级，即最低的级别，显示出美国人已经有信心把埃博拉病毒隔离在国境线之外。但是一个不容易引起人们激烈的情绪波动，却更加危险的疾病威胁正在一步一步靠近。

每年的流感季节，美国的死亡人数都是在3 000～49 000之间剧烈波动。确切地说，死于流感人数的微小的百分比都远远高于死于最近一次埃博拉病毒的人数。但是，美国人对埃博拉病毒的暴发和流行产生了无法形容的愤怒和恐惧的时候，却不去接受流感疫苗注射；根据美国疾病防御和控制中心估计，只有40%的美国人接受了流感疫苗注射。到2014年12月为止，正值埃博拉病毒继续肆虐的时候，美国只有2人因此死亡，10人受到感染（其中只有2人是在美国国内受到的感染），而疾控中心宣布美国暴发的流感造成了15名儿童死亡。[13]

2014年的埃博拉病毒和流感疫情很好地证明了"情绪"是如何左右我们决策的。因为埃博拉病毒是新出现的疫情，所以引起了人们广泛的关注。媒体大肆报道渲染，最终制造了歇斯底里的局面。社交媒体，大部分是在片面和错误信息的驱动下，造成埃博拉病毒引起的恐慌蔓延成灾。但是，真正对美国人构成生存威胁的不是埃博拉病毒，而是典型的流感。在非洲，未被广泛报道的流行性疾病的情况完全是另外一回事了。死亡人数仅次于这次快速传播的埃博拉病毒的流行性疾病，例如疟疾，引起了人们对于当地基础医疗设施的关注。如果此次的死亡人数翻倍的话，局面就很难控制了，会迅速演变成灾难级别。尽管在2014年年初时出现了延误，但是后来援助物资和医疗人员迅速增加，成功阻止了疫情的蔓延。悲剧是：如果疫情暴发后的应对资金能被用来在事前建设当地的基础医疗设施，那么它就不仅能阻止疫情的暴发，而且可以阻止和治愈很多其他类型的疾病。此外，假如当地

第六章　恐慌：灾难迫近时的决策

有完善的基础医疗设施，那么就可以避免由于匆忙赶建医疗设施而造成的巨大浪费，这样匆匆忙忙建设起来的医疗设施往往都是徒劳无功的，例如美国军方建造的 11 个救治中心，其中有 9 个救治中心一次都不曾使用过；另外 2 个救治中心收治的埃博拉病患总人数也只有 28 个而已。

极具讽刺意味的是，2014 年是流感疫苗短缺的众多年份之一。每一年，111 个国家中的 141 个国家级流感中心都会研究近期传播的流感病毒株，然后把信息传递给世界卫生组织，帮助其预测在下一个流感季节里可能会出现的、最普遍的流感病毒株类型。每年的 10 月到次年 5 月是流感季节，在此之前的数月，世界卫生组织会公布预测结果，然后每个国家根据预测结果决定疫苗类型。因为疫苗的生产需要几个月的时间，而且在这期间，病毒会产生变异，所以这项研究要涉及大量的预测工作。通常，疫苗的有效率在 60%~70%。但是，在 2014 年到 2015 年间，流行的流感病毒株发生变异的速度很快，流感疫苗的有效率只有 23% 左右。到 1 月底 69 名儿童死于流感，另外有 1.2 万人因为流感而入院接受治疗。流感和肺炎（由流感发展成的肺炎）造成的死亡占疾病类死亡的 9%，明显高于被认为是流行病的埃博拉病毒 7 个百分点。[14]

同时，曾经泛滥的麻疹本来已经在美国绝迹了，现在居然又出现了。在彻底解决了某个流行性疾病之后，不仅仅是美国的儿童家长会变得自负，防范意识松懈，许多其他国家的儿童家长也是如此，都对曾经救命的疫苗充满了敌意。一个被吊销了医生执照的人写了一篇极其不负责任的文章，把自闭症同疫苗联系起

219

来，认为疫苗是自闭症的致病因，引起了家长们很大的恐慌，最终导致了反疫苗运动。在 2014 年，麻疹同以往一样在未接受疫苗注射的孩子中传播。"零号病人"是迪士尼乐园里一个没有接受疫苗注射的孩子；很快，在其他 16 个州出现了 150 例麻疹病患。[15]

我们不总是向前走，很多时候会退步。如果我们退回到抵触否认阶段，灰犀牛式危机会变得更加严重。

养成习惯

下雪了，我们会习惯性地清理人行道和车道，在路上撒盐。龙卷风来了，警报响起，我们会躲到地下室去。但是当流感季节到来的时候，我们中的一些人——只有少数人——会行动起来保护自己。

一年一度的流感疫苗接种是典型的常规性防御措施，即使其自身存在很多缺陷，但还是成功消除了许多灰犀牛式的危机。金融危机在很多方面都与病毒有共同点。我们可以采用流行病学家对付流行病的办法来应对金融危机。他们的方法是：系统地监测危险信号，而且预先制定并认真演练应对步骤。

充分相信自己预测潜在威胁是否会升级成灾难的能力，就能帮我们在抵触否认阶段节省时间，然后采取让我们能取得更大进展的行动。即使我们知道人类的弱点，我们也不是总能够成功地避免犯错。人们对自己不想听和看的东西有一种强烈的排斥情绪，我们应该找到一种方法，充分利用这种排斥情绪。自动驾驶的汽车里有一个系统，能"看到"人类看不到的东西。更重要的是，这样的汽车不会像人类那样明知故犯：它们不会在开车的时候看手机或者给朋友发短信；它们不会像某些青少年那样，因为荷尔蒙的增加，而做出一些错误的决定；它们不会偶尔吃错了药，导致自己在驾驶的时候睡着。我们的其他生活领域和决策领域里的"自动驾驶"，能帮助我们优先处理各种危机，并且提醒我们及时采取行动。

当一系列常规检测发出警报信号，而且当警报灯变成红色后，我们就需要立刻采取行动了。医院里有一个这方面的例子，可以给我们提供借鉴。现在医院里普遍采用的新生儿健康检测系统阿氏检测（Apgar Score），是在1952年由阿普加（Virginia Apgar）创立的，目的是迅速确定新生婴儿是否需要特殊的医疗护理。在孩子出生后的第一分钟和第五分钟，产科的医护人员需要检测他们的阿氏指数：肤色、脉搏、肌肉张力、应激反应和呼吸。医护人员希望看到7分以上的分数，因为这样的分数表明孩子是健康的；分数在4~6之间的新生婴儿有时候会需要给予辅助呼吸；如果新生婴儿的分数低于3分，医生就必须对其进行紧急的救治。

可不可以在经济领域建立一个相似的警报体系呢？一个超越我们现在通用的经济指数的体系，能够触发行动力的体系。我们需要一个更加具体稳定的体系，更加无法被忽视和否认的体系。在2008年经济危机以后，决策者开始考虑在经济领域里建立一个类似于阿氏指数的预警体系。

2008年经济危机后，专门为银行设计的压力测试也是这方面的例子，同样可以给我们提供借鉴。每年，联邦储备委员会都会要求资产在 5 000 万美元以上或者更多的银行通过一项名为综合资本分析和评估的检测——对压力检测来说，是个很有趣的名字——以此确定，这些银行在遇到经济危机的时候，是否有足够的、可用的现金应对危机；进行适当的内部检测程序，评估现金是否充足；分析其支付股票利息和回购股票的计划。只批准那些通过测试的银行开展股息支付和回购业务。2009 年第一轮测试结束后，联邦储备委员会要求 10 家没有通过测试的银行（共有 19 家银行接受测试）提高 750 亿美元现金储备。

欧洲迟迟没有进行这样的压力测试，不过最终还是在 2013 年开展了此项测试。欧洲警告说，如果银行没有通过压力测试，就必须准备一项"具体的、积极的战略"来解决问题，例如卖掉固定资产，同其他银行合并，或者是强迫私人债权人减免债务额。

在 2013 年，当英国银行需要考虑提高利率的时候，它从原来的、以名义 GDP（国内生产总值）作为指标的方法，转向了考虑通货膨胀，随后是以失业率作为指标的方法。因为通胀率持续偏低而且担心通货紧缩，美国联邦储备银行在应该减少货币刺激的时候，同样开始采用了以失业率作为指标的办法。

这些决策者都开始转向新的领域里寻找信息（一些能帮助他们做出正确决策的信息），希望这些信息能告诉自己接下来会发生什么事情。GDP 指标在 1934 年被创立的时候，是帮助决策者们进行判断和决策的一个全新的方法，在此之前，他们的决策是没有任何参照的。马修·毕夏普（Matthew Bishop）和迈克尔·格林（Michael Green）把 GDP 称为"最不具备预示性的指数之一，却是最为重要的指数，一个从经济大萧条中得出的经验教训"。[16]2009年，由约瑟夫·斯蒂格利茨（Joseph Stiglitz）领导的经济表现和社会进步衡量委员会发布了一份报告，指出GDP没有标示出商品和服务的质量、生活水平、可持续发展能力等的变化。基金经理人彼得·马伯尔（Peter Marber）在他的新书《勇敢新数学》（*Brave New Math*）中说，在2007年到2008年之间，那些决策者没有迅速应对其他警示信号，部分原因是GDP看起来非常好，因此他们没有进一步采取行动。

另一个左右经济决策的因素是：自动恢复平衡的平衡互助基金。当我们的投资组合中表现良好的那一部分比我们的预期收益大的时候，这个基金负责追踪记录这一情况，把相关股票卖出，把资金导向别处。

实际上，我们有很多很好的早期预警系统，尤其是在天气预报领域。尽管我们周围有一些顽固不化的人忽视天气预报，但是美国中西部地区的绝大多数人都是很注意收听龙卷风预告的，同时，东海岸的绝大多数人也都很注意收听飓风预告。1920年在太平洋建立了海啸预警体系，1940年和1960年在大西洋也建立了同样的体系。和最近建立的银行压力检测体系一样，这些体系的建立也是由灾难触发的：1946年的阿留申群岛地震和海啸，1960年的瓦尔迪维亚大地震。2004年海啸之后，印度洋也建立了预警系统。只要引起海啸的地震离海岸足够远，这个预警系统就能帮助挽救很多生命。错误的海啸预警会引起很多不便，但不会让人们损失生命和财产；相反，错误的金融危机预警，会成为一个自我实现性质的预言。这两个领域里的预警有一个共同点，即如果人们忽略了正确的预警信息，就会付出惨重的代价。

能够自我调适的体系

无论在什么样的领域里,如金融、健康、天气或者决策和商业等,当灾难逐渐靠近的时候,我们必须建立一个体系来保护自己,防止自己做出错误的决定。

芝加哥大学布斯商学院的约翰·科克伦(John Cochrane)建议建立"狭义银行"体系,即重提一些大学里的经济学家提出的"取款和借贷业务"分离。2014年,国际货币基金组织的经济学家对这项建议进行了认真的研究,认为它有如下功能:能更好地保护信贷循环,防止银行挤兑,减轻政府利率负担,大幅减轻联邦债务,降低私有债务。[17]

根据约翰·科克伦的升级版的芝加哥计划,银行和货币市场基金只允许投资一些短期的、风险最低的项目,也就是说,只能投资美国的长期国债。银行的其他业务都必须有净资产的支撑。[18]此外,通过借贷把风险转嫁给社会,银行就必须缴纳庇古税(Pigovian Tax)。庇古税的命名是为了纪念英国经济学家阿瑟·庇古(Arthur Pigou),阿瑟·庇古同样用自己的名字命名了一个支持征收碳排放税的经济学家协会。《经济学人》在报道这项建议的时候,指出从现存的体系向这个新的体系过渡会是非常困难的。同时,提出了这样一个问题:建立一个新的机构代替银行开展借贷业务,会不会给金融造成新的脆弱点。不过,《经济学人》最终认为,这个新体系的建议非常值得人们考虑和尝试。[19]

对约翰·科克伦来说,灰犀牛式危机就是银行挤兑。"目前的规定保障了易发生挤兑银行的责权,同时规划银行资产管理。"他写道,"一个更加简单的、建立在明确规则基础上的义务规定能够避免发生挤兑和危机,同时允许银行出现不可避免的繁荣和破产局面。"这个现代版的芝加哥计划最诱人的地方在于它能让银行挤兑成为不可能,同时消除恐慌情绪和行为,因为这样的情绪和行为会把我们推上死路。

其他国家已经试验建立自我调剂体制。德国和瑞典建立了一个自动稳定机制,在2008年到2009年之间的经济危机最严重的时刻开始运行。智利是一个严重依赖商品价格的国家,建立了货币稳定基金体制,把资金放入应急基金中,当物价过高的时候,政府可以借助它渡过难关。(委内瑞拉尝试建立了一个类似的石油基金体制,但是应急基金的钱却消失了。这是委内瑞拉普遍的腐败造成的。)

那些善于发现金融领域灰犀牛式危机并且能从金融领域的波动中牟利的人,不会喜欢这样的体系,但是令他们稍稍感到些许安慰的是,任何金融体系都不能彻底避免危机的发生;改善流行病的快速应对体制的必要性,本身就是危机。

为了让领导者快速行动起来,我们可以提高竞价,就像投资者做的那样,通过操纵市场,迫使变革尽快发生而不是迟迟才发生。社交媒体的兴起提供了另外一种制造紧迫感的途径,例如在阿拉伯之春和埃博拉病毒这两件事上,由社交媒体制造的恐慌。我们可以应用来自流行病学、飓风、龙卷风和海啸等事件的经验,预先设置灾难应对步骤。最近改善财务监督和金融安全网的种种努力都是这种类型的尝试——当然,也是在金融界的海啸之后建立起来的。通过这些优化的报警体制和自动运行的机制等，我们能做到更好地防范和应对经济危机。

躲避灰犀牛式危机的侵扰，最好的办法就是彻底越过恐慌期，并且尽快从判断期进入行动期。

本章要点

慌乱的群体行为会把我们直接推上死路。恐慌情绪会放大最初的小问题,并且把它升级成灾难。这种情绪会让我们退回抵触阶段,把抵触彻底变成仇视和攻击,妨碍我们解决问题。

建立数据完整的检测体系,防止非理性行为。建立自动运行的危机应对体制,越过抵触情绪的阻碍,直接进入行动期。

尽早提高赌注。未雨绸缪胜于亡羊补牢,也就是说——越早制造紧迫感,你的损失就越小。

向流行病学、飓风、龙卷风和海啸的防御体制学习:预设机制;建立灾难应对步骤;自动运行机制。例如,像中西部地区的人们那样,听到龙卷风的警报,就躲到地下室去,或者像学校里的老师那样每年都接种流感疫苗。

小心犀牛角。犀牛角,据说是一种春药(其实不是),必须谨慎使用。加速危机发生可降低总体损失并促使人们行动起来去解决问题,但是这样做也可能会导致更加严重的灾难。

第七章

行动：顿悟之时

位于密尔沃基的米勒康胜啤酒公司（Millercoors Brewery）周围的空气里充满着浓浓的啤酒花和麦芽的味道。馥郁的香气飘到94号州际公路依然不减，根本不用看路标，你就能知道自己已经到了35街出口。这家啤酒厂能让人想起德国移民，是他们于19世纪让密尔沃基城初具雏形。这家啤酒厂的建立是这座城市历史的重要组成部分，现在它还成为公司如何展望未来、发现危机，并在局面恶化之前及时处理危机的典范。

　　啤酒厂距离密歇根湖只有几分钟的车程。密歇根湖是北美五大湖之一，水量有6万亿加仑之巨，占全球淡水资源的20%。巨大的水量是啤酒厂数量在中西部迅猛增加的原因之一。但是即便是如此丰富的资源也不是无穷无尽的，而且五大湖区所在的八个州也不认为这是理所当然的。在2008年，由八大州政府联合加拿大的安大略省和魁北克省共同发起一项协议，经美国国会和总统乔治·W. 布什（George W. Bush）批准，正式写入法律，禁止除现有的农用和工业用水以外,再从五大湖里取水。在20世纪90年代,五大湖的平均水量开始巨幅下降,因为持续变化的气候提高了湖水和空气的温度,导致蒸发量增加。2013年,密歇根湖和休伦湖的平均水量下降到自国家海洋和大气管理局在1918年开始建立档案以来的历史最低点。

水资源的匮乏对密尔沃基啤酒酿造公司的用水观念产生了很大的影响。在2008年,五大湖协议签署通过,米勒康胜啤酒公司在全公司发起了节约用水的倡议。SABMiller(南非米勒啤酒公司)[①] 是一家跨国啤酒酿造公司,在2007年秋天,与世界第七大啤酒酿造公司科罗拉多的摩森康胜啤酒酿造公司(Molson Coors)联合成立了一家合资公司。两家公司都很关注用水管理问题,于是这家合资公司也体现了两家公司的节约用水的理念。

公司管理者已经意识到了一个残酷的现实:越来越多的数据表明水资源减少已经成为一个严重的问题,如果他们和同龄人没能很好地解决这个问题,将很有可能失去市场机会。正如米勒康胜啤酒公司可持续发展部的金·马洛塔(Kim Marotta)所说,所有战略的核心都指向一个简单的概念:"没有水,就没有啤酒。"

金·马洛塔原本是一个公共辩护律师,后来取得了经济学位,她一直非常在意自己的工作对其他人造成的影响。用水问题是她在米勒康胜啤酒公司工作的核心内容,在这里她和种植大麦的农场主一起负责监管用水管理项目。项目涉及减少浪费、可持

---

① SABMiller由南非SAB公司和美国Miller公司合并而成,总部设英国伦敦。——译者注

续性农业用水以及生产的每一个环节中水资源的使用情况和水资源的分配情况。"水在每一个环节中都是非常重要的。"她在酿酒厂的厂区办公室里对我说。在酿酒的过程中，从清洁到浸泡，再到蒸煮和发酵，每一个生产过程都会用到水。

米勒康胜啤酒公司派遣了一个小组到南美洲去学习如何有效利用水资源。SABMiller大部分能够有效利用水资源的啤酒厂都设在南美洲。米勒康胜啤酒公司的学习小组到达这里后，被自己看到的一切惊呆了。"有效用水不是一项技术，也不是一个投资项目，"金·马洛塔告诉我说，"有效用水的关键在于用水的人。这就是我们顿悟的道理。"学习小组把这些经验带回了美国的每一个啤酒酿造厂，并且立即开展了行动。"我们建立了一个用水作战实验室，向工厂里的每一个人征询建议，如何减少我们的用水量。我们知道，如果我们改变了企业文化，赋予每个人权利，那我们就能够创造奇迹。几乎是紧接着的下个月里，我们就看到了效果，用水量大幅减少了。"她说。

在密尔沃基的啤酒酿造厂里，当粮食转化成糖和发酵物的时候会散发出一股醉人的甜香气味。啤酒酿造的第一步是在巨大的铜质过滤槽里进行的。在大麦麦芽浆中加入热水，让淀粉类物质转化为可发酵的糖。当糖分浓度合适的时候，麦芽浆会被分离成固体和液体，从而分离出麦芽提取物。筛掉的大麦芽直接拿去喂牲畜，减少了额外种植谷物去喂养牲畜所需消耗的水资源。我在酿酒厂参观的时候发现，这些酿酒厂中，7/8的酿酒厂没有任何废料需要送去垃圾填埋场填埋。在这本书出版的时候，最后一个酿酒厂估计业已达到了零废料填埋的标准。

然后，分离出来的液体会被送到锅里煮沸，去除杂质，然后混入啤酒花。接下来，加入啤酒花的液体会被送入另外一个严格控制温度的容器中，在这里，会加入酵母发酵 8～10 天。最后一步是把啤酒装入瓶子中或是罐子中，然后运送到世界各地。

在过去，工人们会升高煮锅的温度，如果水沸腾过度了，他们就会降低煮锅的温度，然后又反复多次升高或降低温度，根本不会去控制水分的蒸发量。这样的方法不仅浪费了水和燃料，而且也不能酿造出口感最好的啤酒。在新的方法中，他们在蒸锅里加了一个蒸汽流量计，监测如何把蒸锅加热到最适宜的温度。他们研究了清洗设备所用的准确时间，既要保障清洗得彻底，又要降低用水量。他们放弃湿洗的方法，改为干洗润滑方法，即不再使用水进行清洁，而是用电离空气清洁设备和容器。他们还发明了一些方法，能在啤酒酿造过程中，做到让水资源被反复利用。

这个公司节约用水的行为所产生的最大作用是节省了水分的运输和加热所需要投入的大量人力和物力。但是工厂里的这些努力只解决了一小部分问题，因为这些不是用水量最大的生产过程。啤酒生产用水量的 90% 都来自农业供应环节：大麦、啤酒花和其他谷物。

密尔沃基的啤酒酿造厂学习到了啤酒酿造过程中能使用水量大幅下降的经验，同时也跟踪记录了南美啤酒酿造厂与大麦种植者合作，共同减少用水量的过程。共有 850 个大麦种植者在给啤酒厂提供大麦，他们中的有些人已经和公司合作了半个世纪之久。他们培育了抗旱抗风的大麦品种，把每英亩的产量从 100 吨提高到了 140～160 吨。在爱达荷州东南部的种植者们实验了如何用喷嘴和转轴来洒水，同时实验了很多其他新的方法。他们实验出何时需要浇水以及何时不需要浇水。他们去掉了一些流程，降低喷嘴以减少蒸发。他们实验了变量灌溉法，即根据农作物的长势需求，提高或降低灌溉速度，而且在下雨的时候，会关掉灌溉阀门。他们研究把哪些农作物放在一起种植会提高土壤质量。当他们在研究最高产量期的时候，他们发现农作物被多灌溉了一周之久。这一周使结果发生了很大变化，因为每一个运转的洒水器都会用掉200万加仑的水量。他们关掉了大麦田四周边缘地带的末端水枪。密尔沃基的啤酒酿造厂一直都不会购买末端水枪灌溉的大麦，因为其质量很不稳定。

有了这些相对简单的调整，密尔沃基的啤酒酿造厂在爱达荷州锡尔弗克里克山谷的大麦种植者，仅在2014年一年中，就减少了5.5亿加仑的用水量。"这样做还有一些其他的好处。"金·马洛塔说。这家公司随后着手推广自己研究出来的种植方法和过程，建立了两个大麦种植示范农场，向其他种植者传授经验，同时建立数据库，帮助人们比对新旧两种种植灌溉方法在用水量上的差异。

把新方法规模化

安迪·韦尔斯（Andy Wales）在SABMiller负责主导可持续性发展项目，帮助公司在确认成本和风险同水量使用之间的关系领域走在了其他公司前面，降低了其公司生产对环境的影响，更是确立了一些其他更加宏伟的目标。

安迪·韦尔斯出生在英国伯明翰市的一个宗教家庭，在他成长的社区里，很多成年人都是把一生的大部分时间用来帮助他人。在萨塞克斯大学求学期间，安迪·韦尔斯一直在思考自己终生的奋斗目标。他认可周围的社会思潮，觉得自己最终会为乐施会和绿色和平组织之类的非政府组织工作，以此来拯救世界。毕业以后，他在为莫桑比克和孟买的援助组织工作的时候，开始思考一个重要的问题：援助发展的最有效模式是什么？于是，他开始尝试涉足经济领域，看看是否能找到一个方法去更加有效地、更大范围地改变世界。他报名参加了未来论坛，一个每年按照一个月的定期循环选派 12 个人到各个组织任职的合作项目。安迪·韦尔斯工作过的地方有《经济学人》杂志社、格拉斯哥市政府的城市政策部。他还曾同议会的自由民主党组织一起致力于研究不破坏环境的交通方式。

之后，他最终确定了自己的工作和事业：界面地毯公司（Interface），即一家有 10 亿美元产值的地毯公司。界面地毯公司的创始人雷·安德森（Ray Anderson）曾经经历了一次认知上的重大变化，然后领导公司自 1994 年起开始进行可持续性发展的改革，改革一直持续到 2011 年他去世时为止。雷·安德森在 1993 年的时候读了保罗·霍肯（Paul Hawken）的《商业生态学》（*The Eclogy of Commerce*）后，深受启发。"在书还没读到一半的时候，这个思想就已经在我的头脑中非常清晰了，同时我产生了必须做点什么的紧迫感。"他说，"霍肯的思想像是一支箭，射在了我的胸口。"到 2009 年为止，界面地毯公司在欧洲的生产已经百分之百转为使用可再生能源，降低了 75% 的用水量、44% 的温室气体排放和43%的能源使用量。界面地毯公司过去在其产品中只使用了0.5%的可回收材料。现在，它们的地毯框架上使用51%的可回收材料，而且纺织物100%使用可回收材料。在这样的商业领域里工作，韦尔斯迅速得出结论："商业领域里的工作是最有效的、最具活力的、在最大范围上改变世界的方式。"[1]

安迪·韦尔斯2007年到SABMiller工作，成功帮助公司大幅度减少了用水量。衡量指标是一个非常重要的工具，能确定公司应该在哪些方面减少用水量。"在估算结果出来之前，是很难做决定的。"他说。

SABMiller开始比对制造啤酒的用水量，这个用水量在不同国家间存在非常大的差异。例如在秘鲁，巴库斯酿造厂（Backus）用61升水能制造出1升啤酒。在这些水中，有4.3升水是在酿造厂中使用的；其他的水是由制造啤酒的农作物消耗的。在乌克兰的沙玛特（Sarmat）酿酒厂里，每1升啤酒的用水量也是61升，其中有6.9升水是在酿造厂里使用的。在坦桑尼亚，每1升啤酒的用水量几乎是上述数字的三倍。在非洲，每1升啤酒的总用水量也很大，是155升，但是，非洲的酿酒厂里的用水效率是最高的，即4.1升。SABMiller迅速发现了巨大的商机：可以通过向用水效率最高的酿造厂学习，降低总体用水量。在2008年，SABMiller制定了一个目标：截至2015年，每升啤酒的用水量减少25%。这个目标在2014年就实现了。然后，公司又迅速为2020年制定了一个更大的目标。

尽管这家公司早就踏上了节约用水之路，但是其最大的改变还是在2009年才出现的。"公司知道水是非常重要的成本。"安迪·韦尔斯说。但是 2009 年水资源小组发布一份报告称：截至 2030 年，全球人口的 40% 将会面临淡水资源匮乏的压力。[2] "直到这时，SABMiller 才意识到，如果我们不解决用水问题，啤酒市场的商机将会受到很大的威胁。"安迪·韦尔斯说，"水资源问题从书呆子们研究的专项问题——我就是这样的书呆子之一——变成了普通大众关心的主流问题。"

可口可乐的 CEO 穆泰康（Mutar Kent）、雀巢的 CEO 包必达（Peter Brabeck Letmathe）、SABMiller 的主管格雷厄姆·麦卡（Graham Mackay）和其他的 CEO，在这份报告的触动下集结起来，组成团体，一起开展同政府机构和非政府机构的合作。买方的 CEO 是个非常关键的因素，他们能把水资源问题变成一个全球性的问题。因为，国家机构主要是从国家和地方的角度看待问题，常常看不到全球性影响和问题之间的相互关联作用。安迪·韦尔斯指出："但是这些 CEO 能看到一个中级威胁在全球范围内凸显出来，而且他们能在全球商业领域里把问题综合起来。"同气候变化问题不同的是，气候问题是非政府组织冲在前面，而在水资源问题上，商业团体走在了前面，非政府组织紧随其后，共同意识到了问题的紧迫性。人们终于意识到，浸泡、加热和冷却不仅与公司的环境意识密切相关，而且同公司的效益也密切相关。根据安迪·韦尔斯的估计，仅在 2013 年，SABMiller 就通过节约用水和燃料，节省了 9 000 万美元的成本支出。

公司相关部门管理人员更加关注公共资源的使用，而且视野更宽了。通过与波哥达自然管理协会的合作，SABMiller 注意到其水费上升得非常快，因为巴拉那河上游的牧场数量激增，导致河水中沉淀物增多。为了解决这个问题，公司拨出一部分资金用于维护生态——在这件事中，这笔钱用于解决河水中的沉淀物——给农场主提供奖励，让他们搬迁到相对平坦的地方，离开山坡地区，因为牲畜在山坡上奔跑会造成泥土流入河水里，使河水沉积物增多。自然保护协会帮助他们发现了问题的根源，并且帮助他们找到了解决的方案，所以这个简单解决办法的出现是因为公司愿意展开跨界合作的结果。"如果不是因为有这样一个合作体系，没有人能够想到公司里水费上升与河水里沉积物增多以及河水上游牧场数量激增有关联。"安迪·韦尔斯说。事实证明，这个解决方案非常有效。于是，这家公司开始向位于基多和利马的其他合作者推广类似的生态基金理念。"问题的产生都是相互关联的结果。如果你不考虑能源和农业，只是孤立地看问题，那么你的计划一定是有缺陷的、不成功的。"他说，"你不能只局限于自己的小天地里。我们必须成为全社会都能接受的共享的解决方案的一部分。"

SABMiller将建立生态环保基金的工作推广到八个国家，其中大部分推广工作是靠与未来水资源小组、世界野生生物基金会英国办公室和德国皮毛协会合作完成的。SABMiller早就得出了结论：维持水资源的可持续性发展不仅仅是在做一件善事，更是关乎自身生存的大事；很多公司都要用水才能生产出自己的产品，从饮料行业到纺织、能源和各种消费品行业，都离不开水。这些行业里的头脑清醒的领导者很快就能意识到：水资源问题不仅仅决定着企业的成本、规章制度和发展速度，更决定着企业的生死。

为什么很多公司没有意识到水资源问题的严重性呢？安迪·韦尔斯说：首先，是沟通不到位。直到最近，水资源问题才以一个清晰的、容易理解的方式被呈现在企业面前。很多机构组织和个人做了大量的工作，指出了水资源短缺和不断高涨的需求之间的矛盾，量化了其中的风险。目前，越来越多的企业认识到水资源短缺对其投资构成的严重影响。其次，水资源的共享性质使其成为"公地悲剧"的一种：一个典型的政治学困局，即人们发现个人利益的最大化与全体利益的最大化是对立的，于是导致人们抛弃合作、自私地追求个人利益的最大化，结果最终导致个人的毁灭。再次，许多受到吸引、开展合作的人不太希望在一个非常复杂的环境中与非常不同的利益相关者一起工作。最后，人们很容易就会产生这样的想法，即解决水资源问题不是自己的工作。

水资源和气候问题是灰犀牛式危机的典型例子，即我们可以看到一些人已经采取了行动——很多事件中，他们的行动是意义非凡的、积极的。但是，我们不清楚目前正在做的努力是否足够解决问题。对于什么是最好的解决办法，还远没有达成共识。很多其他的用水制造产品或是加工过程中必须用水的以及靠水来运输产品的公司，也应该参与有效利用水资源的行动。有些人批评说，这样的有效利用水资源的合作实质上是企图将水资源私有化。极具讽刺的是，提出这种批评的人，无论他们合作与否，他们都将从减少水资源浪费和污染的行动中受益。而且，如果水资源减少的压力更有可能导致颁布工业用水的更加严格的规定，就会触动那些讨论水资源可持续发展问题的公司，让它们改变目前的用水方式，这样，这些公司就会在局面变得不可控之前采取行动了。

尽管有很多争议，但是水资源问题仍然向我们证明：少数的行业领导人认识到了明显的问题，并且越过抵触阶段、拖延阶段和判断阶段；他们已经开始建立适当的体系来确认水资源危机的危险程度，并且发出警告信号；他们有了很强的、能够激发其行动的紧迫感。但是如果这些领导人需要唤醒数以亿计的人一起行动起来，而我们却没能积极响应，那么要想成功解决问题，就会有很长一段路要走。

对于很多人来说，水资源短缺是一个很遥远的威胁。但是对于世界上的另外一些人来说，这个问题一直就横亘在面前——一直在提醒我们，如果不现在就积极行动起来，那么我们很快就会不得不付出代价。人们通常只在大难临头时才会行动起来，而这时人们的选择是非常有限的。未雨绸缪总比事后的亡羊补牢要更好。这是一个风险性很高的战略，实际上是在同时间赛跑。

求 雨

目前，全球有超过40亿的人口正生活在水资源不足和水资源严重匮乏的地区。同1900年相比，世界人口年用水量增加了6倍，原因是世界人口的增加和人平均用水量的增加。根据统计，截至2030年，世界人口对食物和能源的需求将会增加50%。根据水资源小组的估计，在未来的15年内，世界人口对净水资源的需求量会超出供给量40%。

严重的危机已经在世界各地频现。2007年是美国东南地区有史以来最干旱的年份之一。亚特兰大缺水问题非常严重，于是，佐治亚州州长桑尼·普度（Sonny Perdue）于11月在州议会大厦的台阶上组织了一个多信仰的祈祷活动。"哦，主啊，我们承认自己犯下了浪费的罪行。"他说。[3]数据显示，在10月的时候，只剩下90天的用水量了，州政府已经在北半区严令禁止给所有草坪浇水，同时要求居民和企业采取节约用水的措施，包括缩短洗淋浴的时间。佐治亚州政府请求联邦政府停止向佛罗里达州和亚拉巴马州输送水源。[4]这一次同用水危机的近距离接触促使佐治亚州政府在2008年就通过了一项水源保护计划的提案。

一年后，佐治亚州政府颁布了一个自相矛盾的节约用水规定，同时刊登了卡罗·蔻驰（Caro Couch）博士的一项声明。[5]卡罗·蔻驰是环保局的主管。声明内容如下："节约用水的最终目标不是要降低用水量，而是要最大限度地利用每一加仑的水。"——是对节约用水的一个非常让人困惑的定义。这份节约用水规定首先声明"节约用水必须从根本上制订计划"，包括升级马桶的冲水系统，建立雨水感应器，更重要的是跟踪记录水源使用情况。这项计划标志着佐治亚州政府已经开始向节约用水迈进，不过，计划的更大一部分是要阻止水源流向佛罗里达州和亚拉巴马州，于是有了田纳西州的"抢水"事件。2013年4月，佐治亚州政府授命其州政府律师团起诉田纳西州企图把佐治亚州和田纳西州的边界向北移动一英里，目的是把一个湖纳入田纳西的辖区。[6]为了为自己辩护，佛罗里达州在2013年10月就兰尼尔湖的用水权问题对佐治亚州提起了诉讼。[7]

巴西的两个最大城市——圣保罗和里约热内卢——一直面临饮用水匮乏的问题，因为其人口的增长是个天文数字，但是其土地经历着80年来最严重的干旱。早在2015年年初，圣保罗市已经打开了三大备用水源中的第二个水源，但是仍然只能满足其几周的用水需求。

加利福尼亚人的生活中，长久以来时隐时现的用水危机问题，在2014年变得不容忽视。连续三年的大旱是千年不遇的灾难，使萨克拉门托和圣华金河的水量低于正常水平11万亿加仑。政府宣布进入紧急状态。农作物和牲畜的损失以及抽水设备的成本累计高达20亿美元以上，而且造成17 000人失业。[8] 即使不是发生了干旱，加利福尼亚的用水问题也相当严峻。它的年降水量只有芝加哥的1/3以下，不到纽约城的1/4，但它是美国水果和蔬菜产出量最大的城市。加利福尼亚已经重金投资引水工程，从很远的地方引水，以保证它的城市生活和农业生产。为了补偿农业灌溉的高成本支出，许多农场主已经转向种植边缘类作物，例如核桃。但是，令人意想不到的是，这类农作物也是耗水量很高的农作物，结果问题不是解决了，而是加剧了。那么问题来了：为什么美国一半以上的农作物要种植在干旱少雨的地区呢？

测量，改变

雀巢的CEO包必达说出了企业家、政府和非政府组织共同的担忧："在目前的条件下，以目前的水资源使用方式，我们会在耗尽燃料之前就早早地耗尽水源。"根据法国威立雅水务公司（Veolia Water）的估计，如果企业不改变它们的用水方式，那么63万亿美元的投资——是全球经济的一半——将会面临风险。其他企业和政府决策者也逐渐认识到了问题的严重性。在 2013 年、2014 年和 2015 年，接受采访的 CEO 和领导者都将水资源问题列为人类面临的最大威胁。企业的领导者是如何得出他们必须要投资水资源可持续性使用这样的结论的？一部分原因是，全世界涌现的巨大危机不容忽视，即没有水，几乎所有的生产都要停滞；另一部分原因是，逐渐加强的水资源意识已经到了爆发期。

在 20 世纪中期，印度的部分地区经历了最严峻的水资源匮乏灾难，可口可乐和百事在这些地区都失去了其生产许可。在 2012 年，世界五百强企业中有 53% 的企业报告说，企业因为一些与水有关的事件而出现生意断裂。

对于所有人来说，认识到该做什么和迈出解决水资源匮乏问题的第一步，关键是要得到准确的测量数据。

碳信息披露项目的开展是为了鼓励企业追踪并减少其温室气体排放。在 2008 年，水资源信息项目的开展是为了帮助企业把它们正在做的节约用水的工作做得更好。将近 600 位、控制着 600 亿美元资产的投资人接受了这个项目报送的报告，以此为依据监管公司行为，发现问题和应对问题。这虽然是一个很好的开始，但参与者却是全球投资者中极微小的一部分。在 2014 年，碳信息披露项目要求两千多家公司报告其用水总量。其中只有一半的公司做出了回应。于是，人们只分析了两千多家公司中极少数的大公司的用水量。在世界五百强企业中的 174 家公司，只有 38 家公司报告说它们追踪记录了自己的水资源使用情况。[9]在现存的公司中，68% 的公司报告说，水资源匮乏是个严重的危机；75% 的公司看到了节约用水运动中隐藏的商机。

在2007年，联合国秘书长建立了CEO全球水资源管理组织，让有威望的企业开展全球性质的运动，解决水资源危机。这个组织的成员在减少自身用水量的同时，鼓励供货商以及合作伙伴改善其用水管理，和民间团体、政府间组织机构一起提高水资源的可持续性发展，推动建立公平一致的公共政策和制度框架。这项工作的关键之处就在于要保证透明度，尤其是报告水源使用活动的透明度。

CEO全球水资源管理组织的建立证明一些企业已经意识到了问题的严重性。起带头作用的企业用它们的行为告诉我们，在解决水资源问题的时候，我们该怎么做。在我写这本书的时候，共有120家企业加入了CEO全球水资源管理组织。全球的上市公司有45 000家，当然，这个数字不包括那些未上市的公司。

欧盟已经采取行动，要求六千多家企业报告其对环境的影响。但是，这仍然是一个较为温和的措施。在受干旱严重困扰的地区，缺乏准确的数据，就很难完成水资源的合理分配。例如在加利福尼亚，农场主拒绝报告其用水量，结果没有人知道水都去了哪里。关于农业用水是整个州总体用水量的80%仍然只是估计，无法得到确认。"也许加利福尼亚农业用水信息的最重要特点极其不准确，"太平洋学院在2015年的报告中说，"由于缺乏准确的、连贯的测量和报告而且信息发布严重滞后，所以农业用水数据非常不准确。"[10]即使在严重干旱的地区，我们仍然得不到准确的数据信息，因此决策者和商业领袖就无法做出正确的判断，无法解决问题。水资源匮乏不是一个即将到来的威胁，它是已经在我们面前真实发生的危机。

顿悟的那一刻

总部位于明尼苏达州明尼阿波利斯市的通用磨坊食品公司，研究了75个重要的农业基地，发现其中的15个面临着严重的危机。公司开始为其中8个对公司有重大影响的农业基地制订管理计划。考察组到达墨西哥的埃尔巴希奥（EL Bajio）时，被看到的事情惊呆了：地下含水层每年下降6英尺。换句话说，在20年之内，这里就没有水可以用来种植农作物了。

"我在这一刻终于明白了。"通用磨坊食品公司的CEO肯·鲍威尔（Ken Powell）提到埃尔巴希奥地区的严重局面时说。这不仅仅是一个社会责任问题，更是一个关乎生存的大问题。"我们的行业没有水，就无法生存。"在自然保护协会的会议上，他对一些企业家、政府工作人员和非营利机构领导者说，"我们知道这是一个非常严峻的问题，需要我们全力以赴解决。"

埃尔巴希奥水资源的严峻形势终于说服了通用磨坊食品公司做出承诺：截至2015年减少20%的用水量。在2016年，通用磨坊食品公司制定了一个新的、更加具体的减少用水量的计划和目标。它从此开始通过碳信息披露项目的数据库，报告其每年的总用水量。

通用磨坊食品公司同墨西哥最大的饮料公司芬莎公司（FEM-SA）一起，帮助农民改变了灌溉方式，节约了几乎一半的用水量。这是一个非常重要的开始，但是它也只代表当地总用水量0.2%。此外，通用磨坊食品公司承认，因为它的大部分采购都来自农业，其每年用水量的99%——这个水量等于把整个伊利诺伊州淹没到22英尺的水面以下所需要的水量——来自其自家加工厂之外的渠道。因此，通用磨坊食品公司如果想彻底实现节约用水的目标，就必须保证其供应商也加入这个计划中来。目前，通用磨坊食品公司正在试验制定新的奖励制度，例如使用家禽牲畜的粪肥代替化学肥料，同时鼓励其他供应商采用滴注灌溉的方法，以此来努力实现减少用水量和提高产量的目标。

SABMiller和通用磨坊食品公司并不是特例。其他公司冒着触怒只着眼于短期回报的投资人的风险，也已经加大了对用水保障的投入，笃定会获得中期的回报。可口可乐公司和其瓶子供应商一起投入将近20亿美元，改善用水效率和质量。李维斯牛仔裤的生产商推出的"轻水洗牛仔裤"有点用词不准确，因为它们只是用水少，而不是不用水，但这也是一个很好的开端，毕竟棉纺织工业是一个用水量非常大的行业。

企业、城市和国家还可以做些什么呢？它们可以加大对基础设施的投入，回归自然，减少消耗，分享数据，就如何有效地、公平地利用水资源达成一致。然后，它们需要说服其他人也节约用水。这是一项很大的挑战。

"把水资源问题放到全球问题的日程上不是一件容易的事情，尽管这个问题已经非常紧迫。"多米尼克·沃格瑞（Dominic Waughray）说。他是公私合营（Public-Private Partnerships）的主管，同时是世界经济论坛管理委员会的成员。多米尼克·沃格瑞曾经努力结合政府和私人的宣传工作，目的是提高人们对水资源日渐匮乏问题的认识，激励人们用更加智慧的方法使用水资源。"这是一个典型的公共资源使用的难题。难点在于如何把所有人都聚集起来，研究一个大家都能接受的解决方案。"他说，"我们需要有一个'催化剂'才能把政府、私人和社会团体聚集起来，讨论解决公共资源的使用问题。"解决方案不是一个技术上的方法，它需要的是在全球范围内实现思想意识领域里的转变。

多米尼克·沃格瑞回忆在水资源短缺问题上人们的思想转变时说："过去的情况是，你打算在论坛召开一个关于用水问题的讨论会，结果没有人来参加会议。"现在，定期召开的水资源问题会议每次都能吸引大批的参会者。这样的变化是如何产生的呢？"当我说我是负责节约用水问题的工作人员时，我从一个巴西的教授那里得到了一个非常好的建议。他用他那充满着智慧的眼睛注视着我，说'我能给你的唯一的建议就是我们的总统卢拉（LuLa）的话：政治的艺术就是在没有成功的条件时，能创造条件'。我发现，这条建议具有惊人的力量。"所以，解决一个灰犀牛式的危机，你就不得不改变让一切保持现状的条件。

多米尼克·沃格瑞发现，在那些把有效利用水资源放在工作首位的公司里，变化都是从人开始的。"发现灰犀牛式危机的人，总会是那些靠自己的感觉和判断做事的人，或是那些能感受到来自未来的威胁的领导者。"他说，"他们必须拥有足够的智慧，并且在这个机构中有足够的资源，这样他们才能鼓励其他人合作解决问题。"这样的领导者能在整个机构中建立并维持一个团队协作体系。"变革所需要的条件常常来自一个紧密团结的、独立的个人组成的团体，而且变革主要取决于他们的集体行动。在你的同伴之间，或者是 CEO 之间创立一个非正式的团体或者是俱乐部，这将是非常有意义的，对事件的发展会产生深远的影响。"

一旦变革所需要的人脉网络已经形成，接下来该怎么办？最成功的主导者总是有坚定的决心和长远的计划。他们会找出问题的根源，弄清楚它是如何威胁到了投资、工作和经济的，然后找出解决方案。他们会找到方法，把一个成功率极高的方案从无人接受的"书呆子式"方案变成能被大多数人认可的方案——例如，召集那些不常合作的人去表达对问题的关注，同时利用国际性事件引起人们的广泛关注。他们把资料信息送给政府各个部门，鼓励它们之间友好竞争，合理使用这些资料信息。"这只能在竞争阶段之前的一个阶段进行。在这个阶段里，你可能会意外获得一个利益同盟，例如百事可乐和可口可乐一起合作，或者是能源部长和农业部长，因为政府部门之间也和企业之间一样，存在竞争关系。"多米尼克·沃格瑞说。当你能把这些存在竞争关系的同伴或者合作者召集在一起，共同寻找解决方案的时候，你可以放手，让他们在如何把方案变成行动的问题上自由发言。"虽然所有人都知道这是一个很大的难题，但是没有任何一个部长愿意因为困难而在其他部长面前语塞，拿不出任何方案。"

水资源引发的矛盾冲突

上一任伊利诺伊州议员保罗·西蒙（Paul Simon），因为其蝴蝶结领结和"中西部能行"的态度而广为人知。[11]他认为水资源问题是一个威胁人类生存的新危机，由此还写了《资源枯竭》（*Tapped Out*）一书。这本书就是灰犀牛式危机早期认知阶段的一个证明。

蕾切尔·卡森（Rachel Carson）的《寂静的春天》（*Silent Spring*），最初在1962年《纽约人》杂志上连载。时至今日，这本书仍然被看成是唤醒大众环保意识和环保行动的号角。"在这样一个时代里，人们忘记了自己的根，而且无视自己最基本的生存需求，水同其他资源一起，因为人类的冷漠而深受其害。"她早早就在书中对人们提出了忠告。

直到20世纪80年代，环保主义者还没有足够重视水资源短缺问题。到20世纪90年代，《国家地理》（*National Geographic*）、世界观察研究所、《时代》、世界银行和世界经济论坛才开始注意到日渐严峻的水资源短缺问题。

干旱的中东国家养育着世界5%的人口，但是只拥有世界淡水资源的1%。这些国家的领导人早就认识到了问题的严重性，举行了一系列讨论水资源问题的小规模会谈。以色列和叙利亚在很多问题上产生了分歧：加利利海、海尔利斯湿地抽水问题、约旦河改道和1967年六日战争中水资源的作用。埃及总统安瓦尔·萨达特（Anwar Sadat）和约旦国王侯赛因（King Hussein）警告说，水资源问题具有引发战争的威力。联合国前秘书长布特罗斯－加利（Boutros-Ghali）当时是埃及外长，他发出的警告如今已是老生常谈了：未来的战争原因不再会是争夺石油，而是争夺水资源。这句话早已经广为人知，但很多水资源专家对这句话提出了质疑。[12]

有两百多条河横跨148个国家疆界，其中也有很多河是在一个国家之内跨越州际边界。在1950年到2000年，由河流引起的冲突就达1 800场之多。[13]太平洋研究所水资源冲突事件时间列表每年都会新增加美国国内或国家之间的冲突事件。简言之，由于水资源问题引起的潜在战争威胁，是非常大的。

保罗·西蒙用一个简单但很优雅的词汇——风险计算——来形容寻找途径解决全球水资源危机可能会给人类带来的好处："如果我们把每年用于研究武器的资金拿出5%，用于研究从海水中分离饮用水，那么其结果将会惠及整个人类。"他建议用新的方式计算成本、利润，同时建议采用由常识驱动而不是由政策驱动的折中的方案。

同样，《国家地理》杂志认为，给以色列、约旦和约旦河西岸地区提供淡化的海水来满足其用水需求，其投资将会不到100亿美元。"对比来看，单是解放科威特的海湾战争就让阿拉伯国家损失了4 300亿美元。"[14]

绣花口罩

空气质量和水资源问题一样，在更加广泛的环境气候变化讨论、商业行为和政策决策中，越发突出了。

工程师出身的美籍华人、社会企业家刘佩琪（Peggy Liu）早先是麦肯锡咨询公司（McKinsey）的咨询师，后来到硅谷任职产品经理，最后才成为一名企业家。在2004年，她作为风险投资家迁居到上海，但是她很快就对自己看到的一切惊讶不已。中国正面临着快速的经济发展需求同有限的现实资源之间的严重冲突。

在2007年，刘佩琪组织召开了讨论未来中国能源问题的MIT

论坛。这是中国和美国官员之间第一次就洁净能源问题开展的公开对话。论坛的召开是因为中国和美国之间在洁净能源问题上的合作日益增多,而且这是她负责的项目。这些项目的主旨是帮助中国增强绿色环保意识。"中国正在打一场能源使用战,"她说,"如果在未来的十年内,中国不能打赢这场能源战争,那么我们在世界其他地方做的事情就都是徒劳的。中国的级别是千兆级的。因此,解决方案的级别也必须是超高级别的。我们正在对抗的是地球的真正的极限。"

参会间歇,我曾和刘佩琪坐下来交谈,谈论当时在天津召开的一年一度的世界经济论坛以及我初到北京的感受。初到北京的那天,当我从机场出来的时候,我的眼睛里和鼻子里都充斥着传说中的雾霾。即使是在长城脚下我们住的宾馆,空气也是灰蒙蒙的,压得人喘不过气来。那天夜里,一场大的风雨不期而至。第二天早上我们醒来的时候,竟然看到了这里罕见的蔚蓝的天空,但是这种重污染之中的洁净天气是非常短暂的。当地人告诉我们说,他们已经有好多年没有见到这么蓝的天空了。一天以后,来自附近工厂的污染又如期而至,城市重新隐入雾霾之中。

刘佩琪每天都会查看空气质量报告。"曾经有两次,我不得不把我的孩子送出去,因为这里的空气质量实在太糟糕了。"她说,"哪怕你在每个房间都安装了空气净化器,或者你一直都戴着口罩,也是没有用的。你就不应该活动或是呼吸。"当上海的空气污染指数达到了600以上,她就不得不带着儿子离开了上海的家;政府认为污染指数为50时,表明空气质量"良好",污染指数为101时,空气质量对"敏感人群不利"。在2012年1月,北京的空气污染指数达到900，促使中国决定5年内拨款2 750亿美元治理空气污染。在我和刘佩琪谈话的当天，天津的空气污染指数是220。当她出门时，她会戴一个绣花的口罩，给儿子戴一个绿色的口罩。"男孩子喜欢绿色。"她笑着说。

"我常会被问到的问题是，中国真的愿意变成一个绿色环保的国家吗？或者中国只是想让自己看起来绿色环保而已？"她接着说，"那些问这样问题的人从来没有到过中国，他们不了解这里的情况，不了解中国面临的一系列问题：土壤污染、水污染、空气污染、食品安全问题、干旱。"她很清楚，中国的领导人已经认识到了问题的严重性，而且正在展开同时间的赛跑。"在我看来，毫无疑问，中国正引领着新兴国家和发达国家。"她说，"每一位领导人在其国情咨文中都是这样说的。治理污染已经列入五年计划中。这是一个非常宏伟的目标。历史在回顾中国的时候，会惊讶于中国致力于治理污染所付出的巨大努力……当然历史也可能在回顾中国的时候说，这一切都太晚了。"

就在我们谈话的那一周，世界气象组织发布了一则新的报告，警告说：在过去的一年内，二氧化碳排放量的增速比以往任何时候都快；大气层的二氧化碳浓度是工业革命之前的142%；甲烷比以往高出253%。世界气象组织总秘书长米歇尔·雅罗（Michel Jarraud）持有和刘佩琪一样的观点，说："我们的时间已经所剩无几。"[15]

新理念和新科技带来资源的充足

第二天，天津的空气质量指数就达到157。当时，我正在同另外两个人一起主持一个会议。他们是斯坦福大学教授威廉·麦唐纳（William McDonough）和来自新光技术公司（Newlight Technologies）的马克·赫雷马（Mark Herrema）。威廉·麦唐纳毕生的工作就是设计重复利用废气的方案，而不仅仅是减少废气排放；马克·赫雷马的公司是负责从重污染的空气而不是洁净的空气中提炼物质制成塑料制品。重度污染的空气是指石化燃料和甲醛燃烧后排放的气体，即我们熟知的污染，但是经过碳捕获技术处理后，能变成有用的物质。

威廉·麦唐纳对自己的想法流露出一股难掩的乐观和兴奋，而且这股兴奋和乐观具有很强的感染力，我们也跟着高兴起来。他的想法就是我们在第五章中讨论的内容：要激励人们行动起来，你就需要把困难变成机遇。"毒素细菌放到另外一个地方就会成为原料。"威廉·麦唐纳说。他的童年是在日本度过的。那时候，人们会用牛车把一车的废料送到农民的地里去。牛蹄踩在路上的啪嗒声和车轮在地面上的咕噜声一直印在他的脑海里，成为激励他向前的动力，于是他一直致力于把"废料"变成原料。他说："这比不要钱还便宜。"

在2002年，威廉·麦唐纳和迈克尔·布朗嘉（Michael Braugart）合写了一本书：《从摇篮到摇篮：重构制造方式》（*Cradle to Cradle: Remaking the Way We Make Things*）。这本书表明企业生

产可以把过去认为的废料当做原料，并且从一开始就把生产过程设计成可持续发展的循环模式。取代了过去的从摇篮到坟墓的生命过程，在威廉·麦唐纳的展望里，产品能够在其生命的尽头再生。"从摇篮到摇篮"给"细水长流"这句老话赋予了新的内涵。

"大自然已经找到一种方式，把二氧化碳从大气中分离出来，然后输入土壤中。"威廉·麦唐纳说，"我们要是能设计出一种材料，让它能够安全地回到自然中去，那会怎么样呢？"他指出镉和铅在焊接电脑的时候能发挥巨大的作用，但是如果泄漏到生物圈中，就会变成神经毒素和致癌物质。他说："铅在电脑中是焊接物质；铅进入孩子的大脑中，就会导致死亡。"

这个原则同样适用于碳。碳会导致污染和气候变化，但它同时也是生命之源。"我们能把碳和氮输入土壤里去吗？我们能通过设计释放氧气吗？"威廉·麦唐纳问。他想进一步发展他的理论："我们不要单纯地降低它的恶；我们要发扬它的善。我们需要改变旧的'提取、制造、丢弃'的模式。"换句话说，就是废弃、制造、提取。

马克·赫雷马把这个理念付诸实践，发明了一项技术。威廉·麦唐纳第一次向我提起这项技术的时候，我被惊得目瞪口呆。技术的核心还没有注册专利，因为它看起来似乎是个天方夜谭：用重污染的空气制造塑料物质同时阻止碳再次进入大气中。马克·赫雷马在报纸上看到一篇文章讲，奶牛打嗝和呼吸的时候，会把大量的甲烷排放到大气中去。他豁然开朗了，一个绝妙的主意浮现在他的脑海中。这个主意最终导致了新光科技的创立。直到他读了这篇文章，他才感受到确实是人类的活动在改变气候：听起来似乎过于抽象了，不太真实。但是，文章中说：每一头奶牛每天向空气中排放 600 升甲烷。读到这里的时候，他顿悟了。他把一头牛乘以一群，一群乘以很多群，然后想到这些甲烷气体的总和接近于一个巨型发电厂。突然，问题的重点变得明朗了。

"我们把这些数量惊人的材料释放到空气中去了。"他说。但是真正的突破是在他把想法进一步延伸的时候。"如果我们目前在世界上制造的所有东西都来源于碳，而且我们把所有的碳都释放到空气中去了。在这之间一定存在着某种联系。如果我们不把碳排放看成是一件坏事……就像是火……如果我们不把它看成是破坏类物质，如果我们把它看成是光源，那会怎样呢？"他说，"如果大自然是靠分离碳而存在的，那么我们为什么就不能呢？"他想到了光合作用生成的巨大的红木森林和以甲烷气体为食的海洋底层的生物。就这样，他有了无数个不眠之夜，开始了 10 年之久的反复尝试。直到他的团队取得了巨大的突破，用收集到的碳制成了塑料物质，他才最终在这个问题上取得了重大的成果。

新光科技公司制造生物催化剂：一种能够生出酶类物质的有机物；这种酶类物质能够跟排放到空气中的碳发生反应，把它们转化成塑料物质。经历了 10 年的时间，从一个车库起步，到一个小实验室，再到一个大实验室，花费数百万美元的研发资金，这家公司终于找到方法，把碳转变成了塑料，而且成本比传统方法——以石油为原料的方法——低很多。"突然之间，你有了这个模式，你可以不再关心气候变化。"马克·赫雷马说。因为二氧化碳制成的塑料成本远远低于其他方法制成的塑料，所以它彻底改变了我们关于制造业的思维模式。目前，斯普瑞特（Sprint）

手机壳的塑料有将近一半由新光科技公司负责生产。这个塑料是前所未有的产品。新光科技公司所做的事情就是威廉·麦唐纳曾经说的——用"废弃物"制造有用的东西。马克·赫雷马喜欢看自己家旁边的树林里透出来的光：光既照亮了树叶，也帮助树叶把碳转化成生命所需的物质。

合理化投资

戴索（Desso）是一家总部设在荷兰的、生产地毯和草坪的国际公司。它也是变废为宝的成功范例。戴索公司的CEO亚历山大·考洛特（Alexander Collot）原来是2008年成立的改革小组的成员。这个小组的工作是要让戴索公司的产品达到从摇篮到摇篮的生产标准。在2012年，亚历山大·考洛特成为公司的CEO后，他和他的团队仍然坚持寻找合成新材料的途径，这种材料的来源常常是出人意料的物质，例如合成的碳酸钙——换句话说，就是石灰石——是从戴索公司目前使用的、当地的饮用水中提取的。戴索公司一半以上的产品都来自再生资源，种类非常广泛，例如旧渔网和旧地毯。欧洲将通过的一项法律要求公司到2025年以后，必须封装其可回收的产品废料，而且不可以再向土壤中回填可回收的工业废料。亚历山大·考洛特非常支持这项法律的颁布。[16]他发现全欧洲每年产生的25亿吨垃圾废料，只有1/3得到了重新回收利用。这项议案受到一些商业团体的强烈抵制，只有那些已经接受循环经济理念的、聪明的公司持支持的态度。荷兰联合利华集团（Unilever）因为欧洲商业联合会反对这项极有价值的议案,所以毅然退出了欧洲商业联合会。

根据麦肯锡咨询公司的估计,截至 2025 年,循环经济理念将会在全球每年节省高达 1 万亿美元。麦肯锡咨询公司在 2014 年发布的报告中提出:生产可拆解的手机,建立奖励制度,鼓励用户把废旧手机部件送回公司,仅此一项措施就可以节省出一半的生产成本。啤酒制造商通过出售加工过的谷物,每 100 升啤酒可以多获得将近 2 美元的利润。在英国,每吨回收利用的旧衣物可以创造 1 295 美元的利润。[17] 很多公司都已经接受了循环经济的理念。

普瑞沃黑尼·布拉多(Privahini Bradoo)是世界经济论坛全球青年领袖。他与朋友一起合作创立了蓝色橡树公司(Blue Oak),负责回收电子废料。仅在美国一个国家,消费者每年扔掉的电子废料就有 320 万吨,其中有超过 80% 的废料被填埋到土壤里。土壤中有害金属浓度 70% 以上来自这种人为填埋的电子废料。全世界每年产生的电子废料是 5 000 万吨。但是,制造业每年却要花 120 亿美元去寻找新的铁矿石矿区。每 20 分钟,美国的消费者就会丢弃总重量高达 1 吨的手机。每年的电子废料中含有的铜相当于全球铜产量的 1/3。电子产品制造商一直在绞尽脑汁地寻找获得珍贵的稀土金属的方法,其中大部分都是来自中国(因为某种原因,我们称它是珍贵的)。与此形成反差的是,我们扔掉的小配件中含有的珍贵稀土金属只有 1% 得到了回收利用。蓝色橡树公司抓住了这一巨大商机,建立了小型的精炼厂,从电子废品中提取贵金属和稀土金属。公司的理念是"改革我们终结电子产品使用寿命的方式;把今天的电子废品变成明天科技所必的、可持续性的、重要金属原料"。这家公司得到了谷歌和哈佛商学院的认可,而且成功吸引了风险投资家的关注。

这样的理念不仅能在新兴企业中得到成功应用,而且在历史悠久的国际化大公司中也有成功的范例。荷兰联合利华集团早在2015年就宣布:它已经成功实现了零垃圾填埋的目标。它旗下的240家工厂分布在67个国家,为公司制造品牌产品,其中包括万能(Magnum)、家乐(Knorr)、多芬(Dove)和家净(Domestos)。[18]在亚洲和非洲,联合利华集团改变了过去垃圾填埋的做法,现在把它们变成低成本的建筑材料;在印度,联合利华集团的做法是把有机废料变成肥料,提供给蔬菜种植区;在印度尼西亚,它用废料给加工水泥提供燃料。这些措施创造了数以百计的工作机会,节省了2亿欧元。

这些项目只是联合利华集团CEO采取的主要措施的一部分。在2009年,保罗·波尔曼(Paul Polman)到联合利华集团担任CEO,他计划让公司规模翻倍,同时大幅度降低公司生产对环境造成的影响。在那之前,联合利华集团一直处于停滞状态。保罗·波尔曼带来了雄心勃勃的计划和宏伟目标,把可持续发展理念注入其公司的每一个品牌,既节省了成本,又提高了品牌声誉。在2008年到2013年,联合利华集团从加工和物流中减少了100万吨的废料产出,同时节省了将近4亿美元。就这样,保罗·波尔曼在解决环境问题上的灰犀牛式危机的过程中,给自己创造了商机:他通过节约成本,给联合利华集团注入了新的品牌优势。

我们"得到它"的那一年

从那本著名的《寂静的春天》出版到1974年第一个地球日，已经过去了很长时间。在1974年的时候，波戈（Pogo）说出至今广为人知的一段话，"我们已经看到了那个敌人……他就是我们自己。"在20世纪70年代的时候，我还是个孩子。我的父母把家里的恒温器调得很低。他们这样做，不仅仅是出于环保意识，更是因为依靠教师工作的微薄薪水养活一大家子人，实在不是一件容易的事情。此外，我的姥姥和姥爷经历了第二次世界大战时生活物资极度匮乏的时期，他们一直教育我的妈妈要勤俭节约。直到我成年懂事以后，我才把节省能源这件事同拯救地球联系起来。但是这样的想法过于抽象了。许多人都认为拯救地球的任务太过遥远，与自己没有太大的关系。如果我们把问题归结到钱上，即通过提高效能来节省支出和创造效益，或是规避明显的商业风险，那么宣传节约能源的工作就容易得多，节约能源就会成为人们的行为推动力。

近年来的极端天气事件——从卡特里娜飓风到超级风暴桑迪，再到连续出现的极地涡旋以及极地海洋冰层减少，还有在加利福尼亚和巴西出现的史上最严重的干旱——已经让我们清醒地看到了气候的变化。慢慢地，深切关注气候变化的声音已经高出了否认气候变化的声音。保险公司已经开始说服其客户不仅关注气候变化，而且要采取行动，保护自己不因气候变化而遭受损失。保险公司能够这样做，不是因为它们是环境保护主义者或是小海豹爱护者，而是因为这样做能给它们带来商业利润。

2014年，一篇文章宣称"年度最大商机是环境变化"。[19]文章中引用的事例非常具有说服力。洛克菲勒家族成员、石油和煤炭巨头约翰·洛克菲勒（John D. Rockefeller）的后代宣称，他们将放弃石化燃料工业，转向投资清洁能源。这项决定是非常具有先见性的，因为2015年汽油价格出现了大幅下滑。苹果公司CEO告诉那些对环境变化持怀疑论者，如果他们不喜欢公司做出的降低温室气体排放的承诺，那么他们就应该出去走走看看，然后就能明白了。

难道气候变化最终发生在2014年吗？

看到极地冰层融化的视频后，罗纳德·里根（Ronald Reagan）执政时的国务卿乔治·舒尔茨（George Schultz）与共和党的传统领袖人物分道扬镳，站出来为政府保护环境的政策辩护。[20]

教皇方济各呼吁全世界的教会参与对抗气候变化的行动。在2014年10月的时候，他在一次会议上对来自拉丁美洲和亚洲的活动家们说："土地垄断、植被减少、水源被霸占、粮食短缺等，都是威胁人类生存的罪魁祸首。气候变化、生物多样性的减少和水土流失等，都正在以我们能看得见的、灾变的形式显现着自己的威力。"[21]最初的新闻没有报道教皇呼吁中提到的最大问题，即人口增长问题。

美国和中国是全球温室气体排放量最大的两个国家，占全球温室气体排放总量的1/3以上。在2014年，中国和美国终于签订了降低温室气体排放的协议。美国制定了一个新的目标：截至2025年，减少相当于2005年排放量的26%～28%。中国承诺在

2030年之前实现降低二氧化碳排放的目标,并且在2030年之前实现增加非石化燃料使用量大约20%的目标。

同时,在美国,相信全球正在变暖的人数增加了。2014年4月,由耶鲁大学和乔治梅森大学联合进行的一项民意调查显示,相信气候正在变化的人数占接受调查总人数的64%,同2010年的57%相比,有很大提高。[22]美国总统奥巴马把"全球气候变化问题"作为其2015年国情咨文演讲的主题。他提到,有史以来最热的15个年份中的14个发生在21世纪。国会声明气候变化已经是个现实问题,尽管它还拒绝承认这是人类活动的结果。

在环境问题上,从水资源短缺到环境污染,再到温室气体排放,我们可以看到一些人正在做着各种各样的努力。灾难越是临近,行动就越是果断迅速,即使有的时候为时已晚。如果我们能把灾难定义成一次机遇,我们也有可能会行动起来,即使有时只能是减缓灾难靠近的速度。

第七章 行动：顿悟之时

本章要点

到了你开始行动的那一刻，可能就已经来不及了。

测量。记录问题的程度级别，能让我们更好地找到应对的准确办法。

分而治之。如果你不能解决全部问题，那么就应该选择你能解决的那一部分。同理，你应该把决策分解成一个一个小的、详细的、有效的单元——国家中的州、州中的一个城市、整个行业中的一个公司、整个公司中的一个部门。

把危机定义成机遇。我们的认知倾向会驱动我们对有利可图的事情开展行动，即我们不会单纯为了避免问题的发生而采取行动。

总是要有一些戏剧性事件才能促使人们行动。但是有时候，一点点改变，就能取得重大的成功。例如米勒康胜啤酒公司，生产方式的简单变革就给公司节省了巨额资金。

第八章
灾后：危机也是一次不可浪费的机遇

在 6 月末的一个阳光明媚的下午，重型推土机沿着加拿大卡尔加里市的弓河（Bow River）河岸缓慢地行进着。河岸旁边是一个很小的街道，街道两边高端住宅林立，巨大的铁丝网围栏将住宅设计完美、精心养护的草坪同外侧的建筑工地隔开。重型推土机正在沿河铺路，路的中间有一条黄线，是为了把行人和骑自行车的人隔离到安全地带。你从推土机的位置冲着河的方向扔石头，如果是在过去，石头会掉到河岸上，但现在石头会直接落入水里，因为河岸已经在 2013 年那场百年不遇的洪水中被冲毁了。

这块特殊的狭长陆地，位于英格尔伍德市第八街的尽头，是这个城市里历史最久的街区，在这场水患中首当其冲受害。它的地理位置是埃尔博河（Elbow River）和弓河交汇口下游的巨大河湾处。埃尔博河是卡尔加里市的生命河。就在不久之前，河岸还向水面延伸出去很远，现在却消失了。洪水泛滥时，河水一改以往的缓慢悠闲，以每秒 1 800 立方米的流速，呼啸着撞向堤岸。

不到 24 小时，将近 60 米的堤坝就被洪水吞没了。为了保住剩下的堤岸和河岸上的人家，城市工人迅速将 40 个水泥防护栏和 2 000 袋沙子扔下去，堵住了上涨的河水，否则后果不堪设想。

沿着河岸，一堆堆的巨石筑成的堤坝，是人们为了保住河岸在将来不被洪水冲垮而做出的努力。抗洪队已经在埃尔博河沿岸筑起 10 700 吨的巨石堤坝，在弓河沿岸筑起了 96 000 吨的巨石堤坝。当城里巨石告急时，甚至发生了争抢事件。两座新筑的巨石堤坝延伸进河水里，目的是在未来的洪涝中，能让河流改道。为了避免河岸上的水土流失，人们还在部分河岸上种植了草木。很多树苗横躺在地上，等着园艺工人给它们挖树坑。一个新安装的户外喷水管，静静地站在小路的尽头；原来的那个喷水管已经被洪水冲走了。向远处望去，河水蜿蜒流过那片鸟类栖息地。河水冲走了大部分的陆地，只有一小片留下来，上面覆盖着绿草，看起来像是水中漂浮的一块蛋糕。岩燕们在洪水冲出的河岸新土上打洞，又把筑巢材料叼来放到洞里。把岩燕赶走，加固这里的河岸，是不可能的，因为这些岩燕最近被列为濒危动物了。

最近的洪水是由春季末期的雨水加上融化的雪水，再加上埃尔博河和弓河原有的水量，几股水流汇合到一起，最终导致的史上最严重的一次洪水。至 2014 年，这次洪灾刚好过去了一年。在弓河和埃尔博河的汇聚处形成了一片大草原，卡尔加里市就矗立在草原之上。也就是说，这个阿尔伯塔省的经济命脉同时也是加拿大的经济命脉——卡尔加里市的绝大部分主城区就坐落在洪泛平原上。卡尔加里市的居民很清楚其城市的历史，同样也明白这个城市的生命之源正变成其城市生存的最大威胁。2013 年的洪涝灾害是加拿大史上损失最大的一次灾害,造成了 60 亿美元的直接损失,其中包括 4.45 亿美元的灾后基础设施重建费用。被转移的人口接近 10 万人;电话线路中断,公共交通停止运行,大约 3.5 万人经历了断水断电;4 000 户左右的家庭和商户受损。堪称奇迹的是,死亡人数只有 1 人——一个不顾市政府的转移指令,执意留下来的女人。

当我来到加拿大卡尔加里市,同当地政府官员探讨他们应对洪水措施的时候,他们中的很多人都能详细说明洪水的水量和强度,这一点很让人惊讶。在弓河边上,几个人告诉我,弓河上游的水量在最高峰时达到每秒 1 700 立方米——是有史以来最高的,而且是平日水流量的 13 倍。在埃尔博河和弓河的下游交汇处,即损失最惨重的英格尔伍德市,水流量达到了每秒 2 400 立方米。

2013 年的洪水在卡尔加里市历史上只是政府宣告的紧急状态中的二级紧急状态。一级紧急状态是 2005 年的洪涝。当时,洪水冲毁了 40 000 处房屋,1 500 人被迫转移,3 人死亡。洪水造成的损失高达几亿美元,其中只有 1 650 万美元的损失获得联邦政府拨款。这两次洪水给人们留下了一个值得深入研究的课题:一座城市该如何预防未来类似的灾难发生以及决策者会在哪些问题上摔跤。

立体的谷歌地图

在 2005 年的洪水过后,阿尔伯塔省召集了一个特别工作小组,同时指派专门人员研究如何阻止未来发生洪涝灾害的办法。在所谓的格林菲尔德报告(Groeneveld Report)手册中,共计提出了18项防洪措施，预计花费3.05亿美元。有趣的是，这18项措施的大部分来自1997年和1998年的小型洪水之后的2002年报告草案。这份草案自拟订之日起就没有受到足够重视，所以一直停留在草案阶段，没有进一步成为议案。尽管格林菲尔德报告得到了正式发布，但是其中的大部分建议同之前的草案一样被束之高阁了。

卡尔加里市的应急指挥中心建立在一座小山顶上，建筑面积很大，一直延伸到半山腰，看起来像是从詹姆斯·邦德的电影里移植出来的。这个应急指挥中心不是格林菲尔德报告中最正式的建议，而且它的建立完全是2005年的洪水促成的。在政府官员的呼吁下，市议会批准了建立应急指挥中心的议案，并且于2009开始正式施工。卡尔加里市的城市重建指挥部部长克里斯·阿瑟斯（Chris Arthurs）说，这座应急指挥中心最终在2012年，即2013年的特大洪水发生的前一年，正式竣工，自竣工之日起就因耗资4 700万美元而招致各种诟病。在我们终于爬上山坡，到达指挥中心的时候，克里斯·阿瑟斯说："但是，现在没有人再质疑它了。"

这座棱形的建筑不仅海拔很高，而且配备了很多抽水泵，以确保建筑不被洪水冲垮。它不仅远离飞机航道，而且远离靠火车和货车运送的危险品的运输线。整个建筑建在一个废旧地堡上面，配备32个监控摄像头、3个电话系统，加上一个独立的无线电、一个无线电发射塔、数字集群通信系统、容量50 000升的水箱，以及足够供给60人维持72小时的食物储备。应急指挥中心的发电机——一共有四个，尽管实际上只需要两个就足够了——

第八章 灾后：危机也是一次不可浪费的机遇

可以给整栋建筑提供连续 7 ~ 10 天的电力保障。"但是，如果我们关掉灯等照明设备，这里的电量可以维持三周以上。"汤姆·桑普森（Tom Sampson）说。自这个中心竣工后，汤姆·桑普森就被任命为卡尔加里市突发事件应急管理中心的主任。

在指挥中心控制室，即应急救援人员集结的地方，墙壁上是巨大的屏幕，上面显示着实时灾情信息和地图。汤姆·桑普森点击进入一张城市卫星图，上面汇集着 212 个交叉信息点，分别来自税收和商业许可的可用数据：轻轨车站、危险品仓库、学校、图书馆……"这就像一个立体的谷歌地图。"汤姆·桑普森说。他从鸟瞰图中选取了一栋大楼，拉近放大，转到它的侧面，接着又旋转了 360 度，最后用鼠标量出了其中一扇窗户的高度。之后，他把这张图缩小放回去，又在河面五英尺高的位置上，点击了一下鼠标。立刻，周围的景物清晰起来，甚至每一个街区的房子都能看得清清楚楚。他有一次调出了学校、图书馆和其他一些紧急疏散地点，告诉我哪些已经安全了，哪些会被洪水冲毁。这些是格林菲尔德报告中提出的众多建议中的一个，在洪水发生之前逐一建成并投入使用，在此次洪水中发挥了巨大作用。

这个建模工具在 2013 年的洪水中是非常关键的，它帮助应急指挥中心和电力公司找到最大的威胁：32 号变电站。应急指挥中心认为，如果发生洪水，这个变电站在洪水中是最明显的安全隐患。恩曼（Enmax）电力公司建立了一个护堤保护变电站的设施，结果效果非常好。2013 年洪水肆虐期间传回的图像显示，浑浊的河水曾一次次呼啸着冲向变电站，但是都被变电站下面的矩形护堤挡住了。如果恩曼电力公司没有建立这个防洪堤，汤姆·

桑普森说："不仅仅是几百万美元的设备会毁于一旦，而且 16 个社区也将会被连根拔起。"这是事前防范措施起到重要作用的一个典型事例。"在过去的这几年中，我们不需要任何的应急指挥演练，因为我们必须面对许许多多的、真实的突发事件。"汤姆·桑普森说。卡尔加里市要应对的突发事件实在是太多了，包括火车脱轨、暴风、三级火警……当然，还有洪水。

只许成功，不许失败

尽管在 2005 年受到洪水的冲击，卡尔加里市仍然不得不克服各种阻力，才能成功应对和防范未来的各种威胁。当我到访卡尔加里市的市长办公室的时候，我看到办公桌上仍有厚厚一摞的《卡尔加里先驱报》（*Calgary Herald*），提醒着来访者剩余任务的艰巨程度。报纸的标题赫然印着："降低 10 亿美元的抗洪援助金。"

在 2010 年选举中获胜的市长内黑德·南施（Naheed Nenshi）在 2013 年之前从来没有看到过那份格林菲尔德报告。"我甚至根本不知道这份报告的存在，"他对我说，"更奇怪的是，我们建立了应急指挥中心——但是，我在洪水暴发之前，从来没有到过这个指挥中心，洪水暴发了，我才第一次走进这个指挥中心的大楼。"事实上，他告诉我他非常懊悔，因为他曾经投票反对在应急指挥中心建立第三个备用 IT 服务器。"当然了，建立第三个 IT 服务器是因为前两个在洪水中被冲毁了。"他说，语气中充满了后知后觉的懊悔。之后，他用自己的智能手机向我展示了伦敦应急指挥中心的图片。英国的这个应急指挥中心的建筑看起来完全是卡尔加里市应急指挥中心的翻版,这一点让他很是自豪。

在我们讨论灾后重建工作中如何应对和防范未来类似灾害的时候,内黑德·南施拿起一个巨大的紫色软压力球,在两只手之间倒来倒去。他出生于一个来自坦桑尼亚的移民家庭,是历任北美地区市长中的第一个穆斯林。在担任市长之前,他从哈佛大学毕业后,担任过麦肯锡咨询公司的咨询师,同时是商业学校的教授。他是公认的废寝忘食地专研政策的书呆子。我第一次见到他是在洪水暴发6个月之前的一次达沃斯世界经济论坛年会上。当时,我和他组队共同主持关于未来管理方法的专题研讨会。我们的讨论组建议把透明度和协调能力作为未来政府成功管理的衡量标准。内黑德·南施把会议精神应用到参与式财政预算和其他大的项目方案的管理中,不断向卡尔加里市市民寻求反馈意见。谁能够料到,这样的想法几个月后竟然起到了巨大的作用?

内黑德·南施针对洪水采取的应对措施,以及他的付出精神和愿意与各方沟通的态度为他赢得了广泛的肯定和赞誉。他的推特账号上有25 000个粉丝。"因为他绝对是推特上最好的……就像是推特之王……或者更加准确地说,是推特上的市长。"他以自己典型的幽默方式,欣然接受了这份殊荣。

百年不遇的洪水过后,内黑德·南施打出了"只许成功,不许失败"的标语,用自己独特的管理方式帮助卡尔加里市迅速从洪灾中恢复过来。这座城市甚至在洪水刚刚过去了两周,就成功赢回了久负盛名的一年一度的牛仔节。漫延上来的河水没过了赛马场地和体育场看台的底层座位,冲毁了马厩,但是人们依然热情不减。在卡尔加里市的洪水过了两个星期后，多伦多也遭遇了洪水袭击。《多伦多太阳报》（*Toronto Sun*）的记者在推特上揭露：多伦多市长罗布·福特（Rob Ford）在洪水冲断供电电路后，带着全家人躲到SUV（运动型多用途汽车）上，发动汽车上的空调降温。随后，推特上要求内黑德·南施协助多伦多市抗洪的呼声一浪高过一浪。（"请告诉我，多伦多的市民花多少钱才能把罗布·福特和内黑德·南施对调？"推特上一个海报的口气非常地讽刺。）卡尔加里市遭受洪灾后，阿尔伯特省提出以市场价格购买那些位于洪灾区的房屋。内黑德·南施也对那些在洪水中房屋被毁的人提出一个很有吸引力的建议："如果你申请灾难救助，我们将给你补助一笔额外的资金，但是你得保证继续留在卡尔加里市。"他对居民说。这笔资金可用于搬迁到洪水泛滥区的上游，下游地区房屋修补墙壁裂缝和门窗或刷防水涂层等。

洪灾过去一年后，卡尔加里市在计划防御未来发生与2013年类似的洪水的时候，面临了一个两难的抉择。市长和他的团队已经得出结论，即用于重建和加固河岸的3.17亿美元的计划资金远远不足以保护这座城市。几天前，市政府防洪研究小组向市政厅递交了一份报告，建议投入10亿美元的项目资金，以提高城市的抗洪能力。

"这一年中，这里的居民非常紧张：还会有洪水吗？而且，不管你如何解释，哪怕是引用历史统计数据，告诉人们这是百年一遇的洪水，所以今年再次发生洪水的可能性非常小，人们仍然惶恐不安。"内黑德·南施说，"我们这里的冬天漫长而痛苦——北美洲的每个人都知道——但是，我们可能是北美洲地区唯一一群对春天的感情比较复杂的人。我们很紧张。天空中每次有乌云飘过，每一个高温天气，我们都会担心积雪融化问题。一天之中，我无数次地查看洪水预告。我对河水的流速和流向了如指掌。但是，我仍然会时不时地、紧张地观察天空。每一次我从河边经过的时候，我都会停下来查看水位线。"

然而，洪水造成的心理阴影还是没能转化成现实投资上的动力，毕竟这样的投入涉及好多年的设施建设，而且耗资巨大。在卡尔加里市的众多议案中，有三项议案得票数最多：在闹市区铺设排水渠，把水排往别处；在斯布林邦克附近建立一个水库，既可以防洪又可以抗旱，因为干旱的年份在阿尔伯特省也很常见；在麦克莱恩溪流上建造一座拦沙坝，其主要目的是暴发洪水的时候能够帮助排水，但是在干旱的年份没有任何作用。

内黑德·南施拿起一张纸，又拿起一个排水渠图纸。图纸上显示，这个排水渠是市中心 20 米以下的管道，能把弓河的水导流到 5 000 米以外的下游水域。"在水流量比较大的年份，我们可以把水从这里引到这里。"他一边说，一边在两处地点之间画了一个箭头，"保住了弓河这里的流域，就是保住了卡尔加里市市中心。"

内黑德·南施继续说："很多人都愿意参加这次讨论。一些没受到洪水影响的人说不应该建造这个引水设施。但是，我们这些身受其害的人说必须建造这个引水设施，而且要立刻开始建造，不惜一切代价。就个人来讲，我是再也不愿意经历这样的磨难了。三份议案都是合情合理的。如果你把三个防洪措施都付诸实践的话，其预算总额高达 10 亿美元。我们的基础设施建设也是必不可少的：建设轻轨，铺路，建造污水处理厂。这些尚未明朗的预算就高达 250 亿美元。"他稍微停顿了一下，然后说，"如果我们很幸运的话，我就一直不需要启用这个防洪设施。我们面临的问题是公共政策学中一个很有趣的问题。我们将会花费 10 亿美元以避免 50 亿美元的损失，而这件事的发生概率是 1%。"

如果从这些角度来衡量，这样的计算看起来毫无意义。但是内黑德·南施深刻意识到这样的计算方式很可能是错误的。这个经济成本中包括了人力成本吗？这里面不确定的因素实在太多。

这样的洪水真的是百年一遇的危险吗？在最近的 10 年内，卡尔加里市就已经发生了两次这样的百年一遇的洪水了，而且根据科学家的推算，出现风暴的概率正在逐年增加。很快，卡尔加里市市政府就会发现，建立一个对抗百年一遇的洪水的防洪体系是不够的。从内黑德·南施建立的市民意见反馈机制传来大量信息，表明很多人都期望政府建立更多的防洪设施。"如果市政府批准建立防洪设施的时候，考虑的是 100 年才会发生一次的洪水，那么其决策肯定是会出问题的。"一位市民说，"100 年才发生一次，这只是一个基于统计数据的预测。它没有说明的是，这个 100 年才发生一次的洪水是会在近期发生，还是在很久以后的未来才会发生。"实际上，其他地方建立的防洪体系都是高规格的。加拿大第八大城市温尼伯的红河泄洪体系，是能够抵抗 700 年一遇的洪水的级别。阿尔伯特省则把标准提升到对抗 1000 年才发生一次的洪水。荷兰加固了防洪工事，对抗的是 1250 年才发生一次的洪水，而且这项防洪工事要求每 50 年进行一次维修加固。

技术上对百年一遇的洪水的定义是：在这一年中发生洪水的概率是1%。但是，因为每一次的洪水都会开出新的河道，所以未来发生洪水的概率也就会发生改变。同时，其他因素也会起到一定作用。政府间气候变化专门委员会综合了首席科学家的观点，预测极端天气的发生概率将会更大，因为全球变暖对气候造成了严重影响。随着强降雨天气的增多，洪水会越来越频繁地发生，级别会越来越高。在沿海地区，海平面升高导致的沿海地区受灾问题会越来越严重。有些河流的水源来自融化后的冰川和积雪，全球气候变暖，会加重这里的洪涝灾害。在2012年的时候，加拿大保险局发布报告称，它预测未来的旱灾和洪涝都会越来越严重。[1]据另外一项预测显示，在30年内，本来是百年才会发生一次的洪水，其频率会变成35～55年发生一次。2013年艾奕康工程顾问公司（AECOM）给美国联邦应急事务署做的一项研究显示，沿海地区和沿河地区在未来90年中发生洪涝灾害的概率会增加50%。[2]

如果我们把减少可避免的损失考虑在内，这样的计算就更加复杂了，因为减少损失是很难的一项任务。在1968年，尽管很多人抗议说这项工程是既浪费财力、人力又毫无意义的投资，温尼伯河泄洪水道的建设标准还是达到了可以对抗90年一次的大洪水的级别，其总体花费达到了6 300万美元。1997年"百年一遇的大洪水"袭来的时候，重创了附近的美国北达科他州大福克斯县（Grand Forks），但是洪峰到达温尼伯市的时候，泄洪水道发挥了作用，将损失降到了最低。不过，很明显的是，暴雨带来的水量已经接近了泄洪水道的极限，如果暴雨再严重一点的话，泄洪水道就无法承受了。加拿大曼尼托巴省历史上最为严重的一次洪水发生在1826年，比1997年的洪水的水量多出40%；如果这样的洪水再发生一次的话，将会给这里造成50亿美元的损失。在2005年，联邦政府、曼尼托巴省和温尼伯市又另外联合投资了6.27亿美元扩建泄洪水道，把它建成能够抵抗700年一遇的洪水的级别。据政府的统计，这个泄洪水道自其建立之日起，已经挽回了320亿美元的损失，仅在2009年一年就挽回了120亿美元的损失。[3]曼尼托巴省在防御洪涝灾害方面的表现如此突出，是因为它懂得防患于未然远胜于亡羊补牢。

曼尼托巴省挽回的损失超出了研究灾难的专家估计的复原成本。根据美国联邦紧急事务管理局和多重灾害减损委员会的估计，为加强城市抗灾能力花掉的每1美元，都会帮助城市减少4美元的损失。[4]此外，还有机会成本。洛克菲勒基金会的朱迪斯·罗丁（Judith Rodin）在洛克菲勒基金会的工作重点是灾后重建问题，根据她的估计，有25%的中小企业在灾后彻底倒闭。

"任何一个实体都能够建立弹性机制。"朱迪斯·罗丁在2014年出版了一本书，书名是《弹性红利：在糟糕的世界里强大地活着》（*The Resilience Dividend: Being Strong in a World Where Things Go Wrong*）。"大多时候，弹性思维都无法受到重视，直到一些大的灾难或打击出现的时候，人们才会想起它的重要性。但是我们不应该总是在遭受灾难或损失的时候，才想到应该建立正确的思维方式。"

这样的计算方式显然是倾向于避免发生灾难。但是，政治上的计算方式是完全不同的。"去年6月，我们遭受了洪水的袭击；

10月进行了市议会选举,"内黑德·南施说,"事后一切恢复正常。'你将采取哪些防洪措施?'之类的问题非常少,少到我一只手就数得过来。从任何一个角度来看,这类问题都与选举无关。"事实上,他的新闻发言人刚刚给了我一篇关于洪水的文章,题目是"海象"。[5]文章中引用了2009年的一项研究结果,表明选民会因为得到灾难补偿而感谢现任政府,但却绝不会因为灾难防范机制的建立而感谢现任政府。"现在正是洪水周年纪念,所有因洪水而引发的悲伤情绪正在平复,"他说,"如果我们不迅速决断,在接下来的24个月内投入大量资金建立防洪体系的话,那么政府就很难筹措到这笔防洪费用了。"

让灾难恶化,但没有好好地利用它,让它激励人们尽快行动,是一种非常危险的行为。同样,我们做一件事,只是为了完成它而做,没有任何深谋远虑的前瞻性,那么,这也是一种危险的行为。

在9月末,阿尔伯塔省省长潘迪思(Jim Prentice)宣称,将在斯布林邦克附近建造拦沙坝,而不是在卡尔加里市建议的麦克莱恩溪流上建造拦沙坝。[6]令人非常惊讶的是,省长潘迪思没有咨询防洪专家,也没向居民征询意见。内黑德·南施对此提出了批评:"这样的决定与我们先前的计划背道而驰。我们本来是要建造一个水库,既能防洪,也能在干旱的年份提供水源。[7]在斯布林邦克附近建造的拦沙坝,只能在洪水来临时发挥作用,不能全方位地利用水源。阿尔伯塔省之前的计划全被打乱了。"

超出预期的后果

在我写这本书的时候,阿尔伯塔省防洪设施如何建立,还没最终定音。不过,从这件事中可以看出,在周密的计划过程中出现了典型的政治性干扰。这件事情发生的变化表明我们在灾后做出的决定非常有可能是缺乏远见的、无用的,甚至是古怪的。

在"9·11"恐怖袭击事件之后,小布什政府推出了很多反恐政策,包括我们现在非常熟悉的政策(收效甚微、作用不大的政策),例如机场安保程序,浪费了时间,而且造成了难以估量的经济损失。我们已经逐渐接受了烦琐的、离奇的安检措施,例如脱掉鞋子。我们之所以接受,可能是因为我们不想浪费时间与其争辩。肖恩·雷恩(Shaun Rein)在《福布斯》上估计,自"9·11"事件以后,到达美国机场的旅客在安检上浪费了大量时间,每年造成了200亿~300亿美元的经济损失。[8]但是,人们都对此默认并且接受了,因为人们觉得至少有人为反恐采取了行动,至于这个行动是否是对资源的有效利用,他们就不关心了。

此外,我们的决策可能会产生超出预期的以邻为壑效应。德国的萨克森-安哈特州(Sachsen-Anhalt)在2002年遭受洪水袭击,易北河(Elbe)沿岸131处堤坝被毁,造成20人死亡,110亿欧元经济损失,6万人疏散,30万人的生活受到影响。此后,萨克森-安哈特州的防洪措施包括在易北河沿岸加固堤坝、建立一个洪水预报体系、制订长远的计划等。

在2013年,又一次洪水袭来的时候,易北河的水位比平时

第八章 灾后：危机也是一次不可浪费的机遇

高出了4倍，甚至比2002年时的水位还要高。但即使水位如此之高，曾经被冲毁的堤坝在此次洪水中几乎全都完好无损，并没有造成什么损失。不过，洪水带来的灾难被转移到下游去了。在马格德堡（Magdeburg）南部，即在该省份的中心位置，易北河与萨尔河（Saale River）交汇处的一个急转弯，堤坝决口了。[9]

受灾地区会想出许许多多、各种各样的措施，防范灾害再次发生。但多数情况下，这些措施只有极少的一部分会被付诸实践。

美国加尔维斯顿岛（Galveston Island）最多可以高出海平面9英尺。我高中时曾经随班级去岛上游玩。在岛上，我和同学们了解了得克萨斯州历史中的最重要一环：1900年的风暴，即一场热带旋风将加尔维斯顿岛夷为平地，造成六千多人死亡，至今仍然是美国历史上最严重的自然灾难。仅在两年内，加尔维斯顿岛就建起了10英里长、17英尺高的海堤，抵御东侧的墨西哥湾巨浪。但是海水仍然以每年10～15英尺的速度蚕食着加尔维斯顿岛。岛上的湿地本来是帮助岛屿减缓海潮巨浪的冲击的，但是自1950年至今，其面积竟然减少了1/3。[10] 2008年，飓风艾克袭击了加尔维斯顿岛，造成了5 000万美元的经济损失。岛上80%的家庭受到飓风的影响。

加尔维斯顿岛居民一直在寻找资金加固海堤。一幅截止到2062年的地质灾害图上，红色警示区域将整个加尔维斯顿岛包围了起来。这些地质灾害范围包括目前的湿地、海岸、潮汐浅滩、沼泽等。[11]市政府宣称，城市的排水系统可以抵御5级飓风的袭击。根据一些人的估计，加高加固海堤的费用将超过1亿美元。

从概率经济角度看，如果我们期待这个海堤能够对抗百年一遇的洪水，即可能造成 100 亿美元经济损失的洪水，那么这个前期加固海堤的成本就是值得投入的。有些地方的激进的决策不是为了防止发生灾难，而是为了能在灾后迅速恢复常态。

催醒闹钟

国家灾害防御中心的创始人欧文·雷德莱纳（Irwin Redlener），在给哥伦比亚大学国际公共事务学院的学生作演讲的时候说："最开始的时候，人们一直把灾难称为'催醒闹钟'，即那种不按停止键就一直响个不停的闹钟。"

飓风桑迪是纽约市需要的"催醒闹钟"吗？

连日来，纽约市民一直能收到各种警告信息。追踪雷达显示飓风桑迪将在 2012 年 10 月登陆，加上西部气候体系的影响，这将是一次史无前例的飓风。纽约市对海平面升高引起的风暴潮的危险十分清楚，而且也深知海面温度上升会导致风暴加剧。在过去的一个世纪内，海平面已经上升了 1 英尺；气候学家预测在 2050 年左右，海平面还将继续上升 2.5 英尺。负责城市建设规划的人和气候学家多年来一直预测：纽约市对暴风雨的抵御能力正逐年下降；暴风雨会淹没地势较低的地区，造成大面积的供水供电中断，大量房屋倒塌——飓风桑迪之后，地势低洼地区的居民经历了好莱坞灾难片里面描述的一切。陆军工程兵团 1995 年的一份报告预测：4 级暴风雨就能制造 30 英尺的风暴潮。美国航空航天局戈达德空间研究所（NASA Goddard Institute for Space Stud-

第八章 灾后：危机也是一次不可浪费的机遇

ies）的研究预测：一次3级暴风雨假设只让海平面上升18英寸，就可以让纽约市经历飓风桑迪带给这个城市的一切。

气象图开始是每隔数周发布警告，后来变成每隔几天，甚至是每隔几小时就发布警告。但是这些事前的警告信息——对海平面上升的研究数据和暴风雨的潜在破坏力——没有得到人们的重视。在2007年，纽约市确实要求联邦紧急事务管理局更新其洪水灾害分布图，因为在这个领域里出现了很多前沿的研究数据，而且联邦紧急事务管理局自1983年起就没有更新过这个洪水灾害分布图。洪水灾害分布图的更新工作最终在2009年的时候启动了。但是，同许多其他的、明显却不是立刻发生的灾害一样，改善防御风暴的基础设施的必要性被忽略了。

2010年，相对较小的一次暴风雪袭击了纽约市，纽约市市长迈克尔·布隆伯格（Michael Bloomberg）因应对措施不得当而饱受批评，所以当飓风桑迪靠近城市东海岸的时候，他提前做了准备。许多人遵守了疏散撤离命令，但是也有一些人待在原地未动，结果美国东北部地区有110人死亡。从上一次的飓风登陆——1972年的阿格妮丝飓风——到现在，时间过去了太久，而且早些年的疏散命令看起来都是毫无意义的。在2011年8月，飓风艾琳促使市政府颁布了有史以来的第一个强制疏散令，涉及37.5万人。市政府后来估计只有60%的人遵守了疏散令，真地从城市撤离了。当后来发现飓风艾琳并没有预计的那样严重时，人们牢记了这次事件的经历，不再把疏散令当回事。一项针对市民的调查显示，疏散区中只有29%的居民真地撤离了。有1/3的人认为，此次飓风没有预计的那么严重，不会造成任何损失，或者是认为待在家里很安全。换句话说，他们处于抵触否认期——遭遇灰犀牛危机的第一个阶段。

飓风桑迪登陆后，抵触否认情绪已经不在选项之列了。风暴掀起的巨浪冲进纽约市50平方英里处，冲毁了将近9万栋建筑、30万间住宅和2.34万间商铺。城市的大部分地区都关闭了将近一周的时间，其他地方花费了几个月甚至几年时间才复原如初。我在纽约市的一个熟人不得不关闭了刚刚开业不久的饭店；还有一个朋友，他的办公室位于纽约市的商业区，飓风过后，他不得不在临时的办公室里将就了近一年的时间；还有一些朋友不得不在临时的、租住的房子住了几个月；住在皇后区的一个朋友，差一点就失去了他的房子；另外一个朋友则不得不永远地、彻底地关闭了他的饭店。纽约市基础设施的重建和修复费用估计为130亿美元，而且总体经济损失高达60亿美元。私营保险公司不得不支付190亿美元的赔付款，而且联邦政府也支付了120亿~150亿美元的赔偿款。

在飓风桑迪过后，市政官员联系了荷兰政府。从1953年的北海洪水之后，荷兰政府就开始着手建造抗洪防汛工程，保护自己不受万年一遇的洪水的侵袭。6个月后，为了增强城市对灾害的抵御能力，纽约市市长迈克尔·布隆伯格推出了一项总体费用高达200亿美元的计划。[12]至于计划中能有多少内容真正被付诸实践，还有待观察——像许许多多的、经过深思熟虑的灾害计划一样——最初的愿望是美好的，但也仅此而已。在计划书附加的400页报告中我们可以看到，计划的第一部分包括制作更加准确的、即时的灾害预报图，建立完善的灾害预报体系，保障与公众交流渠道的畅通等。计划的第二部分是建议建立加固河堤，例如使用坚固的巨石保护裸露的河岸线；在水边设立防水隔板；在史坦顿岛、皇后区洛克威和其他防御力弱的地区建立防潮水闸；保护湿地、沙洲、天然海岸线和防波堤；建筑防洪墙和防洪堤，防风暴潮的屏障。一个颇具争议性的问题是，市长提请议会考虑建立一个巨大的海岸墙，即一个会耗资200亿～250亿美元、耗时几十年的巨型工程。市政府同时建议提高房屋安全标准，替换或改造现有的房屋。最后，计划书中还提出改革保险体系，使它能更多地给低收入的市民提供保障：开展同联邦紧急事务管理中心（FEMA）的合作，提供更多的保险品种和价格，广泛宣传商业保险的必要性，提高居民的保险意识。

当飓风桑迪登陆的时候，根据一项研究显示，有3.6万多栋建筑物（或者说16.3万套住房）位于纽约市洪水高危区，拥有联邦政府提供的防洪保险。那些被要求投保防洪保险的住户中大概有2/3（基本上是因为他们有联邦政府的保险抵押）确实按照要求做了。那些没有被要求投保防洪险的居民中只有1/5的人投保了防洪险。

在2013年6月，联邦紧急事务管理中心公布了一个新的防汛图，标出了更多的洪水高危区，于是那些应该投保防洪险的住宅数量增加了两倍。根据兰德公司（FAND）的统计，新增洪水高危区的住户中90%的住房在飓风桑迪登陆的时候没有达到抗洪标准，而且1/3的住户没有投保防洪险。现在不仅有更多的房屋需要投保防洪险，而且保险费比飓风桑迪袭击纽约市之前增加了12～23倍。

285

无论是在洪水高危区还是在火灾高危区，人们的思维模式都是一样的：投入精力少但是能保障其利益的事情是最受青睐的。市场研究公司科络捷（CoreLogic）经过调查发现，在13个州中有120万栋建筑位于火灾高危区域。根据这家商业分析公司的估计，有1 890亿美元的固定资产处于高危状态，而且这个数量自2012年起增加了50%。令人不安的是，这份报告同时指出，从1990年到2008年，美国有1 000万栋建筑，或者说是这段时间新建房屋中的58%建在了火灾高发区域。[13] 位于蒙大拿州西部苦根谷（Bitterroot Valley）的拉瓦利郡（Ravalli），2002年发生了严重的山火。选民们严厉批评了当地的防火措施。当地的董事委员会推出一幅新的火灾高危地区分布图，详细标明了与荒野接壤的、处于火灾高发区域的建筑等。这个地区中有3/4的居民居住在这样的危险地带，而且他们担心这份新公布的火灾危情图会导致他们的保险费用上升，房屋价格下降。[14]

有的时候，提醒人们注意眼前的危险，反而看起来同尖叫着冲向飓风一样可笑。在2010年海地和智利地震时，每个国家因为采取的措施和行动不同，所以死亡人数和经济损失也不同。唐纳德·罗宾（Donald Robin）与人合作共同创立了罗宾艺术博物馆。他发起了安全建筑运动，希望能抵御像海地地震那样的自然灾害。唐纳德·罗宾发现这个国家的建筑方面的法规根本不发挥任何作用，因为在这里法律被认为是可有可无的东西。因此，他建议用合同的方式监管建筑法规的执行：只有当建筑者遵守了建筑法规的时候，他们才能拿到保险和资金。他希望看到大范围的安全建筑运动，因为这样才能保护人身和财产的安全。但是，他备受挫折和打击，最终认识到让一个好的想法付诸实践非常困难。

同样，在虚拟的网络环境里，危机之后，人们对行动的抵触仍然存在，而且产生了很多可怕的后果。

在2011年春天，黑客侵入了索尼的线上服务系统和游戏平台，使一亿多个客户受到影响。但是当黑客在2014年12月再次入侵索尼的时候，索尼公司仍然没有采取措施保护自己不被这样的黑客入侵所害。索尼在钓鱼病毒和木马病毒面前不堪一击，而且索尼没有训练其网络工程师防范病毒入侵，也没有建立数据存储和备用体系。[14]在这样的事情上，索尼不是唯一一家表现恶劣的公司。在2014年受到黑客攻击的部分名单包括如下大咖：塔吉特公司、尼曼集团（Neiman Marcus）、雅虎邮箱（Yahoo Mail）、美国电话电报公司（AT&T）、全球购物网站易贝（eBay）、美国快递公司（UPS）、全球领先的家居建材用品零售商（Home Depot）、苹果云存储（Apple iCloud）、善念机构（Goodwill Industries）、摩根大通银行（JPMorgan Chase）、美国冰雪皇后（Dairy Queen）以及美国的多家政府机构。[15]尽管有索尼的前车之鉴，其他的大公司、大的组织机构和政府机关都没有从索尼事件中吸取教训，没有采取明显的措施防范黑客的入侵。

艰难的决定

遭受灾难重创之后，人们会面临巨大的挑战，即避免反应过度和无动于衷。是否能战胜挑战完全取决于领导人和机构如何看待危险和安全问题，同时取决于他们是否愿意在明知自己可能得不到任何好处的情况下，还会赌上财政资金去做正确的事情。可以肯定的是，现在看来，曼尼托巴省的省长达夫·罗布林（Duff Roblin）是非常智慧的，因为他在温尼伯给红河建造了泄洪渠，尽管在当时被批评为达夫渠（Duff's Ditch）。至于阿尔伯塔省省长，如果他给卡尔加里市设计的未来规划能够付诸实践的话，他既不会被批判为目光短浅，也不会从卡尔加里市的议案中受益。

本章要点

准确定位自己的应对措施。衡量成本、利润和可能的意想不到的后果。从全局的角度考量各种选择方案。不要反应过度,也不要无动于衷,同时要注意按照需要调整行动方案。谨防出现不良动机——"道德风险"——人为降低高危行为的成本。

危机不可浪费。惰性和政治性权宜之计常常是行动的最大障碍。要善于利用危机带来的压力,打破这个障碍。

防止为下一次危险埋下隐患。有时候,躲避眼前危机的唯一办法会为未来埋下隐患。一旦危机过去,就要重新评估局面,重新制定策略。

弹性思维。有时候,我们无法避免灾难的打击。因此,灾后恢复能力就显得异常重要。

灾后是建立防御未来危机体系的最佳时机。但是很多时候,仅有天时是不行的,还需要地利、人和。

第九章

当危险远在天边：做远期计划

一家名为未来猎人（Future Hunters）的咨询公司每季度举行一次会议，召集客户和来自政府、学术界和商界的思想家，用大半天的时间探讨推动我们走向未来的趋势。咨询公司的工作团队每个月从新闻上收集信息，然后分成大约75个专项，再认真阐释、相互参考，目的是追踪各个趋势是如何相互关联的。在此基础上，工作团队精心准备各种分析材料，分发给参会人员。会议上，大家以一种随意、生动的同时发人深思的谈话方式探讨并且展望未来的图景，以及这个图景对世界的运行方式、个人生活和商业活动的巨大影响。会议涉及的内容非常广泛，从新科技到人口统计，再到认知分析和社会机构，以及风险管理。

未来猎人咨询公司CEO伊迪·韦纳（Edie Weiner）把讨论会领导权交给了公司副总裁艾里卡·奥林奇（Erica Orange）和贾里德·韦纳（Jared Weiner），以及公司共同创始人阿诺德·布朗（Arnold Brown）。阿诺德·布朗曾经是一家人寿保险公司的公共关系部经理，受人寿保险研究所，即纽约市的一个工业贸易集团的委托，分析20世纪60年代的突发骚乱事件对保险行业的潜在影响。这些突发事件包括：越南战争、马丁·路德·金（Martin Luther King）遇刺事件、小埃德蒙·杰拉尔德·布朗事件、约翰·F. 肯尼迪（John F. Kennedy）事件、反战示威游行以及当时正在继续的来自冷战的核战争阴影。阿诺德·布朗后来请来伊迪·韦纳，和他一起开始了对相关事件的系统监测，并且以一种连贯的方法把结果分类浓缩，最后形成一个趋势分析。当人寿保险研究所在1977年搬迁到华盛顿的时候，阿诺德·布朗和伊迪·韦纳已经成为一对很好的合作伙伴。[1]于是，他们俩留在了纽约市，并且开始利用自己的研究去创业。

阿诺德·布朗和伊迪·韦纳所涉及的研究领域更加广泛了，不再局限于保险行业，而是扩展到各个行业。很多行业的大公司都来向他们寻求帮助，咨询影响其公司商业前景的趋势是什么，以及在现阶段公司应该为迎接这样的趋势做哪些准备工作。阿诺德·布朗和伊迪·韦纳的大部分客户不是那些新兴的公司或者是科技大公司，而是一些传统的行业。这些传统行业非常清楚，如果不采纳创新思维，并且为未来早点做准备，那么它们中的大部分将很快被淘汰出局。

在帮助别人的公司渡过难关的同时，阿诺德·布朗和伊迪·韦纳的公司也发展壮大起来。艾里卡·奥林奇和伊迪·韦纳的儿子贾里德·韦纳一起上了大学。伊迪·韦纳成为艾里卡·奥林奇的导师，而且在她迁居到华盛顿的时候仍然保持着联系。几年以后，艾里卡·奥林奇遇到了一次危机。她现在把这场危机命名为

"生命1/4处的危机"。艾里卡·奥林奇给伊迪·韦纳打电话，咨询对策。正是这次通话让他们二人充分认识到一个问题，即艾里卡·奥林奇在心理学和政治学领域受到的教育，以及她拥有的类型识别天赋综合在一起，使她有能力成为一个优秀的未来分析师。所以，艾里卡·奥林奇加入了这家咨询公司，成为伊迪·韦纳身边必不可少的人物，就像伊迪·韦纳当年成为阿诺德·布朗身边必不可少的人物一样。艾里卡·奥林奇最终嫁给了贾里德·韦纳。贾里德·韦纳后来也加入咨询公司工作。

曾经有一段时间，公司里的未来分析师的数量非常少，少到用一只手的手指就能计算出来。但是现在，未来分析行业已经得到了广泛的认可。"今天，每一个公司或多或少都会开展展望未来的工作。"贾里德·韦纳告诉我说，"但是许多公司看起来只是在例行公事而已。公司的董事会成员每年在例会上都会花上几个小时来研究未来趋势，但他们是认真的吗？答案显然是否定的。"

各个公司对未来的定义也已经发生了变化，与以前很不一样。首先，时间的长度被大幅度压缩。"在早些年的时候，各个公司认为它们可以制订一个五年的或者是十年的计划，而且对自己分析未来的能力非常自信。"贾里德·韦纳说，"于是它们按照自己的分析，订立战略计划。现在，一切都在市场机制下运行，两年期已经被看成是一个很长的时间段。短期思维会在市场获利，很多东西都变成短期的，很多公司只愿意看两年或者最多不超过三年会发生的事情。"

贾里德·韦纳主要关注的是未来的人口结构变化，因为人口结构变化把个人同主要的经济发展和政治变化趋势联系在一起，而且关联到其他的变化，尤其是科学技术和人工智能等在未来扮演了越来越重要的角色。婴儿潮的那一代人现在已经进入了退休期，因此造成了巨量的退休人口，对整个经济产生不可估量的影响。这个在现存劳动力中占有很大比例的人口正在向健康医疗基础设施转移，对这两个领域形成了很大的考验，因为这两个领域都没有足够的能力应对这样的巨量人口转移。"我们现在需要考虑的问题有很多，其中之一是：当工业领域的从业者出现了老龄化现象，而且没有足够的年轻人替换目前的高龄从业人员的话，会出现哪些问题。"贾里德·韦纳说。

人口结构变化解释了为什么日本能在科技领域里保持领先地位。日本在第二次世界大战后出现的婴儿潮，迫使日本不得不实验新的科技，并且率先在工业领域里实现了自动化生产。"尽管我们常常把日本发生的一切看成是一种科技进步，但其实这种科技的进步是由人口结构变化决定的。"艾里卡·奥林奇说。今天，日本的老龄化趋势和严重的人口萎缩促使日本实验使用机器人和人工智能。艾里卡·奥林奇认为，在下一代人工智能和机器人将会拥有感觉能力，而且能够自如地表达自己的情感。艾里卡·奥林奇不相信那个耸人听闻的世纪预言，即人工智能会对人类生存造成威胁。但是，她认为下一代的科技会极大地改变我们的世界。"这种改变不是世界末日，只是我们熟悉的世界的终结。"艾里卡·奥林奇说，"事实上，手机就曾经终结过我们所熟知的世界。"

这种发展变化就是艾里卡·奥林奇所说的元空间经济（The Metaspace Economy）的一部分，是颠覆性科技大量出现并投入使用带来的长期变革的产物。与传统经济不同，例如农业经济、工业经济，或者是后工业时代经济，这个元空间经济是在数字经济的驱动下出现的。在这样的经济环境下会出现新的工种，而且大量的可支配收入会投入这个新的领域。[2]这个新的经济模式变化速度之快是传统的劳动力无法企及的，而且将会采用全新的技术、人才和工作过程。而且，这一切最终又会作用到人口结构的变化上。"很多人会失业，但是同时会产生很多新的行业。"贾里德·韦纳说，"如果你不早早做准备的话，你将会和现存的世界一起终结，成为一个年轻的男性失业人员、一个受到过度教育和错误教育的年轻人、一个暴力的恐怖主义分子和被边缘化的异类年轻人中的一分子。"

我非常喜欢坐在未来猎人咨询公司的未来趋势讨论会上，看着公司团队的成员绞尽脑汁地为新事物取名字，例如元空间经济等。多年来，他们已经创造了一百多个词汇，帮助我们想象和定义新出现的趋势和新鲜的事物。

元空间经济时代，随着数字运动和电子游戏的兴起会出现新的英雄："电子运动员"。我们将会担心网络—兴奋剂问题；学生可以获得电子运动员奖学金。社会机器人会成为新的市场统计师。3D打印会发展成4D打印，即一种可以自我复制的，并且会随时间推移而改变形态的技术。

"不稳定阶级"（The Precariat）是"不稳定"（Precarious）和"无产阶级"（Proletariat）这两个词汇的综合体，代表正在崛起的短期合同工，他们没有全职的工作时间而且专业分类更细。但是在这个"白色空间里"也存在风险：之前不能够预测的，或者是可向责任人和机构传递的风险。然后是"聚爆",即事物的发生发展阶段不再是依照时间的线性顺序逐次展开,而是让所有阶段多层次地或同时展开,具体地说,就是产品和服务的多项任务同时进行,或者是新的生命循环同时发生。在这个过程中,杜绝了浪费时间的现象。

艾里卡·奥林奇最喜欢的新造词汇之一是"外星人之眼"(The Alien Eyes):就好像是第一次来到这个世界一样,以绝对客观的态度看待一切。"我们收集这个世界上的所有信息,并且把这些看成是我们的财富,同时也是我们的责任。"艾里卡·奥林奇说,"因此,我们要求我们的客户以'外星人之眼'看待一切,然后问他们,如果我们是第一次来到这个星球,这个星球的未来在我们眼中会是什么样子的?"未来猎人咨询公司还创造了一个概念,即高知低能(Educated Incapacity)——日积月累的知识成为高知者的巨大负担,使其不愿意接受任何改变——这个概念应该同"认知障碍"归为一类,因为它们都是阻碍我们应对灰犀牛式危机的心理因素。"外星人之眼"正是这种高知低能症的"解药"。

未来猎人咨询公司以一种奇特的方式来解释词汇,这足以说明用准确的词汇解释新概念是多么重要。"为了能让人们理解未来的走向,我们就必须摆脱现有词汇的束缚。"艾里卡·奥林奇说。她把词汇看成是思想的载体,能构建未来的框架,从而帮助我们把未来看得更加清楚。

词汇的确非常重要。词汇能给我们提供一种通往抽象概念的有效途径,帮助我们理解这个抽象概念在真实世界里的真正含义，例如用准确的词汇表达黑天鹅概念，帮助我们了解自己的企业在低概率高冲击力的事件面前的应对能力；又例如准确表达灰犀牛概念，能帮助决策者集中精力思考那些概率高的、冲击力大的事件。

远离危险

远离灰犀牛群的攻击的最好办法之一就是要与这群灰犀牛保持安全距离：当它们在远处时，千万记住不要靠近它们。对于企业、组织机构、公司和我们每一个人来说，远离"灰犀牛群"意味着充分利用头脑能够保持相对冷静的那段时间——甚至是混乱——思考未来，考虑各种可能发生的事件，并且制定应对策略。

有病不及时医治，非要等到进了急救室才接受治疗，那么其费用就会高得惊人。等到最后一刻，不得已而为之，是最糟糕的解决危机的办法。正如我们在之前几章看到的例子，拖延和等待是要付出代价的，而且是高昂的代价。很多时候，我们明明知道自己应该为未来早做打算，但是很难做到，因为要让自己挺到周末、发工资的那天或是本季度末已经是种煎熬和挣扎。在我为写这本书做调研的时候，有人对我说，人们之所以不做长期计划，是因为短期内有太大压力，使人们无法集中精力思考未来。但是，事情不都是这样的。很多公司、组织机构、政府机关、决策者和个人都会制订长期计划。我们这些人应该向他们学习。所以，我们现在面临的问题是：如何能让看起来是种奢侈品的长期计划变成我们的工作重点呢？

有时候，我们自我愚弄也是好事：制定短期目标的时候，以实现长远目标为最终目的，并且把截止时间策略地设定为长远目标的时间。芝加哥大学布斯商学院的涂燕平（Yanping Tu）和迪利普·索曼（Dilip Soman）做了一项实验：要求印度的农民在规定日期前存下一笔钱，比规定日期提前6个月完成储蓄的农民会得到奖励。结果，他们发现了一个有趣的现象：在间隔时间是一样的情况下，如果规定的截止日期与起始日期是同一年之内，那么这些农民会很快完成任务；如果规定的截止日期是在起始日期的下一年，那么这些农民完成任务的速度就相对较慢。[3]

后来的管理学导师史蒂芬·柯维（Stephen Covey）在《高效能人士的七个习惯》（*The 7 Habits of Highly Effective People*）中说，对于企业、国家非常重要，对于我们每个人也同样重要的是把任务分成紧急任务、重要任务和一般性任务的能力。重要任务和紧急任务都应该放在任务单的最上层。但是，我们应该用更多的时间处理重要而不紧急的任务，而不是把更多时间花在紧急但不重要的任务上。当我开始以这样的思维方式来处理自己每天的工作的时候，我发现自己的工作流程发生了很大变化。现在，在这一思维的帮助下，我能更好地处理最重要的事情了——尽管每天的事务烦杂琐碎，看起来都是必须要投入精力处理的，我还是能不受干扰地快速处理最重要的事情。此外，我还发现，我能更加全面地掌控局势，能够正确地安排各种任务的先后顺序，而且在同样的时间内，能完成更多的任务了。史蒂芬·柯维所说的原则同样适用于组织机构、公司和各种形式的政府组织。

第九章 当危险远在天边：做远期计划

美国军方创建了一个"战争游戏"，同时模拟其他的事件和趋势——那些可能会产生重大影响的事件和趋势。这种思维模式已经延伸到美国政府的其他部门。自2003年起，国家情报优先事项的框架每隔18个月就会开一次会，召集国防部、财政部和情报官员等，一起讨论下一个三年或五年内可能发生的最高风险。

一些公司——例如与未来猎人咨询公司合作的保险公司——究其本质来说，运营的基础是长期思维。这些公司的保险统计表和财务预算都是以未来为着眼点进行设计的，但是其管理层必须对某些趋势，例如越来越常见的极端天气事件的影响，保持高度的警觉性，因为这些事件或趋势会颠覆为未来几十年做的统计计划。最典型的例子是石油天然气公司的CEO，他必须提前很多年考虑公司的发展问题。因为建造钻探基础设施要花好多年的时间才能完成，所以他必须提前制订计划。石油化工十大品牌之一的壳牌公司（Shell）有一个完备的未来方案计划团队。自20世纪70年代起，这个团队就研究地缘政治领域、地缘经济领域和市场领域、能源领域，以及其他能源供求领域里的事件，判定未来可预测的趋势，制订可行的计划方案。这些方案不是完美无缺的，而是会被短期的意外事件颠覆，但是这些公司仍然将这样的长期性计划方案作为其整体战略的必要组成部分。

正如我们在前面几章中讨论的那样，仅仅发现趋势是远远不够的，除非这家公司能针对危机及时采取行动，否则，一切都是徒劳的。

最初的信念

科学技术突飞猛进，不断淘汰旧产品的同时引入大量新生事物。世界上许多历史悠久的公司都不得不进行自我改造，以适应新的形势，例如 IBM 公司。计算制表记录公司（Computing-Tabulating-Recording Company）本来是生产制造度量工具、时钟和自动制表机的一家公司，后来在 1924 年更名为 IBM 公司。自从托马斯·沃森（T. Watson）在 1914 年接管公司之日起，他就着手合并几家新成立的公司。他的理念是专注于贯穿在许多远期思想家的战略中的目标和价值。"我需要你们所有人团结起来，每个人都是我们这架巨型战车的一部分，每个人都要向同一个方向努力。"托马斯·沃森说。

在美国经济大萧条时期，托马斯·沃森做了一个大胆的决定，即不是缩减业务范围，而是扩大业务范围。[4] 他投资了一个"艺术实验室"。正如我们在本书第六章所讨论的那样，逆流而动远非易事。这种在经济萧条时期的逆向思维需要强大的看穿表象的能力和研判未来的能力，把价值和坚定的目标感作为行动指南。

将近半个世纪后，老沃森的长子小托马斯·沃森（T. Watson Jr.）在对纽约市听众讲话的时候，重述了父亲的理念。"我坚信：任何一家组织机构或者公司，要想在残酷的竞争中取得成功和生存下去，就必须有一整套完备的信念。这个信念是其所有政策和行动的前提条件。"他说，"其次，我坚信：一个公司取得成功的最重要的条件，也是唯一的条件就是对这个信仰的绝对忠诚。"[5]最后，我坚信：一个公司要在日新月异的世界中战胜各种挑战，就必须适时地不断革新自身的一切，但是信念是不可以变的，而且要贯穿企业的整个生命周期。"

IBM公司自身就是依靠坚守其最初的信念才能一次又一次地渡过难关，尤其是20世纪90年代，IBM公司在个人电脑领域里的领先地位消失殆尽，而且后来新的技术，例如智能手机和平板电脑的出现，彻底颠覆了人们对计算机的认知。

"在1984年之前，我们是华尔街的骄傲。"IBM公司总经理布里吉特·范克拉林根（Bridget van Kralingen）在给《福布斯》杂志写的一篇回忆录中，以一种近乎残酷的诚实态度反省着，"在不到10年的时间内，我们就过气了。"在1993年，IBM公司创造了一项新的纪录——80亿美元——成为美国历史上最大的企业损失。在痛苦的转型期，IBM公司从电脑硬件领域转向了电脑软件的开发和售后服务领域。IBM公司斥资300亿美元，买下了200家公司，并且借此向数据分析和高端事业领域发展。多年以来，在IBM公司把其笔记本电脑业务卖给中国的联想公司之前，我一直用它生产的最后一代Think-Pad笔记本电脑写稿。

事实上，很多历史悠久的大公司目前的状态与其最初的形象都是大相径庭的。诺基亚公司在1871年的时候是一个纸浆生产厂和造纸厂。后来，诺基亚公司进入了橡胶生产领域、电缆制造领域和电子领域，最后在1963年用无线电手机敲开了通信世界的大门。诺基亚公司在1987年生产了其第一部移动电话，并且在1992年开始从其他领域退出。到2014年为止，它在移动电话

303

市场上经历了巅峰和衰落后，将自己几乎全部的生意卖给了微软，然后开始了新的转型，踏上了新的领域，即移动宽带网络业务、信息制图和定位，以及新的科技领域。[6]

回到最初

稻盛和夫是世界五百强之一的日本京都瓷株式会社（Kyocera）的创始人，以精密陶瓷技术为基础，发展制造电子元件、信息通信设备系统、光学仪器等，使自己位居日本富豪榜的第28位。他因为没能顺利通过高中的入学考试，由此开始了一段少年危机，并且，情况不断恶化升级，他的家在一次空袭中被夷为平地，而且他因患上了肺结核，不得不长期卧床。在1959年，他因为与公司经理意见不合，所以离开了原来的公司（这家公司后来被京都瓷株式会社收购了）。在不断地实验新的陶瓷工艺后，他在1959年，即27岁的时候，创立了京都公司（Kyoto）。

稻盛和夫在成长过程中不断地同各种困境做斗争。在20世纪90年代，他不得不又一次面临一系列危机：他最大的客户中，一个破产了，一个转向采用低廉的材料，而且他的用户都集中在日本，需要多元化。他在1997年退出了公司的领导层，把公司交给年轻人管理。[7]同年，他被诊断出患上了胃肿瘤。这件事改变了他的生活。他接受了肿瘤切除手术，然后开始去实现自己的梦想，即专研禅宗佛教。最后，他被授予了禅宗法师的名号。

稻盛和夫在文章中讨论管理学问题时，提到一次次帮助自己渡过难关的管理学思想，认为从大局出发，着眼于未来的远期目标,才能克服眼前危机带来的短期压力。"在最困难的时刻,我会一次次回想最基本的原则,一次次问自己,作为人,什么是你应该做的?我做的每一件事,都是以这个最基本的原则为基础的。"他在自己的书《敬天爱人》(Respect the Divine and Love People)中说,"遵守这个最基本的原则,日复一日,年复一年,我取得了惊人的成绩。"[8]

在 2010 年,日本政府找到了稻盛和夫,恳请他结束退休状态,负责领导日本航空公司。当时,日本航空公司在不到 10 年的时间里,3 次遇困:早些年的时候,公司损失了 30 亿美元;公司的股票价格在市场上巨幅波动,面临停牌,而且公司债务高达 290 亿美元,刚刚向银行申请破产。他同意无偿接受这项任务。黎明前的那一刻总是最黑暗的。但是,危机不断地发生,同时也为公司走上变革之路扫除了障碍。稻盛和夫将公司裁员 1/3,同时缩减了员工薪资和福利。最终,这家公司还是从破产的道路上转了回来。2012 年,日本航空公司重新在股票市场挂牌。这件事成为其发展史上的里程碑,标志着公司能够平平稳稳地进入 2013 年。

稻盛和夫久负盛名的管理哲学包括:善待公司的每一位员工,善待每一份产品原料,从价值角度出发,当短期目标和长远目标发生冲突的时候,舍弃短期目标,保留长期目标。"只有当被整个社会所需要的时候,一个公司才有可能实现其长远目标。"他说。

2005 年,日本的网络服务公司——软件银行(Softbank),面临了一次灰犀牛式的危机:10 亿美元的损失,同时股票价格跌到原来的1/10。同经济大萧条时期的IBM公司一样，日本软件银行也是依靠研判未来趋势才走出了危机，保障了公司的生存。日本软件银行公司的创始人和CEO——孙正义，远在公司遭受打击之前就开始研判未来趋势，并且制订了远期计划。他不仅带领公司走出困境，而且使公司一跃成为世界最大公司之一。随后，孙正义宣布了一项为期300年的商业计划，向世人展示了展望未来的重要性。[9]为保障300年商业计划顺利实施，公司制订了30年计划。30年计划是公司的真正计划，虽然听起来像是一个短期计划，但还是大大超出了大部分人的思维范畴。这件事向我们证明了一个行之有效的策略：提出一个宏伟的目标，目的是为了让人们更加关注你的真正目标。

在亚洲，日本软件银行不是唯一一个研判未来趋势、制订未来计划的公司。那里的很多公司在预先制订未来计划方面都可圈可点，值得全世界的公司借鉴和学习。据说，世界上历史最悠久的公司是日本的建筑公司——金刚组株式会社。[10]金刚组株式会社的建立可以追溯到578年。韩国的银行调查发现：世界上有5 576家公司的创建历史超过了100年；其中，3 146家公司在日本，837家公司在德国，222家公司在荷兰，196家公司在法国。[11]日本的研究者又新近发现了更多的这类拥有超长历史的公司。在2009年，日本东京商工研究机构（Tokyo Shoko Reserch）经研究发现，在日本创建历史超过百年以上的公司有2.1万家。这2.1万家公司中的大部分都是小公司。[12]确切地说，年收入在100万美元以上的公司有1 662家，而且只有338家公司是拥有百年以上历史的上市公司。虽然如此，日本历史悠久的公司为数之多，足可以为日本老字号现象代言。

当亚洲历史悠久的公司成为普遍现象的时候，西方的公司在经历了20世纪的衰落后，也开始重新审视长远战略计划的意义。在20世纪20年代，美国公司的平均寿命是60~70年。根据耶鲁大学的理查德·福斯特（Richard Foster）的统计，美国公司的平均寿命是50年。[13]

但是，任何事情都会有例外。美国一家世界著名的保险和多元化投资集团——伯克希尔·哈撒韦公司（Berkshire Hathaway）与其领袖人物沃伦·巴菲特（Warren Buffett），即"奥马哈的先知"（The Oracle of Omaha），被认为是美国最负盛名的、历史悠久的公司和领导人。公司于1893年在罗得岛成立，合并了两家纺织厂后，成为伯克希尔高级纺织协会（Berkshire Fine Spinning Associates），并且在20世纪60年代之前一直从事纺织业。从20世纪60年代开始，巴菲特开始了对这家纺织厂的投资。他接管公司后，开始主导公司向多元化发展。在巴菲特的带领下，公司最先涉足的领域是保险行业：对公司的业务来说非常合适，这样公司就可以考虑长远计划的实施了。与其他历史悠久的公司一样，伯克希尔·哈撒韦公司也与最初的纺织厂大相径庭。伯克希尔·哈撒韦公司涉足的行业非常广泛，涵盖金融、水电、媒体、物流和零售等领域。

印象笔记（Evernote）是一家专门提供最有效的存储和搜索手写或数字信息的公司。菲尔·利宾（Phil Libin）是印象笔记的首席执政官和创始人。[14]他曾经标榜自己的计划，要建立一个"有百年历史的新成立的公司"，意思是公司在一个世纪以后仍然存在，而且从现在起的100年内保持创新精神。印象笔记如果不是以伯克希尔·哈撒韦公司为榜样，向它学习，就不会有今天的成就。

100 年

马克·默滕斯（Marc Mertens）出生于澳大利亚中心位置的一个只有8 000人的名叫拉克辛（Laakirchen）的小村庄。他涉足商业领域的第一次尝试是在父母的车库里开了一个小酒吧。父母最初不干涉，因为知道他和朋友们在那里，总比让他们出去撒野要好得多。"父母的容忍是有限度的，当我们想把一个乐队引入酒吧的时候，他们就不再容忍了。"他说。但是，马克·默滕斯不仅没有因此而止步，反而从此迈向了活动策划领域。在2002年搬到洛杉矶后，他成立了一家广告公司。在公司历史的早期，他就已经能够和许多著名品牌合作。但是，他逐渐意识到自己想成就更大的事业，而不是止步于当下。

所以马克·默滕斯重新推出了自己的公司，这一次的名字是百年创意咨询公司（A Hundred Years）。目前，这家公司在洛杉矶和维也纳都设立了办公室。百年创意咨询公司曾经给众多大品牌的公司和重要的机构提供咨询服务，例如波音、迪士尼、网易公开课和美国国家航天局等，帮助它们确立百年发展战略，适应日新月异的科学技术、经济和社会现实。

百年创意咨询公司提供的意见通常都是很简单的：每天花费15分钟的时间去思考问题，即你希望未来的100年是什么样子的以及你怎样做才能实现它。我和马克·默滕斯第一次会面之后的一周，一个包裹寄到了我的办公室，里面装着一个15分钟时间的沙漏。我把它看成是一个有效的提醒，提醒自己去思考最简单的也是最基本的目标。至今，这个沙漏仍然保存在我的办公桌上。

"百年计划不同于天马行空的思考。"马克·默滕斯对我说，"但是，我们当中很少有人能真正做到从现在开始向前思考10年。但是百年思维给我们提供的是一种途径，一种思考未来可能性的途径。"在其他人看到了可怕的危机的时候，马克·默滕斯看到的是机遇。远期思维意味着我们现在的任何想法最终都会脱离我们的掌控。因此，预想未来迫使我们能够去思考更加宏大的世界，让思考不仅仅局限于自我。

"很多人对未来非常恐惧。从某种角度看，恐惧未来一点都不奇怪，毕竟我们每天都要面对那么多的短期预测和各种各样的戏剧性事件。"马克·默滕斯说，"但是如果你回想一下100年以前的世界，你就会发现没有必要恐惧未来了。我们在洛杉矶的办公室就坐落在福特汽车工厂的对面。100年前，这些车从这里开出了汽车装配线。今天，我们看到的是电动汽车。电动车比燃油车更加方便，不是吗？我们需要把石油从地下抽出来，装船漂洋过海地运出去，最后再输送到城市里每一个用户手中。多麻烦啊！在过去的这个世纪里，即便不提互联网，我们的进步仍是惊人的。如果我们认真看待我们在过去的这个世纪里取得的巨大进步，那么我们就完全没有必要害怕未来。100年前，我们不曾拥有这么多的信息。"今天，我们虽然面临各种各样的压力，但是我们有更多的资源供我们支配了。

"远期思维要面临的巨大挑战是：我们必须研究长期的问题而不是要让自己努力去想自己能取得什么成就。"马克·默滕斯说。他看到，在远期目标和短期现实之间存在着冲突：短期的目标代表着摆脱现实困境的生存方法，而远期目标代表着激情以及生存的真正原因。要正确地思考，马克·默滕斯说，把远期目标和短期目标分离开来是完全没有必要的。各种公司都可以用百年的视角，而不是季度标尺，去发现新的商业机遇，并且减少现实风险。

把百年视角引入公司的战略中，就必然会迫使公司更加专注于自己的目标，这样就有利于优化人力资源和员工聘任。"人们愿意为那些有目标、有意义的公司工作。"马克·默滕斯说，"如果你的品牌目标只是为了谋利、赚更多的钱，那么你会发现你很难赚到钱。在市场上创建品牌知名度，以及让顾客围绕在你的品牌周围，都是不可能的事情。"对于马克·默滕斯来说，远期思维意味着剥除市场语言，专注于研究这个机构或企业的核心价值观：深刻理解它的创业故事，以及它的专长，研究这个公司如何能将其专长发展成长期的影响力和竞争优势。

耐心投资基金

百年创意咨询公司已经发现，越来越多的公司和国家正在寻求推广远期思维和行动的方法，而且取得了成功。这些方法包括：建立奖惩制度，鼓励长期持有公司股票的行为；合作建立长期的、关键的业绩指标；避免公布季度报告，同时创建一整套新的指标。

2011年，《哈佛商业评论》（Harvard Business Review）的一篇文章中说，麦肯锡咨询公司全球总裁鲍达民（Dominic Barton）认为"远期投资"非常重要。麦肯锡咨询公司经过统计研究得出结论：投资建立一个盈利的新兴行业，至少要花5～7年的时间。麦肯锡咨询公司的分析师还拆解了一些著名企业的股票价格的价值构成，发现股票价值的70%～90%都跟现金流捆绑在一起。他们的结论清清楚楚："如果公司价值的绝大部分取决于从现在开始的三年内公司的业绩表现，但是公司的管理层却忙于从现在开始的三个月内的报表，那么其资本运营就是有问题的。"鲍达民认为，公司应该改变奖惩制度和管理结构，激励员工从长远角度看待问题；树立企业文化，让所有持股人的利益与公司价值最大化休戚相关；把管理权还给董事会，让他们像公司主人一样去治理公司，而不是感到受制于短期的股票市场波动，时时想着必须保护自己的资金。鲍达民准确地指出，自己的建议已经是老生常谈了。但是，他同时认为，这项任务的紧迫性既是新出现的而且也是惊人的。"商业企业的领导者如今面临一个新的选择：是主动改革资本运作，还是迫于行政手段或者是来自愤怒的公众的压力而进行改革。"鲍达民在文章中如是说。[15]

B计划团队（The B Team）是商界和政界的一个联盟团队，其成员包括大西洋航空公司的理查德·布兰森（Richard Branson）、联合利华集团的保罗·波尔曼、《赫芬顿邮报》创始人阿丽安娜·赫芬顿（Arianna Huffington）、挪威前首相布伦特兰夫人

（Gro Harlem Brundtland）、爱尔兰前总统（也是历史上第一位女总统）玛丽·鲁宾逊（Mary Robinson）、孟加拉乡村银行的穆罕默德·尤努斯（Muhammad Yunus）、中国远大集团张越（Zhang Yue）、塔塔集团名誉主席拉丹·塔塔（Ratan Tata）等。这个团队承诺为"远期目标"而努力。他们的目标之一是结束错误的按季度发布公司业绩报告的行为，用新的记账方式和公布方式取而代之，并且追踪记录公司的社会和环境影响。

总部设在美国纽约的睿智基金（Acumen Fund）是一家于2001年4月1日注册成立的传统投资基金和慈善捐款的混合基金。这家基金把筹集来的资金用于帮助公司改变世界解决贫困问题的方式，筹集那些被称为"耐心投资"的资金。正如睿智基金在其网站上自我描述的那样，"耐心投资基金对风险有很高的容忍力，预期回报的时间比较长，能够更加灵活地满足企业家的需求，并且不愿意为了满足持股人的利益而牺牲终端消费者的利益。同时，耐心投资基金最终要求资金回报方式的稳定性：企业证明自己长期可持续性发展的证据"。

世界经济论坛和经济合作与发展组织都在致力于寻找有效方式鼓励长期可持续性投资。这项任务的意义不是"重要"二字能够形容的。在刚刚过去的半个世纪内，重大灾难的发生频率从每8年发生一次增加到了每4个月发生一次。[16]

在2013年的达沃斯世界经济论坛年度会议上，商界和政界的领袖针对长期可持续性发展展开讨论，一致认为应该规避短期投资行为。意大利前总理马里奥·蒙蒂（Mario Monti）批评欧盟组织在处理欧元危机的时候，行动迟缓，而且缺乏远见。对此，马里奥·蒙蒂提出抗议:"领导人应该是目光短浅者的敌人。"[17]

对于上述会谈的内容,我在微博发表了评论文章。在这之后,世界上分布最广的人力资源管理咨询机构,总部位于美国纽约的美世咨询公司(The Consulting firm Mercer)给我打电话,邀请我参加一个由其组织的关于如何促进长期可持续性投资的会议。传承基金(Generation Foundation)一直致力于巩固可持续性发展资金,其授命美世咨询公司和加拿大的斯迪克曼·艾略特(Stikeman Elliot)律师事务所共同调查研究企业如何采取有效措施,保证投资者投资为期三年或更久的项目。

哥伦比亚大学的帕特里克·博尔顿(Patrick Bolton)和法国农业信贷集团(Crédit Agricole Group)的费雷德里克·萨玛玛(Frédéric Samama)建议发行忠诚股"L-shares"(L 代表忠诚),即在"忠诚期"期满的时候,奖励那些坚定的持股人一些额外的股份。同时,帕特里克·博尔顿和费雷德里克·萨玛玛对一些人提出了批评,认为他们给企业施加压力,让企业在决策的时候只考虑短期效益,而不是考虑决策是否有利于企业的长远利益。这些对企业施加不良影响的因素中排第一位的是相对于过去的 30 年,以股票价格为基础的 CEO 薪金的组成结构发生了巨大变化;第二是来自独立董事、激进的对冲基金和持股人组织等的影响越来越大。

他们认为,这些短期的奖惩机制在经济出现投机性泡沫的时候,尤其会给企业带来危险,而且投机泡沫会因为企业 CEO "哄抬股价和逢高卖出"的行为而破裂。也就是说,为了制造股票的投机机会而鼓吹短期收益,其代价是牺牲企业的长远利益。[18]

雪上加霜的是,股票所有权从中小股东手中转移到机构投资者手中。在1951年的时候，中小股东的普通股控股份额是75%。但是到了20世纪末期的时候，所有流通股的70%都转移到了机构投资者手中。一些公司，尤其是欧洲的公司，已经尝试建立机制，鼓励持股人长期持有公司的股票。在1991年的时候，米其林公司（Michelin）曾经推迟支付丰厚的股息红利。为了减轻对投资人造成的冲击，米其林公司发布承诺，奖励继续持有公司股票的投资者。

按照法国法律的一项条款中的规定，超出70%的法国公司授予持股时间在两年或更长时间的持股人双倍表决权。按照类似的原则，法国的很多公司，其中包括法国农业信贷银行、欧莱雅集团（L'Oréal）和拉法基集团（Lafarge），奖励那些持有公司一定份额股票超过两年的持股人丰厚的股息红利，尽管法国法律限制公司向少数持股人发放股息红利，同时最高限额是10%。世界其他地方的公司，例如英国电信公司（British Telecom）和英国标准人寿保险公司（Standard Life）、新加坡电信公司（Singapore Telecom）、德国电信公司（Deutsche Telecom）和澳大利亚电信公司（Australia's Telstra）等，会一次性奖励长期持股人一定的红利份额。确切地说，两年的时限同长期思维比较起来，不算是一个很长的时间，但它却大大地超出了"季度思维"的时限。

然而，美世咨询公司得出的结论是，以"忠诚股"的形式给予奖励，这样的方法不奏效。相反，美世咨询公司建议把远期视野用于投资分析，把长期奖励方案用于衡量和奖励持股者的表现，在投资人和企业之间建立稳定强大的伙伴关系。[19]

如今，世界顶尖经济学家中已经有一些人在共同努力，推动经济向正确的方向前进。例如 B 计划团队一直致力于寻找合适的方法建立长期可持续经济发展模式，他们鼓励一些企业身先士卒，带领其他企业采取有效行动。问题是，其他的企业需要多长时间才能行动起来，效仿那些在这方面已经走在前面的企业？

税收策略

政府部门可以通过平衡商业领域游戏规则的方式加速长期可持续性经济模式的建立。例如美国政府就在鼓励长期投资行为。资产收益税在投资期限超过一年后，会有一定幅度的下降，尽管一年并不能真正算是一个长期的时限。政府可以调整税收政策，让那些希望少缴纳资产收益税的持股人延长其持有股票的时间，或者建立一套叠加机制，即当持股人的持股时间延长时，资产收益税就持续减低。政府的税收调整行为可以向企业传递一个信号，即政府会支持长期可持续性投资。

其他对于税法的调整也能帮助稳定股价，鼓励长期投资行为，即改变那些针对特定机构的税收优惠政策。这些机构在本质上应该造福社会，但是它们却给企业增加了短期投资压力。享受免税政策的养老金和捐赠基金，例如哈佛大学和耶鲁大学的捐赠基金，就过度追求短期收益，常常比其他投资者的持股时间短很多，早早就卖出持有企业的股票，因为它们不需要像其他持股人那样缴纳资产收益税。如果政府终结它们的税收优惠待遇，那么就可以遏制它们的短期投资行为，起到稳定股价的作用。如果大学和基金组织能够承诺实施长期投资的策略，而且承诺保证投资行为的透明度，那么这样的行为同样有助于长期可持续性经济模式的建立。

政府、企业和个人同样可以促进长期思维模式和战略性投资资金的建立。在经济繁荣时期的意外收益——无论是来自高税收还是来自版税——都应该注入长期投资中去，而不是流入短期投资目标中。智利在这方面给我们提供了一个很好的范例。智利建立的货币稳定基金，会在物价过高的时候把额外收益存储起来，留作备用金，以备不时之需。

权衡还是不权衡

在第八章中，我们看到评测结果的重要性，因为可以把它作为动力，激励人们采取行动。中国对于重要但是非紧急任务的持续关注令人印象深刻。从邓小平的经济改革到今天的五年计划，都非常恰当地整合了现代战略和制度。专注于研究五年计划中具体的、可预计的结果，而不是像苏联那样采取高压行动，中国政府把五年计划的概念从一个苏联创造的词汇变成了一个得到广泛认可的、复杂的管理手段，使中国迅速崛起，进入世界经济大国行列。中国政府在不同时期和领域都不断取得进步，例如应对2008年的经济危机，提高居民生活水平，以及最近释放地产泡沫的压力等。一直以来的、不断预测的"中国危机"的预言还会继续下去。认为中国会取得无限成功的想法是不明智的，但我们还是可以从中国对待重大问题的态度和策略上汲取有益的经验。

在苏联，五年计划包括笨手笨脚的微观经济管理手段，造成了资源和食物的短缺。中国政府重新定义了五年计划，建立了一整套目标，让企业自行决定如何实现这些既定目标，而不是像苏联那样，在不清楚其想法的具体后果的情况下，给企业规定具体行为。中国的五年计划尽管不是尽善尽美的，而且在不断放缓的经济增长和不断变化的世界格局面前是否能够经受得住考验还有待观察，但是同苏联的五年计划相比，它促进了经济增长，给国家赢得了声誉。

我们也可以采用报告和关键业绩指数来迫使人们记录他们的行为，并因此得到奖惩。当政府在制订其年度预算时，应该公布其用于实现长期目标的预算，并且测评其长期投资的回报率；民众可以要求政府预留长期目标的投资款项。

杜邦公司（DuPont）为了向活跃的短期投资人证明其用于研究与发展的预算是正确的，早在2010年的时候就很有预见性地建立了一个明确的目标，即实现其年收入的30%来自产品创新，并且建立了一个追踪体系，追踪过去四年内产品创新带来的收益。[20]在2011年的时候，杜邦公司获得专利激增到910项，推动公司年收益比2008~2011年的年收益增长了10%。[21]在2014年的时候，杜邦公司获得90亿美元的年收益，这一段时间内的创新产品的收益达到其总收益的32%。[22]

但是，正如我们在减少季度报告的事例中看到的那样，有时候，测评不能帮助人们把目光从短期目标转向长期目标。尽管有自己不想看到的结果，公司停止季度报告可以帮助公司避免盲目变革和危险的短期投资行为，让公司能更加专注于必要的改革，尽管这些改革的效果要到很久以后才能够见分晓。

本章要点

新的视角和新的词汇能够帮助我们描绘未来图景。正如我们在摆脱群体思维桎梏的时候,需要有一个开明的思想和新生的力量一样,在发现未来存在的机遇与危险的时候,同样需要一个新的思考模式。

找到长远目标的价值。全世界的公司都已经因为突破了短期目标的束缚,而为自己谋得了丰厚的利润。在千禧年塑造的日新月异的元经济时代,长期价值的观念比以往任何时候都更加重要。

运用"高效"战略和长期思维来节省资金,释放资源,创造机会,而不仅仅是过度攫取。实现短期和长期目标的平衡,优先处理重要事件,而不是紧急事件。

第十章

结论：如何避险

"路面不是很平坦，我们把这条路叫作非洲按摩路。"在与莫桑比克共和国相邻的克鲁格国家公园（Kruger National Park）南部边缘地带的南非默萨瑟穆沙野生动物保护区（Mthethomusha Game Reserve），开车送我们上山的导游这样对我们说。我们当时正在前往居住地的路上。此次来非洲，我的目的是看一看在野外生存的犀牛。在南非的土地上生存着这个星球仅存的四五种犀牛。保护犀牛免于灭绝是一项非常艰难的任务，而且似乎是一次注定失败的战争，因为偷猎者为了获得犀牛角，基本上每8小时就会杀死一头犀牛。犀牛角本来是犀牛自我保护的武器，现在却成了导致其灭绝的原因。

当我们的越野车沿着陡峭的斜坡摇摇晃晃、轰隆隆地向上行驶的时候，我的司机停下车，指着远处的灌木丛说，那里有一只雄性的非洲大羚羊：一只常见的、带条纹的羚羊。我眯起眼睛，努力沿着司机手指的方向望去，但是无论我怎么用力看，都无法从那一丛灌木中找到那只羚羊的轮廓。我的视力不太好,但是即便我的视力不是这么糟糕,我也很难看到那只羚羊。我很快就明白了,要想看到那些动物,就必须长时间地练习和实践,因为大自然这位伟大的母亲赋予了动物们一个天生的、能够自我伪装的本领。

在第一天的游猎(指在野生动物保护区或者国家公园内,驾驶着汽车搜寻野生动物)开始了几个小时以后,太阳渐渐西沉,我的眼睛逐渐适应了环境,能够追随导游指向的目标了。山坡上的小黑点是水牛,瑟瑟作响的草丛里隐藏着的是羚羊。那里,在我们右侧山谷的尽头边缘处,是一群大约12只的大象。和我们一起来的那家人最早发现大象,甚至比我们的导游还要早。几分钟后,我也看到了这群大象。我居然没有看到这么大一群动物,这让我不由自主地产生了一点点恐慌。我默默地告诉自己,他们在来这个自然保护区之前有过多次的游猎经历,自然是经验丰富。不过,我还是担心自己的视力恐怕是越来越糟糕了。

我知道和我一起游猎的人都比我有经验,他们的眼睛在长期的游猎实践中得到了锻炼,所以总能快速准确地发现动物。但是,一直到我自己也能够看到那些动物,我才长长地舒了一口气,放下心来,不再忧虑自己的视力问题。这次是一大群野牛,有小牛犊,也有刚刚长成的母牛和公牛。我们的导游诺埃尔(Noel)把车缓缓地停在路边,然后关掉了汽车发动机。我们静静地坐在车里,远远地看着这群野牛。它们有的在互相爱抚交配,有的在玩闹,有的拽下树枝上的叶子咀嚼。惊人的一幕出现了:在牛群中间,一头年轻的公牛慢慢地向一个体形比自己还大的公牛靠了过去。突然它向那头大的公牛发起了攻击。两头公牛弓背低头，拉开架势斗在一起。它们僵持了很久，最后那头小一点的公牛放弃了，悻悻地离开了。随后，一头巨大的公牛出现了，体形比那群野牛中体形最大的年轻公牛的两倍还要大。它注意到了这个麻烦制造者，并且向它走了过去。整个野牛群开始躁动起来。

我们重新回到路上，继续游猎。大约15分钟过后，我们的引路人亚伦（Aaron）示意我们的导游停车。他指着山下，让我们看。在那里，有一辆车正驶出主路。诺埃尔紧皱双眉，摇头叹息，非常担心。那辆车正在靠近那头巨大的野牛。这是非常危险的行为，简直是在拿自己的生命开玩笑。最终，那头巨大的野牛转身走开了，并没有攻击那头小野牛。诺埃尔长长地舒了一口气。后来在吃晚饭的时候，我听说了一个故事——一头暴怒的大象（在交配高潮时荷尔蒙泛滥）攻击了一辆游猎车。尽管那辆游猎车最终逃离了危险，但过程还是让人不寒而栗。

我们一直在寻找犀牛。亚伦指着前方地上一个雨水汇聚的深坑，告诉我那是犀牛打滚的地方。犀牛没有汗腺，不能靠出汗来散发体热，所以就在雨后的地上挖坑，在里面的泥浆里打滚，以此来给自己降温解暑，缓解皮肤上的不适。犀牛的皮将近一英寸厚，但还是不能抵挡灌木丛中那些吸血蚊虫的叮咬，而且也不能有效阻挡炙热的太阳的烘烤。另外一个能够表明犀牛就在附近的证据是粪便——一大堆被踩得稀烂、踩得到处都是的粪便。犀牛就是利用这些粪便来标记自己的疆域，并且相互沟通的。粪金龟在犀牛的粪便堆上爬上爬下，忙着制造小粪球。粪金龟在运输小粪球的时候，还得防范其他粪金龟，以免自己的粪球被偷走。如果我们因此猜想不是所有粪金龟都能够自己制造粪球，那我们就错了。因为犀牛每天都能排出多达 50 磅重的粪便，所以粪金龟制造小粪球的材料是非常充足的。如果说我在为写这本书而做调研的时候真地学习到了什么东西的话，那一定就是这条不变的真理了，即行为人的行为并不都是有意义的、合理的。很显然，这条真理也同样适用于小小的粪金龟。

太阳落山后，余晖还没有完全从天空中退去。就在这时，我们听到路边高高的草丛中传来一阵阵窸窸窣窣的声音，看到草丛在微微地晃动着。我们的车慢慢地靠近那片草丛。它们就在那里，就在那一片灌木丛中间。我们看到三头白犀。这几头犀牛体形巨大，嘴唇宽阔。白犀同黑犀相比，更喜欢群居，而黑犀则更喜欢独来独往。这几头犀牛的角都是平的。为了防止被偷盗者猎杀，人们把它们的犀牛角锯掉了。当我们的车靠近它们的时候，这三头白犀警觉地钻进灌木丛里，消失在暮色下了。尽管它们逃得很快，我看得很不清楚，但这是我第一次在野外看到犀牛，所以仍然感到很兴奋。

第二天，我对自己在野外发现动物的能力有了自信。我们看到了很多长颈鹿、捻角羚、狮子、白斑羚、羚羊，还有很多大象、鸟儿、蛇。我们还看到一只明显是自寻死路的乌龟，因为它竟然试图从我们的车轮底下爬过去。当然我们还看到了更多的犀牛用来打滚的泥坑，但是我们没有再看到犀牛。

第二天凌晨 4 点的时候，我们一行人就开始我们的游猎了。我们开车前往毗邻南非默萨瑟穆沙野生动物保护区的克鲁格国家

第十章 结论：如何避险

公园。克鲁格国家公园占地面积 7 500 平方英里以上，包含 6 个生态区，比以色列的国土面积还大，吸引着全世界的游人前来游猎。据保守估算，克鲁格国家公园的旅游业在南非国民生产总值中所占的比例是 3%。这里也是 8 000 头犀牛的家园，是世界上唯一一个最大的犀牛聚居地。这里生活的犀牛是地球现存犀牛总数的 1/3 以上。

克鲁格国家公园里的犀牛没有被锯掉犀牛角，这一点与我之前去的动物保护区很是不同。我们的车队大概有 12 辆，沿着山道前行。一头犀牛在路上横穿而过，它那两只长长的犀牛角高高地耸立着，让人印象非常深刻。整整一天的时间里，我们看到的动物种类非常多，有河马、狮子、短吻鳄、大象和水牛，而且它们都离我们非常近。那头从路面快速穿过的公犀牛是离我们最近的一头犀牛。所有我们看到的犀牛都是在我们眼前一闪而过：一对在远处岩石上晒太阳的犀牛；正在哺乳的母犀牛和一头小犀牛；在路的另一侧树林里闲逛的一对犀牛，在看到我们的车后，迅速地跑开了。我想看犀牛的愿望尽管没有彻底失败，但也够令人沮丧的。

在我回到南非默萨瑟穆沙野生动物保护区的最后一个晚上，我们在游猎的时候看到了很多斑马。根据一些人的叙述，斑马是比大象离犀牛更近的动物。但是，我仍然没能实现自己此次来非洲的愿望：一次近距离地观察犀牛的机会。当太阳开始向山的那一头落下去，黑暗逐渐笼罩大地时，我劝说自己接受事实，即到目前为止，我所实现的已经是我所能做到的最好的了。我能看到这么多的犀牛已经是非常幸运的了，尽管是从远处看到的，尽管它们在我眼前稍纵即逝。如果犀牛的境况没有得到有效的改善，人们在不久的将来就无法在野外看到犀牛了。

诺埃尔把车停在了路边，关掉了发动机。亚伦指着我们的左前方，让我们看。在空地边缘的树下挤挤插插地聚着一群犀牛。我们的车缓慢地移动，一英寸一英寸地向它们靠近。犀牛群中有几头犀牛发现了我们，于是很快就消失在树丛里了。但是，有三头犀牛没有动，惊讶地看着我们。我们也瞪大了眼睛看着它们。此时，夜色越来越浓了。

一头体形巨大的母犀牛背对着我们躺在地上。这头母犀牛似乎对我们的存在毫不在意，而且亚伦照在它背上的光也没给它造成困扰。另外两头犀牛从后面稍远的地方看着它。最后，母犀牛站了起来，抖了抖身上的尘土，转过身，踱到树的左侧去了。母犀牛在那里站了好一会儿。我们能听到它用脚在地上蹭来蹭去，但是看不到它。另外两头犀牛跑掉了一头，但是剩下的那头体形巨大的犀牛向母犀牛藏身的那棵树靠了过去。公犀牛以一种我们眼中看似很暧昧的方式跟在母犀牛的身后，随着它一起消失在了黑暗的树林里。

真正令我惊讶不已的是这次与犀牛的近距离接触竟然会如此平静：这头母犀牛在小憩时竟然没有被我们干扰，它甚至都没有因我们的到来而缩短自己小憩的时间；一头本来打算追求它的公犀牛被我们的出现弄得不知所措。我们人类的下一代很有可能再也没有机会看到这些了不起的动物了。

这里的工作人员已经对犀牛正濒临灭绝这一事实习以为常、不以为意了。同样，那些依靠野生动物吸引游人、增加收入的当

第十章 结论：如何避险

地人也对犀牛的境况漠不关心。"应该教育人们，让他们知道犀牛的重要意义，这样做不仅仅是为我们自己，也是为了我们的下一代。"诺埃尔说，"很多到非洲来的人都是来看犀牛的，他们主要是对犀牛感兴趣。如果犀牛灭绝了，被从这个星球上抹去了，来旅游和参观的人少了，我们的美元收入自然就少了。这对所有人都是不利的。"

尽管南非默萨瑟穆沙野生动物保护区采取割掉犀牛角的办法来对付那些偷猎者，但是收效有限。每年还是会有4~5头犀牛死于偷猎者的枪下。被割掉的犀牛角还会长出来，虽然角长得很慢，但是偷猎者连刚刚长出的短短的犀牛角都不会放过。犀牛角的重量一般在2~5磅，其主要成分是角质蛋白——就像我们的手指甲和脚趾甲一样，主要成分都是角质蛋白——虽然没有任何药用价值，但是亚洲的传统医学认为其有很强的疗伤功效。与传说相反，犀牛角不是传说中的春药的主要成分，而是可以用于退烧。

每一次的损失都是致命的。"有一天下午，我们正驾车行驶在路上。突然，我们发现天空中有食腐鸟——秃鹫——在盘旋，它们都在朝一个地方飞去。"诺埃尔回忆上一次发现偷猎行为的经历时，对我说，"很多秃鹫在盘旋，所以我想去查看一下是什么动物死在那里。通常情况下，被猎杀的会是狮子。但我们的车靠近那里的时候，我们闻到一股刺鼻的动物尸体腐烂的味道。我们看到的是犀牛。我做的第一件事就是查看犀牛的角是不是还在。很奇怪，犀牛角居然还在。我打电话给自然保护区的经理，询问原因。这头犀牛被射伤后逃掉了。偷猎者跟丢了，没能抓住它。最后这头犀牛倒在了这里。我们不知道偷猎者跟丢犀牛的真正原因。也许是发生了什么事情，所以偷猎者被吓跑了。"

回到驻地后，自然保护区的主管克里斯·爱德华兹（Chris Edwards）来到我们面前。他对现代影视媒体很是反感，因为其总是在作品中把犀牛描绘成一个十恶不赦的坏蛋。"你看看那些迪士尼的作品。在《罗宾汉》（Robin Hood）中，犀牛都是坏蛋。"他说。在洛克斯代迪（Rocksteady）工作室制作的影视作品中，一个俄罗斯的军火商把一个人形犀牛变成了忍者神龟的仇敌。他一直很好奇，如果迪士尼的动画片把犀牛描绘成和小飞象（Dumbo）一样可爱的动物的话，犀牛今天的境况会是什么样子的呢？"独角犀牛就是一种独角兽而已。它们只是灰色的胖胖的动物。"克里斯·爱德华兹说。

从过去的这几天中我个人读到的材料来看，犀牛是不愿意与人类或其他动物接触的，除非它们受到威胁，否则它们大多数时候都非常温顺。河马被认为是比犀牛更具有危险性的动物，小小的蚊子是非洲五种导致高死亡率的动物之一，而且是最可怕的。

毫无疑问，一头犀牛发起进攻时确实是一幅让人毛骨悚然的景象。但是，我把犀牛当作危险的代名词，这样做的结果可能会给犀牛糟糕的境况帮倒忙。当我在试图寻找一种形象，能够代表重大的、明显的危险的时候，我立刻就想到了犀牛。为此，我深感内疚。实际情况是，对于这种濒临灭绝的动物来说，人类带给犀牛的危害要远远大于犀牛带给人类的危害。我们必须要注意保护这个独特的生物，它在这个星球上已经存在了500万年之久。此外，对于犀牛的保护也标志着我们发现危险和应对危险的能力。如果我的这部作品能够赋予人们改变犀牛命运的能力，那么我把犀牛作为危险的代名词就是值得的。

5 000 万年之久

我们不惜为拯救犀牛而同偷猎者做斗争，这件事本身就清楚地告诉我们，我们曾经在那里失败过，而且我们在那里还有成功的希望。一个物种所面临的生存威胁向我们表明：抵触否认情绪和假装的无知都会严重影响我们的行动力，同时很容易导致盲目宣称取得胜利，忘记危险就潜藏在身边。相关的政府机构在采取措施打击非法盗猎方面一直行动迟缓，究其原因，无非是腐败无能和盘根错节的利益纠葛。它们什么时候才会做好行动的准备，以及具体的解决办法是什么——或者更确切地说，行动议程——都还不甚明朗。拯救犀牛的行动包含了危机应对恐惧期和行动期的各种问题，向我们反复证明了一个事实，即危机是不可以浪费的宝贵资源。

往往只有到了最危急的时候，人们才会注意到危险的存在。但是，这时对于那些残存的物种来说，一切都已经无可挽回了。早早地介入，采取适当的措施，完全可以挽救那些已经灭绝的和濒临灭绝的物种。但是，只有在危险已经迫在眉睫的时候，我们才会在其触动下积极介入，积极采取行动。想象的力量和机会的力量是通往未来之门的钥匙。

过去的这几十年里，人们在拯救犀牛的斗争中经历的成功和挫折指向在反复出现的灰犀牛式危机中普遍存在的一个教训：无论你战斗了多长时间，你都无法确定地宣称取得了胜利。

20世纪初期，有多达50万头犀牛在亚洲和非洲生活着。后来，设立奖品的狩猎游戏越来越多，狩猎者为了获得奖品蜂拥而至，结果导致白犀的数量急剧减少，一度降到只有区区的100头。1898年3月，南非共和国认识到控制狩猎和保护数量急剧下降的野生生物的必要性，建立了一个国家野生生物园。这个国家野生生物园在1926年被建成克鲁格国家公园。

1909年，美国总统西奥多·罗斯福（Theodore Roosevelt）结束总统任期后不久就来到了非洲，开始了他的游猎之旅。他们一行人猎杀了11头黑犀和9头白犀——考虑到当时白犀的数量之少，所以他们的猎杀数量是非常惊人的。当时，黑犀的数量还是非常多的，以至于西奥多·罗斯福竟然抱怨说，黑犀挡了他们的路，妨碍他们猎杀其他种类的动物。

在短短的70年内，活着的犀牛的数量就大幅减少了。20世纪60年代的非洲内战造成非洲大陆的枪支泛滥，而且许多枪支都是用犀牛角和象牙换来的。到1970年为止，非洲大陆上黑犀的数量已经下降到65 000头。到1993年为止，黑犀的数量仅为2 300头。

与此同时，犀牛栖息地所在的非洲各国政府都开始投入人力和物力保护犀牛，并且鼓励其人民参与保护犀牛的行动。南非共和国、肯尼亚共和国和其他国家都在积极围绕野生生物发展旅游业，给野生生物保护区当地的居民提供经济激励，让他们能够积极加入保护野生生物的行列。

在南非，推行种族隔离政策的政府实行的安保措施在防范盗猎的行动中是非常高效的。因此，南非的白犀数量开始出现回升，尽管其他动物的数量仍然在下降。到1960年为止，南非白犀的数量是600头——是世纪之交时白犀数量的6倍之多。1960年，南非开展了著名的犀牛运动——把乌姆福洛济（Umfolozi）和赫卢赫卢韦（Hluhluwe）保护区里的犀牛转移到国内其他保护区，甚至是那些尚存争议的私人保护区里去。在1968年，南非授权了数量有限的狩猎游戏项目，以奖励那些积极保护犀牛的野生动物保护区。尽管对犀牛的狩猎看起来同保护犀牛这件事是背道而驰的，但是这个方法确实是奏效的：自猎杀犀牛合法化以来，犀牛的数量成倍增加了。

在野生生物栖息地和消费犀牛角的国家，保护犀牛的行动同保护其他濒临灭绝野生生物的行动是分不开的、相辅相成的。在1973年，经过10年的准备，共有80个国家共同签署了《濒危动植物种国际贸易公约》（CITES），保证野生动植物的国际贸易不影响野生动植物的生存。在1977年，因为犀牛已经面临着绝种的危险，所以《濒危动植物种国际贸易公约》（CITES）把犀牛列入附录Ⅰ中，有效地禁止了有关犀牛角的跨国买卖行为。

有几个国家和地区关闭了其国内或跨境的合法犀牛角贸易。日本是20世纪70年代最大的犀牛角购买国。在1980年，日本迫于国际社会的压力，加入了《濒危动植物种国际贸易公约》。这个国家终于禁止了犀牛角的进口。同时，日本的卫生部要求所有的医疗行业停止向患者开列包含犀牛角的处方，并且生产必要的替代品。之后，国际社会关注的焦点转向了韩国。韩国从1983年开始，禁止进口犀牛角，把犀牛角从其处方药中移除。10年后，韩国加入了《濒危动植物种国际贸易公约》。中国台湾在1985年迫于美国的压力，也同样禁止了进口犀牛角。一度，这些新的保护措施取得了巨大的进展。非洲的犀牛数量从20世纪90年代开始出现反弹。到2012年为止，白犀的数量达到20 405头，黑犀的数量仅5 055头。

但是，世事总是一波未平，一波又起，而且这种趋势朝着可怕的方向发展下去了。尽管犀牛角的禁止进口和禁售在日本取得了很大成功，但是过去的20年内亚洲经济的迅猛发展催生了韩国和中国台湾对犀牛角的巨大需求。为了满足中国和越南新生的巨富阶层和迅猛增长的中产阶层的需求，一个200亿美元的黑市在亚洲出现了，犀牛角的价格甚至等同于可卡因。2005年，越南的犀牛角贸易黑市发展非常快，因为当时有谣言称一个高级官员用犀牛角治愈了癌症。尽管科学研究驳斥了这样的谣言，但是犀牛角贸易仍然势不可当。当年轻一代把目光投向犀牛角，把它作为醒酒药，或者作为替代劳力士手表的、能够促成生意谈判的高级礼品，当不择手段的商家把犀牛角作为治愈癌症的药物向医院的病人家属兜售的时候，人们对于犀牛角的新的一轮疯狂迷恋开始了。

人们经过多年努力才促成非洲犀牛数量的回升，但是为了满足越南等国家的需求，贪婪的盗猎者再次踏上了非洲的土地。犀牛再一次面临严峻的考验。在2009年，南非境内被猎杀的犀牛数量从2007年的13头和1980年到2007年的平均每年9头，上升到了122头。到了2014年，被猎杀的犀牛数量增加了十倍；盗猎者屠杀了1 215头犀牛，而且只在克鲁格国家公园一地，就屠杀了827头犀牛。[1]被捕的盗猎者的数量却远远地落后于这个数字。[2]盗猎者如今采用了更加残忍的办法，例如麻醉犀牛，在犀牛活着的时候就砍下它的角，让犀牛经历难以承受的疼痛。盗猎者甚至采用更加高级复杂的设备，包括军事设备，如直升机和夜视眼镜等。他们现在会割下犀牛的耳朵或者是尾巴，以此证明自己卖的是真正的犀牛角。

南非政府现在已经采取了更加严厉的措施追捕盗猎者。但是面对来自境外的盗猎者（大部分都是来自莫桑比克共和国的盗猎者）和其境内的盗猎者，南非政府常常力不从心，各种措施收效甚微。在2014年，盗贼从普马兰加省国立旅游中心偷走了120只犀牛角。多数人认为这次的偷盗行为是其内部人士所为。南非政府一直在指责莫桑比克共和国，因为那里的犀牛角跨国交易是集团化模式，而且可以得到赦免。莫桑比克的盗猎者利用克鲁格国家公园工作人员不能跨境追捕他们的有利条件，逃到邻国躲避追捕。越过边境线后，这些盗猎者就鸣枪宣告逃跑成功，以此羞辱那些前来追捕他们的克鲁格国家公园工作人员。

幸运的是，盗猎行为的激增已经引起了人们的注意。全世界都开始关注这件事了，因为新闻业的发展给我们带来了越来越多的关于犀牛被盗猎的坏消息。"犀牛在这个星球上已经生活了5 000万年，但是现在每天就有三头犀牛被猎杀。每天，在你吃午饭的时候，就已经有一头犀牛死去了；到你吃晚饭的时候，又一头犀牛死去了；在你睡觉的时候，再一头犀牛死去了。"国际犀牛基金会会长苏茜·埃利斯（Susie Ellis）告诉我。一群动物园园长在1991年的时候聚在一起，成立了国际黑犀基金会。后来这个黑犀基金会扩大了范围，囊括了所有五种犀牛品种，改为国际犀牛基金会，以此来共同对抗盗猎行为并增加犀牛的数量。基金会的第一个行动是向美国和澳大利亚引入了 20 头黑犀，作为黑犀物种繁衍的保障。现在，这个群体是最大的对抗盗猎的国际组织，同总部设在英国的拯救犀牛协会和世界野生生物协会一起，共同致力于保护犀牛。"我们希望我们的孩子能够有机会看到活着的犀牛。"苏茜·埃利斯说。

为了复制美国政府在 20 世纪 80 年代取得的成功，国际犀牛基金会同环境调查局合作，请求美国政府对莫桑比克共和国实施经济制裁，因为其政府支持其境内的盗猎行为，同时支持其境内的犀牛角买卖行为。"如果这些政府想关闭其境内的黑市，它们就一定能关闭它。"苏茜·埃利斯说，"这是一件受政治意愿左右的事情。"

我们面临的局势十分危急。犀牛的生存完全取决于政治意愿的确立。同时，这一个问题涉及本书讨论的议题的核心。你可以说，我们现在正处于危机应对的恐惧阶段。几个新情况的出现加剧了问题的严重性。这一点可能对于现存的犀牛亚种群来说是一件好事。但是这样的意识是以非常昂贵的代价换来的：我们最近看到犀牛的一个品种已经灭绝了，另一个品种濒临灭绝，而且另外还有两个品种正在走向濒临灭绝的路上。

2011 年，联合国自然保护机构宣告西方的黑犀已经灭绝了，因为自上一次看到活的黑犀至今已经过去了 5 年之久。在临近 2014 年的时候，一头名为安加利夫（Angalifu）的北方白犀在圣地亚哥动物园于 44 岁的高龄寿终正寝。目前全球北方白犀的数量只有5头。世界仅存的一头雄性白犀苏丹（Sudan）得到了全天候24小时的护卫，而且犀牛角已经被锯掉了，目的就是让它能够活下来。苏丹的精子数量已经大幅降低，因为它毕竟已经42岁高龄了。[3]动物保护者不清楚苏丹还要多长时间才能够再次繁殖小犀牛，尤其是和它生活在一起的雌性白犀的年龄也一年比一年大。全世界的名人都蜂拥而来，到这家动物园参观世界仅存的雄性白犀，而且他们发起了一项国际推特运动，以最后一个雄性的主题页面为保护这只白犀筹款。在我们的有生之年，另外两个犀牛品种也很有可能会灭绝。[4]目前爪哇犀牛的数量是60头，苏门答腊犀牛也大概只有100头了。

为了防范盗猎者偷猎，犀牛护卫队也已经采用了高科技的技术来保护犀牛，例如微芯片、DNA测试和数据库，以此来追踪每一个截获的犀牛角的具体出处。此外，护卫队还采用了热感摄影机和人工智能技术，在园区出现可疑人时，通知园林管理员加强防范。同时，他们还雇用了辅助军事训练和警犬反盗猎队，追踪犀牛角和象牙走私。

其他的措施还有很多，例如给犀牛角染色，让这些犀牛角看起来不那么漂亮；给犀牛角下毒，这样食用犀牛角的人会因此而患病。后一种做法很具讽刺意味。犀牛角本身没有血管体系去分散运送这些染色剂或者是毒药，这样的注射只能残留在犀牛角的局部，所以这种方法并没有想象的那样有效。此外，并不是所有的犀牛角都是用于制药，大部分犀牛角是被人们用来装饰房间的。

几家生物技术公司已经提议将利用3D技术打印的人工犀牛

角大量投入市场，以此冲击市场，降低犀牛角的价格，使集团犯罪对它失去兴趣。但是，动物保护者对此严重质疑。在由国际犀牛基金会和拯救犀牛国际组织共同起草的一份问卷中，有这样一些问题：3D打印的替代品真的能降低人们对犀牛角的需求吗？对替代需求的增加导致犀牛角价格降低会不会掩盖犀牛角走私，增加犀牛角走私的利润，从而进一步危及犀牛的生存？这两个国际组织的最后结论是，后者极有可能发生。[5]

可能最具争议的犀牛保护措施是有奖狩猎游戏。在我到达南非不久，美国政府给得克萨斯狩猎游戏颁发了进口许可，因为其在一次拍卖会上刷新了以前的记录，支付了35万美元，竞拍在纳米比亚猎杀一头上了年岁的黑犀的权利。此次拍卖会由达拉斯游猎俱乐部主办。同许多人一样，我听到这个消息后的第一反应也是对此非常反感。我永远都无法理解，为什么有人会从猎杀其他生物的运动中获得快感，而且这个生物很可能就是其物种中的最后一个。但是，当我们细细分析这次交易背后的道理，就会明白这次交易行为与盗猎行为的差别。根据报道，这头上了年岁的黑犀已经没有了生育能力，不仅如此，它还阻止年轻的雄性犀牛同母犀牛交配。在一些人看来，猎杀掉这只碍事的黑犀，就有可能增加母犀牛的受孕机会，从而增加犀牛的数量。这次的拍卖和授权的收益可以用来支持动物保护协会的活动。此外，南非共和国猎杀白犀的例子已经清楚地告诉我们，合法地猎杀一些犀牛可以让那些剩余的活着的犀牛生活得更好，增加犀牛的数量，把它们从濒临灭绝的边缘拉回来。

"如果每一个濒危物种都同受到盗猎严重威胁的黑犀一样，

有让人无法抗拒的魅力，那么很可能这个物种需要被挽救的事实就会成为一个人们普遍关注的问题，而损失在富有的狩猎者手中的数量就不会得到这样广泛的关注了。"杰森·戈德曼（Jason Goldman）在《环境保护》（Conservation）杂志上发表文章说。杰森·戈德曼在文章中引用了在《国际野生生物法和政策》（Journal of International Wildlife Law & Policy）杂志上刊登的2005年的一项研究数据。这项研究数据表明：实际上，有奖狩猎游戏可以起到拯救犀牛免于灭绝的作用。这项研究同时建议：允许狩猎一些年老的犀牛和不再具备繁殖能力的雄性犀牛，或者是已经广泛地散播了其基因的年轻的雄性犀牛；所有的收益都直接投入动物保护中去——换句话说，这个研究是支持拍卖动物猎杀权的。"这件事情中的真正悲剧之处在于，媒体过度关注了星期六的拍卖会，而不是每年数以百计被猎杀掉的犀牛，这些猎杀行为大多数都是不为人知的。"杰森·戈德曼总结说。[6]

但是，南非航空局在2015年4月宣布禁止旅客携带和运输濒危动物及制品，如狮子、大象和犀牛角等，即使乘客拥有狩猎许可也不行。[7]几乎所有人都认为这是一件好事。阿拉伯联合航空和德国汉莎航空也很快颁布了同样的禁令。但是，如果经过严格管理的有奖狩猎游戏能够成功地起到保护濒危物种的作用，那么这样的政策还能有非预期后果吗？

这个问题很难回答。但是我们在其他一些有效策略上有广泛的共识：严格执行一系列法规；采用高智能的设备防范盗猎行为，不给盗猎者留有任何猎杀机会；把犀牛集中运送到更加安全的地带，使它们更容易得到保护；让地方组织参与到保护犀牛的行动中来；创立一些与犀牛相关的可持续性产业；最重要的是，降低对犀牛角的需求。

你的灰犀牛式危机是什么

当今时代，企业、组织、政府机构和各个行业领域都会面临一些明显的、高概率的危险，而且其中有一些危险会给那些毫无准备的人带来毁灭性打击。我们每个人都面临着至少一个灰犀牛式危机，有时甚至更多：在你的个人生活中和家庭生活中、在你工作的组织机构或者企业里。作为社会的一分子和世界上的居民，我们面临的挑战——既是个人的也是集体的——是如何发现并成功躲避危险，极有可能发生的危险、非常明显的危险、破坏力强的危险——都是显而易见的、迫在眉睫的危险，但是也同时都是容易被忽视的危险。

黑天鹅理论提醒人们注意那些意料之外的事件，让人们认识到其发生的可能性。在每一个黑天鹅事件的背后，都潜藏着一个巨大的灰犀牛式危机。你可能会认为，我们不需要注意那些明显的危机事件；或者认为，我们已经在处理这些明显的危机了。但是，事实恰恰相反。我们很少会去注意那些可以预期的事件。有时候，灰犀牛式危机越是严重，我们越难看到它的存在，越难逃离它的进攻路线。

一旦你知道灰犀牛式危机指的是什么，你就会发现它们其实无处不在。在2015年春天的时候，蓝铃乳品厂（Blue Bell Creamery）因为广泛传播的利斯特菌污染问题，不得不召回其所有冰激

第十章 结论：如何避险

凌产品。[8]此次事件不过是因为一系列危险信号被忽视而产生的必然结果。2015年5月，美国铁路客运公司的火车脱轨。后续调查显示：事故原因是人们延迟了安全体系的安装计划。安然公司事件、长期资本管理公司事件、美国柯达公司事件、黑莓公司事件……没能及时应对灰犀牛式危机的公司不胜枚举。

我们不知道这些灰犀牛式危机会在什么时候或者以什么样的方式出现在我们面前，但是我们确定知道的是：忽视它们的存在是不明智的。回顾历史，数码相机给传统的摄像技术造成了巨大冲击，互联网和优酷视频给电视网络和传统媒体造成了巨大冲击。那么，如今迅猛发展的3D打印技术会不会给一些制造业造成巨大冲击？我们应该如何应对人工智能带来的巨大就业结构变化？面对越来越大的收入分配差距带来的社会和政治稳定危机，以及未来的人力资源需求，一个领导者如何才能帮助其机构提升其全体成员的福祉，以此让人目眩的少数人的财富不会因为其自身的压力而坍塌？一个新兴的巨型城市如何才能妥善解决迅猛增长的人口给城市基础设施和生活资源造成的巨大压力？一个老龄化严重的城市如何才能解决其人口结构的变化，如何升级其城市基础设施——以及其他城市如何阻止年轻人的离去？共享经济的崛起会给传统行业带来什么样的影响？相关企业如何才能应对新的局面，在同业中脱颖而出？日本、欧洲和美国如何才能摆脱其经济、政治困境，以及人口老龄化带来的社会影响？城市的领导者和居民如何才能应对日益严峻的资源，如饮用水、食物和重要的矿物资源匮乏，以及资源匮乏对供应链、社会和政治稳定，甚至是自身生存造成的灾难性影响？当洪水灾害由原来的每一万年发生一次，变成现在的每一百年发生一次，卡特里娜飓风和桑迪飓风、费林思风暴和海晏斯风暴定期袭击相关海岸，那些沿海居民应该如何应对海平面日渐上升带来的影响？

此外，我们应该如何应对灰犀牛式危机——在我们的决策机制和政治体制机制之下潜藏的问题。这些问题的存在让我们对于其他非常明显的、有重大影响的危险无能为力，无暇顾及。公司、家庭和个人应该如何应对严重危及其生存的重大危机？

当你学会了辨认危机的各个阶段，你就能清楚地看到明显危机中每个阶段里的陷阱和机遇：把否认抵触情绪转化为接受危机的存在，把拖延转化成积极制订行动计划，避开恐慌阶段，尽快进入行动阶段，如果不幸被灾难重创，也能够做到重整旗鼓，重塑辉煌。从这样的思路出发，我在这里把"灰犀牛游猎攻略"提供给大家：应对未来的、明显的、概率高的和影响大的危机事件六个阶段的一系列原则。换句话说，如何躲避灰犀牛式危机的袭击。

（1）承认危机的存在

正如黑天鹅理论能够帮助我们集中精力应对那些低概率的危机事件一样，灰犀牛理论同样能帮我们聚焦那些高概率的、明显的危机事件。这样的事件被我们认为是理所当然会得到处理的，或是推到一边、置之不理的事件，甚至是被我们刻意忽视的危机事件。我们这样做的结果就是让自己付出惨重的代价。直接承认灰犀牛式危机事件的存在，不仅能帮助我们躲避其袭击，而且能帮助我们把危机事件转化成机遇。每个人都看到了房间里的大象，即大家避而不谈的危险，但是每个人都不愿提起它，因为提起它会让人不安。灰犀牛式危机就类似于这个房间中的大象，但是比它更加危险。

应对灰犀牛危机事件的第一阶段——抵触否认阶段——是最容易同黑天鹅理论发生混淆的。把一个高概率的灰犀牛式危机事件看成是一个低概率的黑天鹅式危机事件，仅仅是人们为了避免承认令人不安的现实的时候，给自己建立的自我保护机制。你可以对"高概率"的定义以及其发生时间提出异议。最重要的是不要过于琢磨其细节。如果一件极其糟糕的事情很有可能会发生，那么你现在就去着手处理它是十分必要和值得的。

如果能够尽快地承认灰犀牛式危机事件的存在，那么我们就能尽快地发现妨碍我们认识其存在的因素。因为我们的思维结构和我们的社会机制都会促使我们去躲避我们不愿见到的事情，我们会坚持那些不太可靠的预测，同时会忽视那些极有可能会发生的事件。对于我们不想知道的答案，我们就不会去提问。在我们的组织机构里、我们的家庭里和我们的政府里，以及我们的头脑里，都存在一个非礼勿视、非礼勿听和非礼勿说的概念。在本书第二章和第三章中阐述的理论可以帮助我们深刻认识我们同预测的复杂关系以及我们在面对否认抵触和刻意忽视等情绪时极易产生的本性冲动，最终实现承认危险的存在的目的。

要勇敢质疑可疑人物的言论，不要害怕犯错误，要勇于犯错。不要因为当权者说没事，就认为一切都会自然而然地好起来；他们在现状中有利可图，所以他们会抵制任何可能会毁灭现状的东西。一定要不断地寻找、提出严厉的问题。一定要时刻注意防范群体思维，并且要坚决抵制它的影响。在你的组织机构做重大决策的时候，一定要保证持有不同观点和意见的人能够参与进来，并且保证以欢迎和接受的态度对待他们的观点和意见。正如我们在查理布斯和西蒙斯的实验中看到的那样，当你被告知有一只猿猴在那里的时候，你会很容易就看到它。同样的道理，当你开始寻找灰犀牛式危机事件的时候，你就有可能会看见它。

（2）定义灰犀牛式危机事件的性质

当然，一旦我们看到了灰犀牛式危机事件，它很可能已经来到我们面前。立刻处理所有的危机是不可能的事情。这时，我们就必须去定义每个危机的性质，确定各个事件的轻重缓急，用一种适当的方式表述危机，这样才能吸引那些有能力和权利处理它的人对此采取行动。

你对问题的定性和描述直接决定着你是否能够让人们采取行动，以及你们的应对措施是否会最终奏效。是修理57美分的点火开关麻烦，还是换掉这个开关更麻烦，费用更高？或者说，如果不修理这个开关，就会导致几十亿美元的生命和财产损失，并且整个公司会承受巨大风险。现在损失投资的30%和在不久的将来损失投资的75%，哪一个更可取？

当公司经营利润下降时，它就有更多理由去着手解决在它繁荣时认为不值得解决的问题了。几十年以来，极富传奇色彩的摩托车生产商哈雷戴维森机车厂一直无视其生产低效问题，以及严重的旷工现象。哈雷戴维森机车厂生产车间里的氛围很是独特，其工人以能按自己的方式做事而感到无比自豪，其企业文化与其特立独行的品牌风格保持着高度的一致。"在经济大萧条发生之前，哈雷戴维森机车厂从来不用考虑时间问题。"亚当·戴维森

（Adam Davidson）在为《纽约时报》写的专题中说。但是，在2009年，当人们没有多余的钱来购买如哈雷机车之类的奢侈品时，哈雷戴维森机车厂不得不重新定义其生产低效问题：原来认为生产低效是其品牌标识性特征，现在认识到它是威胁企业生存的重大缺陷。这样的认知转变促使公司做出了许多重大调整，例如令人痛苦的裁员和薪资冻结等。同时，公司开始寻找在整个生产过程中提高生产效率的方法和途径。通过调整一个零件上小小的塑料卡齿的角度，这家公司就给每台机车的生产节省了1.2秒。[9]这个变化虽然看起来非常微小，但是其结果是使公司每年增加了2 200台机车的产量，而且每年的收益增加了几百万美元。哈雷戴维森机车厂对危机的处理非常及时。但是，如果哈雷戴维森机车厂的管理层早一点意识到生产低效问题给公司造成的巨大损失，而且认识到这个问题会导致公司被同行业其他公司挤垮，那么公司也就不会到达离破产停业一步之遥的境地。

找到一个情感共鸣，让危险事件更加生动鲜明，就能吸引人们的注意。澳大利亚墨尔本市在城市里建成了有轨电车线路的时候，急需一种方式让人们注意躲避奔驰而来的有轨电车，尤其是那些18～30岁的年轻人，因为他们更多的时候会选择走路，而且是一边走路一边玩手机。最终的解决方案是采用一个大型广告：一组黄色的斑马线和一个正在玩滑板的犀牛。同时播放视频：一大群踩在滑板上的犀牛，沿着有轨电车的轨道滑行，而且看起来是一副非常享受的样子，尤其是其中的一头犀牛，眼神中带着一抹恶意的微笑，把它的大脚蹬在地上，狠狠地加速前冲。"一辆有轨电车的重量等同于30头犀牛的重量。"一个人说道。

此时，一个不幸的男孩正戴着耳机仰起头，结果看到一辆有轨电车向他疾驰而来。犀牛不仅是此次活动的吉祥物，而且有一个推特用户定位（@bewaretherhino）和自己的脸书网址。

（3）不要静立不动

如果你没有能力做出必要的重大变革，那么就应该想想还有哪些可行的小一点的举措，同时这些小的举措怎样才能配合他人的行动。如果你不得不拖延行动时间，那么你也要很有策略地拖延，并在拖延期间为最后时刻的到来做好准备。

当我们心情愉悦或是悲伤沮丧的时候，直觉和理性极有可能欺骗我们。不仅如此，在我们静立不动的时候，直觉和理性也会欺骗我们。如果可能的话，一定要提前制定一个计划，并充分利用这个计划。想一想飓风和龙卷风肆虐地区的人在小学的时候学习到的应急措施。此外，最好能做到制定一个自动触发机制——在恐惧情绪影响判断的时候，能够迫使自己及时采取行动。

人们一直都在采用各种防范措施，即使他们并不能确定自己是否会面临危险：尽管我们没有遇到过车祸，我们的房屋也没有遭受过损失，或者我们没有遇到疾病危机，或者感染流感，我们还是会在驾驶的时候系上安全带，给自己的固定资产购买保险，拒绝奶酪汉堡而选择蔬菜沙拉，给自己注射流感疫苗，积极锻炼身体等。

（4）不要浪费危机

有的时候，被灾难袭击是不可避免的。有时候，我们认为的最大问题并不是真正的问题。当我们遇到颠覆性新技术给我们带来的新事物时，拯救我们的传统行业和尽快让其寿终正寝，哪一个才是我们应该做的？有时候，阻止未来危机到来的最佳时机恰恰是在灾难发生之后，因为此时人们都对未来危机的后果心怀恐惧。如果你不幸被灾难袭击，你就要立刻振作起来，看看未来的灰犀牛式危机会从哪个方向发动攻击。灾难也可能会创造出意想不到的机遇。

芝加哥人常常会谈论起在1871年10月8日大火之后意外出现的城市复兴。这场史无前例的大火把整个城市超过3/4的面积都烧成了灰烬，300人在大火中丧生，1.8万栋建筑倒塌，10万人无家可归，这场大火造成的总体损失折算到现在已超过40亿美元。凯瑟琳·欧莱丽（Catherine O'Leary）和她的奶牛受到指控，被认为是造成这场大火的罪魁祸首。但是，人们后来发现，这只是一个编造出来的故事而已。当大火开始烧起来的时候，凯瑟琳·欧莱丽正躺在床上熟睡，而她的奶牛则跑了出去，不知去向。但是为了弥补凯瑟琳·欧莱丽和她的奶牛因这场大火而遭受的指责和中伤，我愿意相信大火导致的剧情反转。

这场大火意外地催生了建筑业的繁荣发展，即用砖瓦和石头的房屋取代传统的木质房屋。当时建造的许多石头和砖瓦房屋至今仍然在这座城市中屹立着。建立一个新的带有很多小巷的街区布局——这个想法是个创新，得到很多人的支持，因为这样的布局能够把垃圾放在主干街道之外。我敏感的鼻孔在经历了23年的纽约生活的折磨之后，一定非常欣赏这样的创新。大火造成的碎石瓦砾有几百万吨，全都被倒进密歇根湖东侧水域，结果竟然形成了现在美丽的大公园。[10]许多历史学家认为，这场大火促使这座城市把1893年的哥伦比亚世界产品博览会搬迁到了芝加哥。

正如1871年为纪念此次事件而命名的科技孵化器所说的那样："关于1871年芝加哥大火的故事讲的不仅仅是大火本身的事情。这个故事更多的是在讲述大火之后的事情：一个意义非凡的时刻——世界上最富智慧的工程师、建筑师和发明家都会聚于此，携手并肩，共同建立一个新的城市。他们的发明和创造——来自他们的热情和真正的智慧——不仅塑造了芝加哥，而且塑造了整个现代世界。"

事实上，这场大火明明是可以预见的事件。当年异常干旱的夏天和早早到来的秋天，让整座城市的木质房屋建筑和桥梁处于易燃的高危境地。"连续三周一滴雨都没有下。这样的天气里，城市中的所有东西都成了易燃品。只要有一点点的火星就可能造成无法控制的大火，而且大火会很快从城市的一头蔓延到另外一头。"就在那个命中注定的夜晚前不久，《芝加哥论坛报》（*Chicago Tribune*）就曾这样报道过。城市消防局在之前还被要求建立更多的消防栓、大的自来水总管道，招募更多的消防员，在河上设立两个消防船，并且检查各个建筑里的消防设施，确保完好无损。但是，所有的祈祷和努力都没能奏效，城市依然毁于这场史无前例的大火。[11]

（5）站在顺风处

最好的领导会在危险尚未靠近的时候就采取行动。我们不太可能会在看到灰犀牛式危机事件发出信号的时候，就采取行动，尤其是当这个危机是很容易解决的危机。我们很可能会在应对成本已经升得很高而且成功的可能性很小的时候，才采取行动——或者，甚至是在经历了灾难的重创之后，才会采取行动，就像当年的芝加哥那样。

站在顺风处需要具备两个策略。第一，眼睛紧紧地盯着远方。这样，你就能够准确预测那个看似遥远的危险是如何一点点地靠近的。第二，这个是最难做到的——解决灰犀牛式危机，即妨碍我们正确决策和及时行动的体制性问题：导致群体思维以及对我们造成蒙蔽的决策过程；保守的体制，妨碍决策者和企业领导做出正确的决定和采取正确的行动；我们低效的资源分配方式，短期内劳民伤财，但是从长期的角度看，也许能带来更大的收益。

有时候，我们需要说服别人同意我们的变革措施。但是，当危险只远在天边，而非近在眼前的时候，说服别人同意我们的变革几乎是一件不可能的事情。在这种情况下，我们就需要提前制订一系列的计划。这样，当危险真的来临时，我们就可以按部就班地采取行动了。

（6）成为发现灰犀牛式危机的人，成为控制灰犀牛式危机的人

要躲避危险，首先要做的事情是发现危险。一个人发现了明显的危险，这个危险是被其他人忽视的危险。他挺身而出，提醒大家注意。在野外发现犀牛的能力是长期训练的结果。同样，发现灰犀牛式危机也是一种需要经过训练才能具备的能力。

在发现灰犀牛式危机、提醒其他人防范危机和制订解决方案，以及把计划转化成行动等过程中，个人能够起到至关重要的作用。"人们可能会认识到防范危机的必要。但是，最难的部分是行动。最难的事情是要弄清楚如何做才能解决危机。"艾里

卡·奥林奇（此人出现在第九章中）说。"一切都取决于这样的一个人。如果一个公司中没有这样的领袖人物的话，那么一切都是徒劳的。"她在到未来猎人咨询公司咨询过的公司里，一次又一次地看到过这样的事情。那些能够成功地看到结构性变革的公司里，总是会有一个积极的内部倡导者。这一点同我们在本书第七章中讨论的问题是一致的，即一个组织机构中，那些有影响力的人能够在企业中发动变革，而且能够得到同龄人和伙伴的全力支持。

以下是能控制犀牛式危机的人：那些愿意同大多数人背道而驰，愿意推翻错误的体制，愿意激励他人一同行动的人。他们是那些看起来有一点点疯狂的人。为了避免灾难的发生，挺身而出、牺牲自我，无论是作为公司的一部分，或是世界上的、一个国家里的、一个社区里的居民，或是一个独立的个体，这样的行为都是需要很大勇气的。这就是我在为写这本书而做调研的时候，一次又一次看到的真理。所以，尽管所有人都在对我说，人类的本性根深蒂固，让人们无法发现明显的危险，阻碍人们及时行动避免危机发生，但我还是坚持写出了这本书，因为有这样的真理一直在指引着我。

一个能够管控犀牛式危机的人

米娜·古丽（Mina Guli）就是这样一位能够发现犀牛式危机并且能够管控犀牛式危机的人。她的毕生事业是水。她生长在澳大利亚。在这个国家里，她不得不接受淡水资源极度匮乏的残酷现实。当她还是一个孩子的时候，她就学会了如何在洗手和洗澡的时候节约用水；她的家里到处都有水桶，目的是尽可能地接住和重新利用每一滴水。她仍然清楚地记得购物中心关掉喷泉的那一刻。"我们已经习惯了看到水坝的水位一天比一天低。这是一件令人十分悲伤的事情。"她回忆说。这些经历促使她把环保法规和环保融资作为自己终生的事业。此外，她还创立了第一个二氧化碳市场。最终，她移居到了北京，成为牡丹资本（Peony Capital）合伙创始人。牡丹资本是给中国公司提供环保资金的环保基金。

在一次世界经济论坛会上，米娜·古丽和雀巢公司主席包必达在同一个讨论组。这次经历让她有了太多的"恍然大悟"。第一个恍然大悟是：她认识到我们消耗的水资源中，有95%的水是在我们的家庭之外被消耗掉的：一件T恤衫的制造需要消耗掉2 700升的水去种植棉花和纺纱织布；一条牛仔裤的制造则需要消耗掉11 000升水才能够完成；一个汉堡的制造更是需要消耗多达18 000加仑的水才能完成（当然不是给米娜·古丽做汉堡，她是一个严格的素食者）。第二个恍然大悟是：有很多企业和机构仍然把水看成是环境卫生体系的问题。最大的恍然大悟与她童年时期的认知是一致的，即"我们正在耗尽我们的水资源，因为我们的用水速度远远大于我们对水源的补充速度。"她说。

这些"恍然大悟"式的认知非常沉重，同时非常令人惊讶。米娜·古丽感到解决水源问题刻不容缓。对于她个人来说，解决水源问题将成为她终生为之奋斗的目标。她放弃了原有的工作，来到饥渴（Thirst）——一个不断招募年轻人、致力于改变世界目前用水方式的组织。米娜·古丽非常清楚，自己一定要做些事情来改变现状。

饥渴的第一个项目是为最大的人类水龙申报一项吉尼斯世界纪录。这个水龙是由大概 2000 名学生在 2013 年 12 月时共同组建完成的。自成立之日起，饥渴就不断展开同学校和俱乐部的合作，提高人们对于用水的认识，告诉人们我们对于水的消耗正在影响着全世界的水资源供应。在此期间，饥渴同中国的 18 个省份里的 100 多所学校、120 多个俱乐部合作过。饥渴还创立了一个针对学生的发明竞赛，即让学生发明新的科技，降低家庭和学校的用水总量。

在 2013 年 4 月，米娜·古丽踏上了横穿撒哈拉大沙漠的旅程，目的是呼吁人们关注淡水资源严重匮乏问题。走了 7 公里的路程后，米娜·古丽感到自己的臀部剧痛难忍。"我当时坐在一块巨大的石头上，思考自己该何去何从。我当时的身体状况非常糟糕。我完全可以放弃这次旅程，然后回家去。这没什么丢脸的。当时出了一些非常严重的事情。但是，当我想到这样做将会传递出去的信息：当我们遇到很难逾越的困难时，放弃的话也没什么不可以，无可厚非；但是，你也可以选择站起来，继续前行，同一切不利因素对抗。"于是，米娜·古丽站了起来，继续上路了，并且最终完成这次沙漠之旅。根据后来的计算，米娜·古丽此次一共行走了 243 公里。当她回来的时候，医生发现她的臀部有两处骨裂。

但是，米娜·古丽没有就此停止。她想做更多的事情，将水资源严重匮乏的信息传递出去。她意识到，要想吸引媒体关注淡水资源短缺问题，她必须要做一些更加疯狂的事情，才能达到目的。她从英裔南非律师兼演说家刘易斯·皮尤（Lewis Pugh）那里获得了灵感。刘易斯·皮尤有时候也被人们称为"游泳界的埃德蒙·希拉里爵士"（The Sir Edmund Hillary of Swimming）。他只着泳裤，跳入北冰洋的海水里，游了很长的一段距离，目的是呼吁人们关注全球变暖问题，关注保护海洋的迫切性。米娜·古丽想到，可以用自己的奔跑去呼吁人们关注淡水资源短缺问题。于是，尽管她当时仍然拄着拐杖，还不能自如行走，她已经开始计划自己的下一个行程了。米娜·古丽计划用7周跑步穿越7个大陆上的7个沙漠，为2016年2月的世界淡水日做准备。"你需要这样的人，他们愿意为了引起人们的关注，去做一些疯狂的事情。他们的方式虽然疯狂，但是他们非常坚定、执着，对自己做的事情绝不放弃，所以他们一定能够做成。"米娜·古丽说，"你需要的不仅是一个能够发现犀牛的人，而且是一个能够坚定不移地去追踪犀牛的人，一个能够保护犀牛的人。"

理所当然的事情

"这是很神奇的，我们很快就会接受我们在保护犀牛这个问题上遇到的困难，而且是理所当然地接受这个困难。"泰迪·罗斯福（Teddy Roosevelt）在1911年1月的《国家地理》杂志上的一篇文章中说。[12]他在文章中回忆了自己在非洲游猎的经历。在那次的游猎过程中，一个非洲护卫被一头愤怒的犀牛挑起来，重重地摔在地上。护卫受了重伤。"在这里，在这个文明的世界里，如果你要求一个人下车，去替你把挡路的犀牛赶走，他会很惊讶、很奇怪地看着你；但是在非洲，你要求一个人下车替你赶走犀牛，他会欣然接受，认为是理所当然的事情。"他在文章中写道，"当你靠近犀牛的时候，很有可能，犀牛会向你发动攻击。犀牛的攻击可能是出于愤怒，也可能是由于受到惊吓，也可能是一些莫名其妙的原因。麻烦的是，你无法判断这头犀牛是否会真的发动攻击。"

泰迪·罗斯福对于游猎经历的描述，同他对于由来已久的斗争的描述一样，都是十分准确的。我们看到了灰犀牛式危机，但这并不意味着我们就已经及时转移到了安全地带，或者说这并不意味着我们已经把危机转换成了机遇，而且能从中获益。但是，如果我们不能及时发现面前的灰犀牛式危机，我们一定会受到攻击，这一点是可以肯定的。灰犀牛式思维是一个综合了现实主义和乐观主义的思维方式。如果你希望自己能够及时采取行动，及时躲避危险，那么你就必须保持头脑清醒，乐于倾听和思考那些不太令人愉快的事情。与此同时，你还必须保持乐观的心态，认为自己一定有成功的机会。此外，你还要具备把危机看成是机遇的能力。

我不是一个遇事过分乐观的人，但我的确是一个乐观主义者。在我的这本书中，有很多领袖人物。他们及时地发现危机并且及时地采取了行动，避免了灾难的发生。他们解决的危机都是那些概率高、影响大的危机，足以使个人、家庭、企业、社会，甚至是整个世界毁于一旦。他们是能够发现犀牛的人，而且也是能够控制犀牛的人。想到这些，我想用希望来给这本书做结尾。

第十章 结论：如何避险

在一个寒冷的冬日，我来到芝加哥林肯动植物园参观那里的一头名为王牛（King）的犀牛。这是一头东方黑犀，两年前在动物园里出生。进入温暖、潮湿的非洲式空间里，猫鼬和山羚在身边经过，你会有种暂时被运送到了遥远的非洲大陆的感觉。蕾切尔·桑提米尔（Rachel Santymire）——研究流行病学和内分泌学的达维中心（Davee Center for Epidemiology and Endocrinology）的主任，出来迎接我。蕾切尔·桑提米尔一直在南非东开普省研究犀牛族群的基因、群体模式以及环境因素等。通过研究犀牛的粪便样本和睡眠模式（在犀牛的住所安装隐形摄像机），她成功地帮助动物园减轻了环境对犀牛繁殖的不利影响。这项研究的大部分工作都是在最近的盗猎升级之前完成的，现在后续的研究工作不得不因为盗猎升级而暂停了。蕾切尔·桑提米尔对犀牛的未来很是担心。"我的研究工作会在远期看到成效。但是在这之前，你必须先要有足够多的犀牛才行。"蕾切尔·桑提米尔说。一项最近的研究提出警告，显示白犀会在不远的将来，即2026年，彻底灭绝。这个消息让蕾切尔·桑提米尔悲痛不已，甚至伤心落泪。"到2026年的时候，我的儿子就满十岁了。我应该怎么和他说呢？难道我要告诉他，你妈妈的工作内容是研究犀牛，但是她现在不能继续这项研究了，因为世界上已经没有犀牛了，它们彻底灭绝了？如果我们把犀牛送到野外，谁来资助犀牛栖息地的运营呢？"

上述的这些问题就能解释为什么林肯动植物园的明星级犀牛是如此的重要：除非公众能够明白犀是多么特殊的动物，否则我们就无法形成舆论压力，来拯救濒临灭绝的犀牛。对于公众认知的教育是这项计划中十分重要的一环。如果你从来没有看到过犀牛,你又怎么能够想到要去拯救犀牛免于灭绝的命运呢?

小王牛的母亲卡普空(Kapuki)是一个十岁的雌性犀牛,其体重高达约 2 600 磅。卡普空最喜欢做的事情就是挤压和推动巨大的塑料桶,让它转来转去,以及在镜子前伫立,看着镜子里的自己。它还喜欢和人类待在一起,而且是时间越长越好。林肯动物园把卡普空送到了芝加哥的动物园,希望它能和那里一头名为马库(Maku)的雄性犀牛一起,繁殖后代。动物园协会和水族馆物种生存计划(Aquariums Species Survival Plan)通过动物园的匹配系统找到了卡普空。人们试图找到最大的基因差异。在卡普空和马库交配之后的第十四个半月的时候,小王牛在 2013 年来到了这个世界上。它是自 1989 年以来,第一个在动物园出生的小犀牛。刚出生的时候,小王牛的体重只有 60 磅。在出生后的头一年里,它就吸引了很多人的关注。

到 2015 年,小王牛已经两岁了,而且它很快就追上了它妈妈的体重,几乎和妈妈一样高大了。现在,尽管它体形高大,但它实际上还是一个非常害羞的小宝宝。当它同妈妈一起咀嚼紫花苜蓿和嫩草的时候,小王牛会藏在妈妈的身后,时不时地探出头来看看。卡普空早就已经习惯了自己的"名人身份和社会地位",它会径直走到我和它之间的栅栏前面。它会用灵活的嘴唇含着一大捆紫花苜蓿,来到我面前咀嚼。它的嘴唇看起来像是鹦鹉的喙状嘴,或者像是一个巨大的粉色拇指。在野外,这样的嘴唇能够起到拇指的作用,帮助黑犀翻找灌木和丛林,抓起小树枝和小的灌木。它们的近亲,白犀的嘴唇就很难做到这一点,因为它们的嘴唇太平，不利于吃草。

犀牛的性成熟期是六岁左右。林肯动植物园的员工说，一旦小王牛长到四岁左右，它就会被送到其他的动物园里去，找一个匹配的伴侣；按照他们与水族馆物种生存计划签署的协议，这件事的最终决定权还不属于林肯动植物园。或者，等小王牛到了它父亲生它时的年龄的时候，另外一头雌性犀牛就能来到这里，与它一起繁殖后代了。

最后，小王牛对于游客的好奇心终于战胜了它的害羞心理，它走出藏身的地方，来到栏杆前查看。母犀牛通常会在小犀牛两岁左右的时候，就不再给它哺乳了。至于为什么是在两岁的时候停止哺乳，答案很快就清楚了。小王牛尽可能温柔地躺下，用它那个已经几乎长成的犀牛角轻轻地拱着卡普空的肚子。卡普空微微地转过巨大的身躯，用一种混合着认可和喜爱的眼神看着我们。它似乎知道，而且我们也知道，眼前正在发生的一切是个奇迹。在那一刻，尽管世界上屠杀犀牛的坏消息不断传来，但是我们仍然心怀希望。这个巨大的小宝贝代表着一个新的开始。这是一个关于动物保护者的故事，他们正在倾尽全力确保一个史前物种能够继续行走在这个神奇的星球上。当我们的孩子，或者孩子的孩子出生，长大后，仍然能够看到这些珍稀的史前物种。

也许，我们已经迈出了第一步，帮助这个神奇的史前动物避免了其生命中的灰犀牛式危机——灭绝的灾难。也许，这本书也能够帮助你避免灰犀牛式危机。

致　谢

衷心感谢我的作品经纪人安德鲁·斯图亚特（Andrew Stuart）和我的编辑乔治·威特（George Witte）。他们两人都在很早就认可并支持我提出的灰犀牛理论，而且在我写作的过程中，不断给我提供宝贵的意见反馈。感谢汤姆·尼尔森（Tom Neilssen）。他是我在亮视集团（Brightsight Group）的发言人。圣马丁出版社（St. Martin's Press）的全体员工都非常友好、合作，这其中包括卡罗·安德森（Carol Anderson）、艾米丽·利特（Amelie Little）、凯特·奥特维阿诺（Kate Ottaviano）和萨拉·怀特（Sara Thwaite）。

世界经济论坛全球青年领袖协会（Fellow Young Global Leaders）一直以来都在无私地给予我灵感、友谊、引介、建议、鼓励，以及启发性的交流和对事物深刻的见解。如果没有他们的帮助，这本书就不可能存在。尤其要感谢阿娜莎·巴拉瑞（Analisa Balares）、乔治·博纳德特（Georgie Benardete）、凯瑟琳·博彻特（Katharina Borchert）、宾塔·布朗（Binta Brown）、马修·毕夏普、戴娜·科斯塔克、迈克尔·德雷克斯勒（Michael Drexler）、索帕尔·伊尔（Sophal Ear）、罗赞娜·菲格拉（Rossanna Figuera）、史蒂芬·弗罗斯特（Stephen Frost）、詹姆斯·吉福德

(James Gifford)、艾丽莎·格登博格（Elissa Goldberg）、米娜·古丽（Mina Guli）、胡璐德·冈斯坦斯德特（HrundGunnsteinsdottir）、艾薇儿·哈尔斯瑞德（Avril Halstread）、戴夫·汉利（Dave Hanley）、诺瑞纳·赫尔茨、布瑞恩·赫利希（Brian Herlihy）、布雷特·豪斯（Brett House）、泰瑞·肯尼迪（Terri Kennedy）、苏尼·卡普尔（Sony Kapoor）、瓦莱丽·凯勒（Valerie Keller）、彼得·莱斯（Peter Lacy）、泰安·雷（Tan Le）、刘佩琪、克里斯托弗·洛根（Christopher Logan）、莱斯利·马斯多普（Leslie Maasdorp）、布特·马努让（Buter Manurung）、费利克斯·马拉迪拉加（Felix Maradiaga）、格雷格·麦克恩（Greg McKeown）、厄尔文·米歇尔－克吉安（Erwan Michel-Kerjan）、阿基拉·柯顿（Akira Kirton）、凯文·陆（Kevin Lu）、杰米·纳克（Jaime Nack）、内黑德·南施、奥利弗·尼埃德梅耶、奥利弗·奥利尔（Olivier Ouillier）、埃里克·帕拉多（Eric Parrado）、米切尔·范（Mitchell Pham）、威廉·斋藤、索尼娅·赛博特萨（Sonja Sebotsa）、劳拉·塞特拉基安（Lara Setrakian）、本·斯金纳、洛娜·索利斯（Lorna Solis）、雷·索萨（Ray Sosa）、马克·蒂雷尔（Mark Turrel）和安迪·韦尔斯。我对全球青年领袖协会的全体人员无比崇敬。他们已经看到了自己领域内的灰犀牛式危机，而且正团结合作，一起努力把危机变成机遇。

克劳斯（Klaus）和希尔德·施瓦布（Hilde Schwab）对全球青年领袖论坛提供支持，促成了这个非凡群体的建立，会聚了一群决心改变世界、使它变得更加美好的年轻人。衷心感谢他们和全球青年领袖论坛的工作人员，其中有大卫·艾克曼（David

Aikman)、艾德里安·蒙克（Adrian Monck）、约翰·达顿（John Dutton）、沙恩·那高（Shun Nagao）、埃里克·罗兰（Eric Roland）、乔·施帕贝尔（Jo Sparber）、米妮亚·查特吉（Miniya Chatterjee）、凯瑟琳·布朗（Katherine Brown）、麦瑞德·博贺（Merid Berhe）、沙瑞娜·哈特（Shareena Hatta）和罗斯·曼德芮妮（Rosy Mondarini）。

在哈佛大学肯尼迪学院，为全球青年领袖论坛组织的"21世纪全球领袖和公共政策"的讲座上，我产生了写这本书的想法，并且最终决定把这本书的写作提上日程安排。衷心感谢那些极具献身精神的教授，他们组织了这次讲座，并在讲座上负责主讲，他们是艾里斯·伯纳特（Iris Bohnet）、玛泽瑞·巴纳吉（Mahzarin Banaji）、马克斯·巴泽曼、达奇·伦纳德、比尔·乔治（Bill George）以及项目中心主任莱蒂西亚·迪凯特（Leticia DeCatro）。同时感谢我的纯北部领导圈（True North Leadership Circle）里的全体成员。感谢世界经济论坛和项目组的大力支持，凯雷集团的戴斯德·鲁宾斯坦（Dacid Rubenstein）、比尔和佩妮乔治家族基金会（Bill&Penny George Family Foundation）、玛丽莲·卡尔森·尼尔森（Marilyn Carlson Nelson）和霍华德·考克斯（Howard Cox, Jr.）。

这本书的部分思想得益于国际政策研究所（The World Policy Institute）、世界经济圆桌会议（World Economic Roundtable）的讨论。感谢圆桌会议的组织者雪勒·施文宁格（Sherle Schwenninger）。圆桌会议的成员都无私地提供了很多宝贵的评论和建议。

我非常感谢我在国际政策研究所的同事伊恩·布鲁莫（Ian Bremmer）和米拉·坎达，感谢他们在《灰犀牛》写作初期给予我的热情支持；感谢国际政策研究所的全体成员，因为他们构成了一个充满智慧与创新思维的团体；感谢安妮卡·克里斯坦森（Annika Christensen）、阿曼达·杜根（Amanda Dugan）、布兰登·傅（Brendan Foo）、达拉·戈尔德（Dara Gold）、迈克尔·卢姆波斯（Michael Lumbers）和爱丽丝·王（Alice Wang）提供的帮助。尤其要感谢国际政策研究所的顾问比尔·博内特（Bill Bohnett）。在我第一次想到用犀牛形象来代表自己的理论时，他就在场，而且他关于黑天鹅的趣谈给了我灵感，让我明白：犀牛是黑还是白根本不是重点，因为他们都同属于灰色。国际政策研究所的许多顾问都给予了我鼓励，无私地提供了他们深刻的见解和想法，对我进行支持和指导。能在这样一个团体里工作，我感到无比的荣幸。他们是吉米·阿伯内西（Jim Abernathy）、彼得·奥德曼（Peter Alderman）、约翰·艾伦（John Allen）、亨瑞·安厚德（Henry Arnhold）、乔纳森·范东（Jonathan Fanton）、戴安·芬纳蒂（Diane Finnerty）、迈克尔·福利克拉斯（Michael Fricklas）、戴安·格拉斯曼（Diana Glassman）、山姆·艾伯茨（Sam Eberts）、纳丁·哈克（Nadine Hack）、汉斯·休谟斯、马丁·卡普兰（Martin Kaplan）、爱丽丝·立隆（Elise Lelon）、彼得·马伯尔、迈克尔·帕特里克（Michael Patrick）、杰克·里夫金（Jack Rivkin）、乔治·桑帕斯（Geoge Sampas）、摩根·斯凯尔顿（Mojgan Skelton）、玛丽·万·艾弗拉（Mary Van Evera）、约翰·沃茨（John Watts）、罗斯玛丽·沃瑞特（Rosemary Werrett）和黛比·威利（Debbie Wiley）。至今我仍然很怀念和迪特尔·詹德（Dieter Zander）一起共度的下午茶时光，她给我提供了很多有益的问题和反馈。

感谢我在全球事务芝加哥议会里的同事。感谢议会的青年专家和新近领袖群体的讨论会。在他们的帮助下，我提炼出了自己的想法和概念。麦克阿瑟基金会（MacArthur Foundation）的新领袖艾玛·贝尔彻（Emma Belcher）给我讲述了悉尼滑板犀牛的故事。

如果没有众多的学者专家肯接受我的访问，并且提供他们宝贵的意见，这本书就无法完成了。他们是丹·阿尔珀特（Dan Alpert）、史蒂夫·布利茨（Steve Blitz）、米歇尔·加西亚（Michelle Garcia）、罗伯特·哈迪（Robert Hardy）、康斯坦斯·亨特（Constance Hunter）、鲍勃·考培池（Bob Kopech）、奥利恩·克瑞斯泰德（Orlyn Kringstad）、杰夫·伦纳德（Jeff Leonard）、约翰·莫尔丁（John Mauldin）、泰瑞·莫尔纳（Terry Mollner）、山姆·纳塔珀夫（Sam Natapoff）、亚尔曼·奥纳兰（Yalman Onaran）、丹·夏普（Dan Sharp）、弗兰克·斯普瑞（Frank Spring）、德温·斯图尔特（Devin Stewart）、戴维·特坦（David Teten）、汤姆·沃格尔（Tom Vogel）、埃里克·韦纳和沃斯·瑞（Worth Wray）。在南非，我也得到很多人的帮助，感谢莉安·科姆博瑞克（Leigh‑Ann Combrink）、迪帕克·帕特尔（Dipak Patel）、凯丝·迪恩（Cathy Dean）、苏茜·埃利斯、乔·海因德尔（Jo Heindel）和艾士丽·西斯克（Ashli Sisk）。感谢林肯动植物园给我提供的帮助。

为简单起见，我在这里只是提及了那些直接参与本书写作的人。在回忆那些给予过我帮助的人时，我想起了自己在脸书和推特上与大家的对话。这样的对话总能或多或少地给予我灵感。首先，我回忆起在我写书的日日夜夜陪伴我的邻居们，即西94号街的人们和那里的狗，他们都是我在纽约上区的河边公园里每天都能见到的；西90社区和救狗志愿者队伍里的伙伴；我现在的新邻居，以及在林肯公园里和去往芝加哥的火车上遇到的陌生面孔。芝加哥是我目前居住的城市。我花了很久才明白，离开书桌和专业研究的生活里，不是直接专注于写作和思考的时间里，都是我灵感和见解的来源。所以我不仅要感谢具体提到姓名的人，而且在这里也要一并感谢那些给了我积极影响的人。

我最亲近的朋友也给我提供了各种各样的支持和鼓励，以及后勤保障；在我埋头于电脑键盘前的时候，他们保持了足够的耐心；偶尔会陪我一起满足自己贪婪的味蕾，陪我品尝埃塞俄比亚画眉草制的面包、寿司、96街的墨西哥卷饼和青柠派。感谢亚伦、兰迪·比勒（Randi Biller）、特鲁珀（Trooper!）、玛丽·安布罗西奥（Mary D'Ambrosio）、乔·哈金斯（Joe Harkins）、德博·凯曼（Deb Keyman），安妮·科恩豪泽（Anne Kornhauser）、简·隆（Jean Leong），马格丽特·佩雷斯（Margarita Perez）、玛丽亚·卡洛琳侬（Maria – Caroline Perignon）、雷·桑松（Leigh Sansone）、卡罗尔·斯珀莫（Carol Spomer）。丹尼尔·格雷森博士（Daniel Grayson）为我在达沃斯的灰犀牛演讲设计了图案。在我旅行期间，他和可爱的弗洛·莱尔（Flo Lyle）给我的拳狮犬米茨（Mitzi）提供了一个家。艾米·沃尔德曼（Amy Waldman）

| 致　谢 |

不仅是忠实的好朋友，而且给我提供了一些书稿编辑上的反馈。

我还要重点感谢我的家人。感谢他们给予我的爱和支持，尤其要感谢我的父母——丹妮尔（Danielle）和艾德·渥克（Ed Wucker），同时还要感谢我的外甥女卡桑德拉·渥克（Cassandra Pine‐Wucker）。她帮我研究如果犀牛冲过来时，我们该做些什么。最后，还要感谢我的"小红犀牛"——比莉（Billie），她非常认真地对待她的工作，即当我在书桌前工作的时间过长时，她就会带我去公园散步。她真是一个好姑娘！

注　释

序　言

1. Michele Wucker. "Chronicle of a Debt Foretold". New America Foundation, May 2, 2011.

2. The New Climate Project. *Better Growth, Better Climate*. London: Global Commission on Climate and the Economy, 2014. http：// newclimateeconomy. report.

3. Nelson Nygaard Consulting Associates. "Blueprint for the Upper West Side". November 2008.

4. http：// transalt. org / sites/ default / fi les/ news/ reports/ UWS_ Blueprint. pdf.

Nelson Nygaard. "West 96th Street and Environs Pedestrian Safety and Circulation Study". November 2013. http：// www. nyc. gov / html / mancb7/downloads / pdf / Manh CB7 West96 Study complete. pdf.

5. Thomas Tracy and Tina Moore. "Pedestrian Deaths from Vehicle Strikes Are Quickly Rising in New York City". *New York Daily News*, January 13, 2014. http：// www. nydailynews. com / new-york / pedestrian-deaths-auto-strikes-rise-nyc-article-1. 1577396 .

第一章　遭遇灰犀牛

1. Cathy Booth Thomas and Frank Pellegrini. "Why Dynegy Backed Out". Time, December 3, 2001. http：// content. time. com / time / business / article / 0,8599,186834,00. html.

2. Brian Kahn. "Record Number of Billion – Dollar Disasters Globally in

2013". Climate Central, February 5, 2014. http：// www. climatecentral. org / news / globe-saw-a-record-number-of-billion-dollar-disasters-in-2013-17037.

3. WWAP (United Nations World Water Assessment Programme). The United Nations World Water Development Report 2015：Water for a Sustainable World. Paris, UNESCO 2015.

4. Kingsley Oghobor. "Africa's Youth：Ticking Time Bomb or Opportunity？" Africa Renewal. May 2013. http：// www. un. org / africarenewal/ magazine / may – 2013 / africa% E2% 80% 99s – youth – % E2% 80% 9Cticking – time – bomb% E2% 80% 9D – or – opportunity.

5. Accenture and United Nations Global Compact. Study Lead, Peter Lacy. "Architects of a Better World". September 2013. http：// www. accenture. com / Microsites / ungc – ceo – study/ Documents / pdf / 13 – 1739 UNGC% 20report Final FSC3. pdf.

6. "Typhoon of Historic Proportions Slams Philippines, Brings Worries of Catastrophic Damage". Washington Post, November 8, 2013.

7. International Monetary Fund. *World Economic Outlook* 2007. Washington, DC：October 2007. See also Bank for International Settlements. "77th Annual Report：1 April 2006 – 31 March 2007". Basel, June 2007. http：// www. bis. org / publ / arpdf/ ar2007e. pdf.

8. Alan Greenspan. "Never Saw It Coming：Why the Financial Crisis Took Economists by Surprise". Foreign Affairs. November/December 2013. http：// www. foreignaffairs. com / articles / 140161 / alan – greenspan / never – saw – it – coming.

9. Jack W. Brittain, Sim Sitkin. "Carter Racing". Delta Leadership：1986, revised 2006.

10. Max Bazerman. *The Power of Noticing：What the Best Leaders See*. New York：Simon & Schuster, 2014.

11. This quote has been attributed to A. Gary Shilling in a February 1993 Forbes article (page 236), though uncertainty remains over its origin. http：// quote-investigator. com / 2011/08/09/ remain – solvent/ .

12. Michael Lewis. *The Big Short：Inside the Doomsday Machine*. New York：

Norton, 2010.

13. Jeff Chu. "How the Netherlands Became the Biggest Exporter of Resilience." *Fast Company*, November 1, 2013. http：// www. fastcoexist. com / 3020918 / how – the – netherlands – became – the – biggest – exporter – of – resilience#1.

第二章　预测过程中会遇到的困难：抵触和否认情绪

1. "Vote：Worst Financial Prediction of 2013". PunditTracker. http：// blog. pundittracker. com / vote – worst – fi nancial – prediction – of – 2013 /. Accessed 2014; dead link September 2015.

2. Joby Warrick and Chris Mooney. "Effects of Climate Change 'Irreversible', U. N. Panel Warns in Report". *Washington Post*, November 2, 2014. http：// www. washingtonpost. com / national / health – science/ effects – of – climate – change – irreversible – un – panel – warns – in – report / 2014/11/ 01/2d49aeec – 6142 – 11e4 – 8b9e – 2ccdac31a031 story. html.

3. Tali Sharot. *The Optimism Bias：A Tour of the Irrationally Positive Brain*. New York：Vintage, 2011.

4. David Lazer, Ryan Kennedy, Gary King and Alessandro Vespignani. The Parable of Google Flu：Traps in Big Data Analysis. *Science*. March 14, 2014：Vol. 343 no. 6176 pp. 1203 – 1205.

5. James Surowiecki. *The Wisdom of Crowds：Why the Many are Smarter Than the Few and How Collective Wisdom Shapes Business, Economies, Societies, and Nations*. New York：Doubleday, 2004.

6. Nate Silver. *The Signal and the Noise：Why So Many Predictions Fail— But Some Don't*. New York：Penguin Press, 2012.

7. Geoffrey K. Pullum. "No Foot in Mouth". University of Pennsylvania blog. December 2, 2003. http：// itre. cis. upenn. edu / ~ myl / languagelog/ archives / 000182. html.

8. Herodotus. *The Histories*, 409.

9. Herodotus. *The Histories*, xxvi.

10. Olivier Oullier. "Behavioral Finance and Beyond". *Perspectives*（special

edition on asset allocation by risk factor), 2013. http：// oullier. free. fr / f iles / 2013_ Oullier_ Perspectives_ Behavioral – Finance – Decision – Neuroeconomics – Bias – Neuroscience – Economics. pdf.

11. Noreena Hertz. *Eyes Wide Open：How to Make Smart Choices in a Confusing World.* New York：HarperBusiness, 2013. The study she cites is by Jan Engelmann, C. Monia Capra, Charles Noussair, and Gregory S. Berns. "Expert Financial Advice Neurobiologically 'Offloads' Financial Decision – Making Under Risk".

12. Barbara Mellers and Michael C. Horowitz. "Does Anyone Make Accurate Geopolitcal Predictions？" *Washington Post Monkey Cage*, January 29, 2015. http：// www. washingtonpost. com / blogs / monkey – cage / wp / 2015 / 01/ 29 / does – anyone – make – accurate – geopolitical – predictions /. See also their 2015 scholarly study of the project, "The Psychology of Intelligence Analysis：Drivers of Prediction".

"Accuracy in World Politics." *Journal of Experimental Psychology：Applied* 21, No. 1：1 – 14. http：// www. apa. org / pubs / journals / releases / xap – 0000040. pdf.

13. David Brooks. "Forecasting Fox". *The New York Times*, March 21, 2013. http：// www. nytimes. com / 2013 / 03 / 22 / opinion/ brooks – forecasting – fox. html？r = 0.

第三章 否认：为什么我们看不到犀牛群？为什么我们不能避开它们的奔袭路线？

1. Luisa Kroll. "Crazy Comeback：The Man Many Blamed For The Economic Meltdown is a Billionaire Again". *Forbes*, March 23, 2015. http：// www. forbes. com / sites / luisakroll/ 2015 / 03 / 03 / crazy – comeback – from – near – bankruptcy – back – to – icelands – only – billionaire/.

2. Robert M. Sapolsky. *Why Zebras Don't Get Ulcers：The Acclaimed Guide to Stress, Stress – Related Diseases, and Coping*, 3rd ed. New York：St. Martin's Press, 2004 (W. H. Freeman, 1994).

3. Elisabeth Kübler – Ross. *On Death and Dying：What the Dying Have to*

| 注 释 |

Teach Doctors, Nurses, Clergy and Their Own Families. 1969. Reprint, New York: Scribner, 1997.

4. Jeffrey Young. "Obamacare Launch Day Plagued by Website Glitches". *Huffington Post*, October 1, 2013. http://www.huffingtonpost.com/2013/10/01/obamacare-glitches_n_4023159.html.

Roberta Rampton. "Days Before Launch, Obamacare Website Failed to Handle Even 500 Users". Reuters, November 21, 2013. http://www.reuters.com/article/2013/11/22/us-usa-healthcare-website-idUSBRE9AL03K20131122.

5. The New York Times Editorial Board. "Lessons of New York's Prison Escape". *The New York Times*. July 6, 2015. http://www.nytimes.com/2015/07/06/opinion/lessons-of-new-yorks-prison-escape.html?action=click&pgtype=Homepage&module=opinion-c-col-left-region&region=opinion-c-col-left-region&WT.nav=opinion-c-col-left-region&r=0.

Michael Winerip, Michael Schwirtz, and Vivian Yeejune. "Lapses at Prison May Have Aided Killers' Escape". *The New York Times*, June 21, 2015. http://www.nytimes.com/2015/06/22/nyregion/new-york-prison-escape-an-array-of-oversights-set-the-stage.html.

6. Eric Schmitt. "Use of Stolen Passports on Missing Jet Highlights Security Flaw". *The New York Times*, March 10, 2014. http://www.nytimes.com/2014/03/11/world/asia/missing-malaysian-airliner-said-to-highlight-a-security-gap.html.

7. Darryl Fears. "Before the Washington Mudslide, Warnings of the Unthinkable". *Washington Post*, March 29, 2014. http://www.washingtonpost.com/national/health-science/before-the-washington-mudslide-warnings-of-the-unthinkable/2014/03/29/0088b5f2-b769-11e3-b84e-897d3d12b816_story.html.

8. Timothy Egan. "A Mudslide, Foretold". *The New York Times*, March 29, 2014. http://www.nytimes.com/2014/03/30/opinion/sunday/egan-at-home-when-the-earth-moves.html.

9. Ian Mitroff with Gus Anagnos. *Managing Crises Before They Happen: What*

Every Executive Needs to Know About Crisis Management. New York: American Management Association, 2002.

10. Atul Gawande. "A Lifesaving Checklist". *The New York Times*, December 30, 2007. http://www.nytimes.com/2007/12/30/opinion/30gawande.html?r=0.

11. Atul Gawande. *The Checklist Manifesto: How to Get Things Right*. New York: Picador, 2009.

12. Alan Greenspan. "Never Saw It Coming". *Foreign Affairs*, November/December 2013.

13. "FOMC: Transcripts and Other Historical Materials, 2008". http://www.federalreserve.gov/monetarypolicy/fomchistorical2008.htm.

14. Carolyn Kousky, John Pratt and Richard Zeckhauser. "Virgin Versus Experienced Risks". In Erwann Michel–Kerjann and Paul Slovic, eds., *The Irrational Economist: Making Decisions in a Dangerous World*. New York: PublicAffairs, 2010.

15. Carmen M. Reinhart and Kenneth S. Rogoff. *This Time is Different: Eight Centuries of Financial Folly*. Princeton: Princeton University Press, 2009.

16. Sheelah Kolhatkar. "What If Women Ran Wall Street?" *New York*, March 21, 2010. http://nymag.com/news/businessfinance/64950/?imw=Y&f=most–viewed–24h5.

17. Catalyst. "The Bottom Line: Corporate Performance and Women's Representation on Boards". http://www.catalyst.org/media/companies–more–women–board–directors–experience–higher–financial–performance–according–latest.

18. "Mining the Metrics of Board Diversity". Thomson Reuters, July 20, 2013. http://thomsonreuters.com/press–releases/072013/Average–Stock–Price–of–Gender–Diverse–Corporate–Boards–Outperform–Those–with–No–Women.

19. S. E. Asch. 1955. Opinions and Social Pressure. *Scientific American* 193: 31–35.

20. Stanley Milgram. "Which Nations Conform Most?" *Scientific American*,

December 1, 2011. http: // www. scientificamerican. com / article/ milgram – nationality – conformity/. Originally published in Vol. 205, No. 6 of *Scientific American* in December 1961.

21. Steven Liu. Wowprime Corporation Presentation, http: // www. wowprime. com / investor / 2013. 3. 11 – HSBC%E7%94%A2%E6%A5%AD%E8%AB%96%E5%A3%87 – %E8%8B%B1%E6%96%87. pdf.

"Wowprime's Key to Success— People First!" April 1, 2012. Taiwan in Depth via Taiwan Panorama. http: // taiwanindepth. tw / ct. asp ? xItem = 189601& CtNode = 1916.

See also Joyce Huang, "Taiwan's Wowprime Attracts Eaters and EagerEmployees". *Forbes*, August 29, 2012. http: // www. forbes. com/ sites / forbesasia/ 2012 / 08 / 29 / wowprime – restaurants – attract – eaters – and – eager – employees / .

22. Noreena Hertz. *Eyes Wide Open.* Harper Business, 2013.

23. Robert N. Proctor. "Agnotology: A Missing Term to Describe the Cultural Production of Ignorance (And Its Study)". In *Agnotology: The Making and Unmaking of Ignorance.* Stanford, CA: Stanford University Press, 2008. http: // scholar. princeton. edu / rccu / publications / agnotology – missing – term – describe – cultural – production – ignorance – and – its – study.

24. Naomi Oreskes and Michael Conway. *Merchants of Doubt: How a Handful of Scientists Obscured the Truth on Issues from Tobacco Smoke to Global Warming.* New York: Bloomsbury Press, 2010.

25. Peter C. Frumhoff and Naomi Oreskes. "Fossil Fuel Firms are Still Bankrolling Climate Denial Lobby Groups". *Guardian*, March 25, 2015. http: // www. theguardian. com / environment / 2015 / mar / 25 / fossil – fuel – fi rms – are – still – bankrolling – climate – denial – lobby – groups. See also Robert J. Brulle. "Institutionalizing Delay: Foundation Funding and the Creation of U. S. Climate Change Counter – Movement Organizations". *Climactic Change*, December 21, 2013.

More details are at: http: // drexel. edu / now / archive / 2013 / December/ Climate – Change /#sthash . DNqJYWJ9. dpufhttp: // drexel. edu / now / archive/2013/December/Climate–Change/.

26. Pew Research Center. "Climate Change and Financial Instability Seen as Top Global Threats". Survey Report. June 24, 2013. http：//www.pewglobal.org/2013/06/24/climate–change–and–financial–instability–seen–as–top–global–threats/.

27. Beat Balzli. "Greek Debt Crisis：How Goldman Sachs Helped Greece to Mask Its True Debt". *Spiegel Online International*, February 8, 2010. http：//www.spiegel.de/international/europe/greek–debt–crisis–how–goldman–sachs–helped–greece–to–mask–its–true–debt–a–676634.html.

28. Max H. Bazerman. *The Power of Noticing*：*What the Best Leaders See*. New York：Simon & Schuster, 2014. See also Max H. Bazerman and Michael D. Watkins. *Predictable Surprises*：*The Disasters You Should Have Seen Coming and How to Prevent Them*. Boston：HarvardBusiness School Press, 2004.

29. Michael Greenstone. "See Red Flags, Hear Red Flags". *The New York Times*, December 8, 2013. http：// www.nytimes.com/2013/12/08/opinion/sunday/see–red–flags–hear–red–flags.html.

30. Christopher Chabris and Daniel Simons. *The Invisible Gorilla*：*How Our Intuitions Deceive Us*. New York：Broadway Paperbacks, 2009.

第四章　得过且过：为什么我们已经看到犀牛群冲来却仍然不躲避

1. United Nations Department of Economic and Social Affairs, Population Division. *World Urbanization Prospects* 2014. http:// www.un.org/en/development/desa/news/population/world–urbanization–prospects–2014.html.

2. McKinsey Global Institute："Infrastructure Productivity：How to Save $1 Trillion a Year". January 2013.

3. Charley Cameron. "UN Report Finds the Number of Megacities Has Tripled Since 1990". *Inhabitat*, October 8, 2014. http：// inhabitat.com/un–report–finds–the–number–of–megacities–has–tripled–in–since–1990/.

4. "Not So Golden". *The Economist*, November 30, 2013.

5. Institute for Health Metrics and Evaluation. *The State of US Health*：*Innovations, Insights and Recommendations from the Global Burden of Disease*

Study. Seattle, WA: IHME, 2013. http: // www. healthdata. org/ policy - report / state - us - health - innovations - insights - and - recommendations - global - burden - disease - study.

6. Robert Kegan and Lisa Lahey. *Immunity to Change: How to Overcome It and Unlock the Potential in Yourself and Your Organization.* Cambridge, MA: Harvard Business Review Press, 2009.

7. Centers for Disease Control and Prevention. "Prevalence of Childhood Obesity in the United States, 2011 - 2012". http: // www. cdc. gov/ obesity / data / childhood. html.

8. Michael Moss. "The Dopest Vegetable". *The New York Times Magazine*, November 3, 2013. http: // www. nytimes. com / 2013 / 11 / 03/ magazine / broccolis - e. xtreme - makeover. html ? r = 0.

9. Erik Sofge. "The Minnesota Bridge Collapse, 5 Years Later". *Popular Mechanics*, August 1, 2012. http: // www. popular mechanics. com/ technology / engineering / rebuilding - america / the - minnesota - bridge - collapse -5 - years - later - 11254114.

10. Minnesota Department of Transportation and Economic Development. "Economic Impacts of the I - 35W Bridge Collapse". http: // www. dot. state. mn. us / i35wbridge / rebuild / pdfs / economic - impacts - from - deed. pdf. http: // www. minnpost. com / politics - policy / 2008 / 09 / officials - hail - new - i - 35w - bridge - and - workers - who - made - it - happen.

11. American Society of Civil Engineers. "2013 Report Card for America's Infrastructure". http: // www. infrastructurereportcard. org / .

12. Myles Udland. "America's Old Bridges Are a Problem". *Business Insider*, January 18, 2015. http: // www. businessinsider. com/ goldman - on - american - infrastructure - 2015 - 1.

13. The World Bank. *World Development Report* 1994: *Infrastructure for Development.* Washington, DC: June 1994.

14. Dan Ariely. *Predictably Irrational: The Hidden Forces That Shape Our Decisions.* 2008. Revised and expanded edition, New York: Harper Perennial, 2010.

15. Daniel Kahneman. *Thinking, Fast and Slow.* New York: Farrar, Straus &

Giroux, 2011.

16. Vladimir Popov. "Shock Therapy Versus Gradualism: The End of the Debate". *Comparative Economic Studies* 42 (Spring 2000): 1.

17. Weiying Zhang. *The Logic of the Market: An Insider's View of Chinese Economic Reform.* Washington, DC. Cato Institute: 2014.

18. Ronald Heifetz and Marty Linsky. *Leadership on the Line: Staying Alive Through the Dangers of Leading.* Cambridge, MA: Harvard Business Press, 2009.

19. Timur Kuran. "Sparks and Prairie Fires: A Theory of Unanticipated Political Revolution". *Public Choice*, Vol. 61, No. 1 (Apr., 1989), pp. 41-74.

20. J. Levi, L. M. Segal, and C. Juliano. "Prevention for a Healthier America: Investments in Disease Prevention Yield Significant Savings, Stronger Communities". Washington, DC: Trust for America's Health, 2008. http: // healthyamericans. org / reports / prevention08 / Prevention08. pdf.

21. C. Schoen, S. Guterman, S. A. Shih, J. Lau, S. Kasimow, A. Gauthier and K. Davis. "Bending the Curve: Options for Achieving Savings and Improving Value in U. S. Health Spending". New York: Commonwealth Fund, December 2007.

22. Josh Cable. "NSC 2013: O'Neill Exemplifies Safety Leadership". *EHS Today.* http: // ehstoday. com / safety / nsc - 2013 - oneill - exemplifies - safety - leadership? page = 1.

23. Mark Roth. " 'Habitual Excellence': The Workplace According to Paul O'Neill". *Pittsburgh Post - Gazette*, May 13, 2012. http: // www. post - gazette. com / business / businessnews / 2012 / 05 / 13 / Habitual - excellence - the - workplace - according - to - Paul - O - Neill / stories / 201205130249.

24. Tom Cohen. "Audit: More than 120,000 veterans waiting or never got care". CNN. June 10, 2014 http: // www. cnn. com / 2014 / 06 / 09 / politics/ va - audit/.

25. Richard P. Shannon, MD. "Eliminating Hospital - Acquired Infections: Is It Possi - ble? Is It Sustainable? Is It Worth It?" *Transactions of the American Clinical and Climatological Association* 122 (2011): 103 - 14. http: // www. ncbi. nlm. nih. gov / pmc / articles / PMC3116332 / .

第五章 诊断：解决方案是对的还是错的

1. Scholars have debunked this explanation: Kees Rookmaaker. "Why the Name of the White Rhinoceros is Not Appropriate". *Pachyderm*, January – June 2003. http: // www. rhinoresourcecenter. com / pdf fi les/ 117 / 1175858144. pdf.

2. Accenture and United Nations Global Compact. Study Lead, Peter Lacy. "Architects of a Better World". September 2013. http: // www. accenture. com / Microsites / ungc – ceo – study / Documents / pdf / 13 – 1739 UNGC% 20report Final FSC3. pdf.

3. Thomas Fox – Brewster. "195 Incidents in 10 Months: Leaked Emails Reveal Gaps in Sony Pictures Security". *Forbes*, December 12, 2014. http: // www. forbes. com / sites / thomasbrewster / 2014 / 12 / 12 / 195 – security – incidents – sony – pictures – hack /.

4. Hilary Lewis. "Sony Hack: Former Employees Claim Security Issues Were Ignored". *Hollywood Reporter*, December 5, 2014. http: // www. hollywoodreporter. com / news / sony – hack – employees – claim – security – 754168.

5. John Gaudiosi. "Why Sony didn't Learn from Its 2011 Hack". *Fortune*, December 24, 2014. http: // fortune. com / 2014 / 12 / 24/ why – sony – didnt – learn – from – its – 2011 – hack /.

6. Richard Adhikari. "Security Firm Spills the Beans on Snapchat Vulnerabilities". *Tech News World*, December 28, 2013. http: //www. technewsworld. com/ story/ 79705. html. See also Violet Blue for Zero Day. "Researchers Publish Snapchat Code Allowing Phone Number Matching After Exploit Disclosures". *ZDNe*, December 25, 2013. http: // www. zdnet. com / researchers – publish – snapchat – code – allowing – phone – number – matching – after – exploit – disclosures – ignored – 7000024629 /. See also Adam Caudill. "Snapchat: API & Security". Personal blog. June 16, 2012. http: // adamcaudill. com/2012/06 / 16/ snapchat – api – and – security /.

7. Gibson Security website. http: // gibsonsec. org / snapchat /.

8. Barbara Ortutay. "Snapchat Finally Responds to Hack, but Doesn't Apologize". *AP/ Huffington Post*, January 3, 2014. http: // www. huffing tonpost. com / 2014 / 01 / 03 / snapchat – hack_ n_ 4531636. html . 141.

9. Emily Young. "Davos 2014: Hosting the rich and famous". BBC News. January 24, 2014. http://www.bbc.com/news/business-25843923.

10. Ricardo Fuentes-Nieva and Nicholas Galasso. "Working for the Few". Oxfam Briefing Paper, January 20, 2014. http://oxf.am/KHp.

11. *The Economist*. "Free Exchange: In equality v Growth." March 1, 2014.

12. Ernest Scheyder and Liana Baker. "As Kodak Struggles, Eastman Chemical Thrives". Reuters. December 24, 2011. http://www.reuters.com/article/2011/12/24/us-eastman-kodak-id USTRE7BN06B20111224.

13. Erik Sherman. "Kodak, Yahoo and RIM: Death Comes for Us All." CBS MoneyWatch, December 6, 2011. http://www.cbsnews.com/news/kodak-yahoo-and-rim-death-comes-for-us-all/.

14. Kodak company website. http://www.kodak.com/ek/US/en/Our Company/History of Kodak/Milestones-chronology/1878-1929.htm.

15. Rory Cellan-Jones. "Stephen Hawking Warns Artificial Intelligence Could End Mankind". *BBC News*, December 2, 2014. http://www.bbc.com/news/technology-30290540.

16. Justin Moyer. "Why Elon Musk is Scared of Artificial Intelligence—and Terminators". *Washington Post*, November 18, 2014.

17. "Elon Musk's Deleted Edge Comment from Yesterday on the Threat of AI." *Reddit*. http://www.reddit.com/r/Futurology/comments/2mh8tn/elon musks deleted edge comment from yesterday on/.

18. The World Economic Forum: World Economic Forum, Global Risks 2015, 10th edition. Geneva: January 2015. http://www.weforum.org/reports/global-risks-report-2015.

19. Carl Benedikt Frey and Michael A. Osborne. "The Future of Employment: How Susceptible are Jobs to Computerization?" Oxford: September 17, 2013. http://www.oxfordmartin.ox.ac.uk/downloads/academic/The_Future of Employment.pdf.

20. "Still Waiting". Liana Foxvog, Judy Gearhart, Samantha Maher, Liz Parker, Ben Vanpeperstraete and Ineke Zeldenrust. Clean Clothes Campaign and International Labor Rights Forum, 2013.

21. http：// www. evb. ch / cm _ data/ Fatal _ Fashion. pdf citing the company's website, which had been taken down by March 2014. http：// s3. documentcloud. org / documents / 524545 / factory – profile – of – tuba – group. txt.

22. Timothy Aeppel. "Show Stopper：How Plastic Popped the Cork Monopoly". *Wall Street Journal*, May 1, 2010. http：// www. wsj. com / articles/ SB10001424052702304172404575168120997013394.

23. Chris Redman. "Portugal's New Twist on the Cork Industry". *Time*, November 8, 2010. http：// content. time. com / time / magazine / article / 0,9171, 2027774,00. html.

24. "Cork it：Many Bay Area Wine Producers are Switching Back to Natural Cork". *San Francisco Business Times*, May 29, 2015.

25. Nicholas Carlson, "What Happened When Marissa Mayer Tried to Be Steve Jobs". December 17, 2014. http：// www. nytimes. com / 2014 / 12 / 21/ magazine / what – happened – when – marissa – mayer – tried – to – be – steve – jobs. html？r = 0.

第六章 恐慌：灾难迫近时的决策

1. Daniel Ariely. Predictably Irrational (expanded and revised edition). New York：Harper Collins, 2009.

2. Michele Wucker. "Passing the Buck：No Chapter 11 for Bankrupt Nations". World Policy Journal 18 (Summer 2001)：2.

3. Landon Thomas, Jr. "A Band of Contrarians, Bullishon Greece". *The New York Times*, May 4, 2012. http：// www. nytimes. com / 2012 / 05/ 05 / business / global / bondholders – bullish – on – greece. html.

4. Margaret G. Hermann and Bruce Dayton. "Transboundary Crises Through the Eyes of Policymakers：Sense Making and Crisis Management". Moynihan Institute of Global Affairs, Syracuse University. Undated paper. http：// www. maxwell. syr. edu / uploadedFiles / Leadership _ Institute/Journal% 20of% 20Contingencies% 20and% 20Crisis% 20Management% 20paper. pdf.

5. PBS Frontline "Interview with Dr. Rudi Dornbusch". Supplementary material to "Murder Money & Mexico：The Rise and Fall of the Salinas Brothers." A-

pril 1997. http：// www. pbs. org / wgbh / pages / frontline/ shows / mexico / interviews / dornbusch. html.

6. Mike Berardino. "Mike Tyson Explains One of His Most Famous Quotes." *Sun Sentinel*, November 9, 2012. http：// articles. sun‑sentinel. com / 2012‑11‑09/ sports / sfl‑mike‑tyson‑explains‑one‑of‑his‑most‑famous‑quotes‑20121109_1_mike‑tyson‑undisputed‑truth‑famous‑quotes.

7. Therese Huston. "Are Women Better Decision Makers?" *The New York Times*, October 17, 2014. http：// www. nytimes. com / 2014/10 /19 / opinion / sunday / are‑women‑better‑decision‑makers. html.

8. Maggie Fox. "Don't Panic：Why Ebola Won't Become an Epidemic in New York". NBC News. October 24, 2014. http：// www. nbcnews. com / storyline / ebola‑virus‑outbreak / dont‑panic‑why‑ebola‑wont‑become‑epidemic‑new‑york‑n232826.

9. http：// i. imgur. com / tFZV024. jpg.

10. Jeremy J. Farrar and Peter Piot. "The Ebola Emergency— Immediate Action, Ongoing Strategy". *New England Journal of Medicine*, October 6, 2014. http：// www. nejm. org / doi/ pdf /10. 1056/ NEJMe1411471.

11. David von Drehle and Aryn Baker. "The Ebola Fighters：The Ones Who Answered the Call". *Time*, December 10, 2014. http：// time. com / time‑person‑of‑the‑year‑ebola‑fighters / .

12. Jeffrey Gettelman. "Ebola Should Be Easy to Treat". *The New York Times*, December 20, 2014. http：// www. nytimes. com / 2014/12/21/ sunday‑review / ebola‑should‑be‑easy‑to‑treat. html ? r = 0.

13. Justin Ray. "Flu Deaths in U. S. Reach Epidemic Level：CDC". NBC News. http：// www. nbcbayarea. com / news / health / CDC‑Epidemic‑Flu‑H3N2‑Virus‑287118961. html#ixzz3R6Pk4hCi.

14. Norimitsu Onishi, "Empty Ebola Clinics in Liberia Are Seen as Misstep in U. S. Relief Effort", *The New York Times*, April 11, 2015. http：//www. nytimes. com /2015/04/12 / world / africa / idle‑ebola‑clinics‑in‑liberia‑are‑seen‑as‑misstep‑in‑us‑relief‑eff ort. html ? r = 0.

15. CNN Wire Staff. "Retracted Autism Study an 'Elaborate Fraud', British

Journal Finds". January 5, 2011. http://www.cnn.com/2011/HEALTH/01/05/autism.vaccines/.

16. Matthew Bishop and Michael Green. "We Are What We Measure". *World Policy Journal*, Spring 2011.

17. Jaromir Benes and Michael Kumhof. "The Chicago Plan Revisited". IMF Working Paper, August 2012. https://www.imf.org/external/pubs/ft/wp/2012/wp12202.pdf.

18. John H. Cochrane. "Toward a Run – Free Financial System". Working paper, Booth School of Business at the University of Chicago, April 16, 2014. http://faculty.chicagobooth.edu/john.cochrane/research/papers/run free.pdf.

19. *The Economist*. "Free Exchange: Narrow – Minded— A Radical Proposal for Making Finance Safer Resurfaces". June 7, 2014.

第七章 行动：顿悟之时

1. Mark Peterson. *Sustainable Enterprise: A Macro Marketing Approach*. Thousand Oaks, CA: SAGE Publications, 2012.

2. 2030 Water Resources Group. *Charting Our Water Future*. New York: 2009.

3. Jenny Jarvie. "Georgia Governor Leads Prayer to End Drought". *Los Angeles Times*, November 14, 2007; Associated Press. "Ga. Governor Turns to Prayer to Ease Drought". *USA Today*, November 13, 2007.

4. Greg Bluestein. "Atlanta May Go Dry in 90 Days." *Seattle Times*, October 20, 2007.

5. Georgia Department of Natural Resources. "Georgia's Draft Water Conservation Implementation Plan is Released". Press Release. Atlanta. December 18, 2008.

6. "Water wars: Tennessee, Georgia locked in battle over Waterway Access". CBS News. April 8, 2013. http://www.cbsnews.com/news/water-wars-tennessee-georgia-locked-in-battle-over-waterway-access/.

7. "Florida files water lawsuit against Georgia in U.S. Supreme Court". At-

lanta Journal Constitution. October 1, 2013. http：// www. ajc. com / news/ news/ state – regional – govt – politics / florida – files – water – lawsuit – against – georgia – in – us –/ nbCKT / .

8. Richard Howitt, Josué Medellín – Azuara, Duncan MacEwan, Jay Lund and Daniel Sumner. "Economic Analysis of the 2014 Drought for California Agriculture". University of California, Davis. July 23, 2014. https：//watershed. ucdavis. edu / files / biblio / DroughtReport_ 23July 2014_ 0. pdf.

9. Carbon Disclosure Project. "From Water Risk to Value Creation：CDP Global Water Report 2014". https：// www. cdp. net/ CDPResults/CDP – Global – Water – Report – 2014. pdf.

10. Heather Cooley. "California Water Use". Oakland, CA：Pacific Institute, April 2015. http：// pacinst. org / wp – content / uploads / sites / 21/ 2015 / 04 / CA – Ag – Water – Use. pdf.

11. Paul Simon. *Tapped Out：The Coming World Crisis in Water and What We Can Do About It*. New York：Welcome Rain Publishers, 1996.

12. Cameron Harrington. *New Security Beat*. "Water Wars? Think Again：Conflict Over Freshwater Structural Rather Than Strategic". April 15, 2014. http：// www. newsecuritybeat. org / 2014 / 04 / water – wars / .

13. Aaron Wolf, S. Yoffe, and M. Giordano. *International Waters：Indicators for Identifying Basins at Risk*. UNESCO, 2003.

14. Priit Vesilind. "The Middle East's Critical Resource：Water". *National Geographic* (May 1993). Cited in Simon, *Tapped Out*.

15. "Green house Gas Emissions Rise at Fastest Rate for 30 years". *Guardian*, September 9, 2014. http：// www. theguardian. com / environment / 2014 / sep / 09 / carbon – dioxide – emissions – greenhouse – gases.

16. Oliver Balch. "European Commission to Decide Fate of Circular Economy Package". *Guardian*, December 12, 2014. http：// www. theguardian. com / sustainable – business / 2014 / dec / 12 / european – commission – to – decide – fate – of – circular – economy – package.

17. Ellen MacArthur Foundation in collaboration with the World Economic Forum and McKinsey & Company. "Towards the Circular Economy：Accelerating the

Scale‐Up Across Global Supply Chains". 2014.

18. http：// www. unilever. com / mediacentre/ pressreleases / 2015 / Unilever‐achieves‐zero‐waste‐to‐landfill‐across‐global‐factory‐network. aspx.

19. Jessica Shankleman. "2014, the Year... Big Business Embraced Climate Action". *BusinessGreen*. http：// www. businessgreen. com/ bg / feature / 2387980 / 2014‐the‐year‐big‐business‐embraced‐climate‐action.

20. Alex Nussbaum, Mark Chediak and Zain Shauk. "George Shultz Defies GOP in Embrace of Climate Adaptation". *Bloomberg Business*, November 30, 2014. http：// www. bloomberg. com / news / articles/ 2014‐12‐01 / reagan‐statesman‐s‐sunshine‐power‐hint‐of‐thaw‐in‐climate‐debate.

21. John Vidal. "Pope Francis's Edict on Climate Change Will Anger Deniers and US Churches". *Guardian*, December 27, 2014. http：// www. theguardian. com / world / 2014 / dec / 27/ pope‐francis‐edict‐climate‐change‐us‐rightwing.

22. Anthony Leiserowitz, Edward Maibach, Connie Roser‐Renouf, Geoff Feinberg & Seth Rosenthal. "Climate change in the American mind：April, 2014 ". Yale University and George Mason University. New Haven, CT：Yale Project on Climate Change Communication. http：// environment. yale. edu/ climate‐communication / files / Climate‐Change‐American‐Mind‐April‐2014. pdf .

第八章　灾后：危机也是一次不可浪费的机遇

1. Institute for Catastrophic Loss Reduction. "Telling the Weather Story ". Insurance Bureau of Canada. June 2012. http：// www. ibc. ca / nb / resources/ studies/ weather‐story.

2. AECOM. "The Impact of Climate Change and Population Growth on the National Flood Insurance Program Through 2100". Prepared for Federal Insurance & Mitigation Administration and Federal Emergency Management Agency. June 2013.

3. Jamie Komarnicki. "Winnipeg floodway has saved $32 billion in flood damages". *Calgary Herald*, October 3, 2013.

4. Federal Emergency Management Agency (2007). *Fact Sheet：Mitigation's*

Value to Society (electronic version). Washington, DC. Also see Multihazard Mitigation Council (2005). *Natural Hazard Mitigation Saves: An Independent Study to Assess the Future Savings from Mitigation Activities*. Washington, DC: Institute of Building Sciences.

5. Chris Turner. "Owen's Ark: How Calgary Survived the Flood— And Why Other Cities Won't". *The Walrus*, June 2014. Citing *American Political Science Review*, 2009.

6. Sarah Offin. "Calgary's Mayor Critical of Prentice's Flood Announcement". Global News. September 26, 2014. http://globalnews.ca/news/1585968/calgarys-mayor-critical-of-prentices-flood-announcement/.

7. Trevor Howell. "Prentice Plan for Springbank Dry Reservoir Faces Fight from Landowners, Nenshi". *Calgary Herald*, September 25, 2014. http://www.calgaryherald.com/news/Prentice+plan+Springbank+reservoir+faces+fight+from+landowners+Nenshi/10239193/story.html.

8. Shaun Rein. "Airport Security: Bin Laden's Victory". *Forbes*, March 3, 2010. http://www.forbes.com/2010/03/03/airport-security-osama-leadership-managing-rein.html.

9. "Thousands Flee as German Dam Bursts". *Al Jazeera*, June 10, 2013. http://www.aljazeera.com/news/europe/2013/06/201361051413232258.html.

10. Forrest Wilder. "That Sinking Feeling". *Texas Observer*, November 2, 2007.

11. Bureau of Economic Geology, University of Texas at Austin, adapted for the *Texas Observer*, November 2, 2007.

12. A Stronger, More Resilient New York. http://www.nyc.gov/html/sirr/html/report/report.shtml.

13. Lloyd Dixon, Noreen Clancy, Bruce Bender, Aaron Kofner, David Manheim, Laura Zakaras. "Flood Insurance in New York City Following Hurricane Sandy". Santa Monica, CA: RAND Corporation, 2013. http://www.rand.org/pubs/research reports/RR328.

14. CoreLogic. 2013 *CoreLogic Wildfire Hazard Risk Report*. Irvine, CA: CoreLogic, 2013. http://www.corelogic.com/about-us/news/2013-corelogic-

wildfire – hazard – risk – report – reveals – wildfires – pose – risk – to – more – than – 1. 2 – million – western – u. s. – homes. aspx.

15. Felicity Barringer. "Homes Keep Rising in West Despite Growing Wildfire Threat". *The New York Times*, July 6, 2013. http：// www. nytimes. com / 2013 / 07 / 06 / us / homes – keep – rising – in – west – despite – growing – wildfire – threat. html.

16. John Gaudiosi. "Why Sony Didn't Learn from Its 2011 Hack". *Fortune*, December 24, 2014. http：// fortune. com / 2014 / 12 / 24 / why – sony – didnt – learn – from – its – 2011 – hack /.

17. Riley Walters. "Cyber Attacks on U. S. Companies in 2014". Washington, DC：Heritage Foundation, October 27, 2014. http：// www. heritage. org/ research / reports / 2014 / 10 / cyber – attacks – on – us – companies – in – 2014.

第九章　当危险远在天边：做远期计划

1. http：// www. wfs. org / futurist / july – august – 2012 – vol – 46 – no – 4 / futurists – and – their – ideas% E2% 80% 94change – masters – weiner – edrich – brown – i.

2. http：// www. futureofwork. com / article / details / metaspace – economy – predicting – disruption.

3. http：// www. nytimes. com / 2015 / 01 / 04 / business/ if – you – want – to – meet – that – deadline – play – a – trick – on – your – mind. html？hp & action = click & pgtype = Homepage & module = mini – moth & region = top – stories – below & WT. nav = top – stories – below & r = 0.

4. http：// fortune. com / 2011 / 06 / 16 / 5 – lessons – from – ibms – 100th – anniversary /.

5. http：// www – 03. ibm. com / ibm / history / ibm100 / us / en / icons / bizbeliefs /.

6. http：// company. nokia. com / en / about – us / our – company / our – story.

7. Hana R. Alberts. "Japan Airlines Meets Its Savior". Forbes. com, Janu-

ary 2010. http：// www. forbes. com /2010/01/14/japan – airlines – kyocera – markets – face – kazuo – inamori. html；http：// global. kyocera. com / inamori/ profile / index. html.

8. http：// global. kyocera. com / inamori/ profile / index. html.

9. Dave McCombs and Pavel Alpeyev. "Softbank Founder Has 300 – Year Plan in Wooing Sprint Nextel". *Bloomberg Business*, October 12, 2012. http：// www. bloomberg. com / news / articles / 2012 – 10 – 11/ softbank – founder – has – 300 – year – plan – in – pursuit – of – sprint – nextel.

10. Kim Jae – kyoung. "Centennial Firms Dry Up in Korea." May 15, 2008. http：// www. koreatimes. co. kr / www / news / biz / 2008 / 05 / 123_24196. html.

11. http：// japanese. yonhapnews. co. kr/economy/2008/05/14/0500000000 AJP200805 14003900882. HTML.

12. http：// www. tsr – net. co. jp / news / analysis before / 2009/ 1199565 1623. html.

13. Alexandra Levit. "How to Stay in Business for 100 Years". *Business Insider*, January 7, 2014. http：// www. businessinsider. com / how – to – stay – in – business – for – 100 – years – 2013 – 1. See also：Kim Gitelson. "Can a Company Live Forever?" BBC News, January 19, 2012. http：// www. bbc. com / news / business – 16611040.

14. Alyson Shontell. "How Evernote's Phil Libin Plans to Build a '100 – Year Startup'". *Business Insider*, November 1, 2013. http：// www. businessinsider. com / how – evernotes – phil – libin – plans – to – build – a – 100 – year – startup – 2013 – 10.

15. Dominic Barton. "Capitalism for the Long Term". *Harvard Business Review*, March 2011.

16. Jesse Eisinger. "Challenging the Long – Held Belief in Shareholder Value'". *The New York Times*：June 27, 2012. http：// dealbook. nytimes. com / 2012 / 06 / 27 / challenging – the – long – held – belief – in – shareholder – value / ? r = 0.

17. Michele Wucker. "Down with Short Termism；Long Live the Long Term". February 5, 2013. World Economic Forum Agenda. https：// agenda. weforum. org /

2013/02/down-with-short-termism-long-live-the-long-term/.

18. Patrick Bolton and Frédéric Samama. "Loyalty-Shares: Rewarding Long-term Investors". *Journal of Applied Corporate Finance*, Volume 25 (5) (Summer 2013).

19. Jane Ambachtsheer, Ryan Pollice, Ed Waitzer and Sean Vanderpol. "Building a Long-Term Shareholder Base: Assessing the Potential of Loyalty-Driven Securities". Generation Foundation, Mercer, and Stikeman Elliott LP. December 2013. https://www.genfound.org/media/pdf-long-term-shareholder-base-17-12-13.pdf.

20. "DuPont CEO sees global growth, innovation and productivity in 2011 and beyond". RP Newswires. http://www.reliableplant.com/Read/27912/DuPont-CEO-growth-productivity.

21. "A Record Year for DuPont Innovation". DuPont News release, March 15, 2012. http://www2.dupont.com/media/en-us/news-events/march/record-year-innovation.html.

22. Bill George. "Peltz's Attacks on DuPont Threaten America's Research Edge". April 9, 2015. http://www.nytimes.com/2015/04/10/business/dealbook/peltzs-attacks-on-dupont-threaten-americas-research-edge.html.

第十章 结论：如何避险

1. Save the Rhino. "Poaching: The Statistics". https://www.savetherhino.org/rhino info/poaching statistics.

2. Wildlife and Environment Society of South Africa. "Current Rhino Poaching Stats". http://wessa.org.za/get-involved/rhino-initiative/current-rhino-poaching-stats.htm.

3. Beth Ethier. "Last Known Male Northern White Rhino Requires 24-Hour Protection". *Slate*. April 16, 2014. http://www.slate.com/blogs/the_slatest/2015/04/16/northern_white_rhino_last_known_male_sudan_protected_by_guards_as_efforts.html?wpsrc=sh_all_dt_tw_top.

4. Victoria Brown. "Saving the Sumatran Rhino— Too Little Too Late?" *The*

Star Online. (Malaysia) May 1, 2015. http：// www. thestar. com. my/ Opinion / On‐line – Exclusive/ Behind – The – Cage / Profile / Articles / 2015 / 05 / 01 / saving – the – sumatran – rhino/. See also Jeremy Hance. "Sumatran Rhino Is Extinct in the Wild in Malaysia", *The Epoch Times*. April 27, 2015 http：// www. theepochtimes. com / n3 / 1335352 – sumatran – rhino – is – extinct – in – the – wild – in – malaysia /. See also：Kevin Sieff. "A Species on the Brink", *The Washington Post*. June 16, 2015. http：//www. washingtonpost. com / sf / world / 2015 / 06 / 16 / how – the – fate – of – an – entire – subspecies – of – rhino – was – left – to – one – elderly – male / .

5. Joint Statement by the International Rhino Foundation and Save the Rhino International. "Synthetic Rhino Horn：Will It Save the Rhino?" https：// www. savetherhino. org / rhino info / thorny_ issues / synthetic_ rhino_ horn_ will_ it_ save_ the_ rhino.

6. Jason Goldman. "Can Trophy Hunting Actually Help Conservation?" *Conservation Magazine*, January 15, 2014. http：// conservationmagazine. org / 2014 / 01 / can – trophy – hunting – reconciled – conservation / .

7. Taylor Hill. "Airline Takes On Big Game Hunters to Protect Rhinos, Lions and Elephants". *Take Part*, April 30, 2015. http：//www. takepart. com / article / 2015 / 04 / 30 / south – africa – airline – bans – hunting – trophies.

8. Jesse Newman. "Ice Cream Recall Sends Chill Through Food Industry". *Wall Street Journal*, August 2, 2015. http：// www. wsj. com / articles / ice – cream – recall – sends – chill – through – food – industry – 1438437781.

9. Adam Davidson. "High on the Hog". *The New York Times Magazine*, February 2, 2014.

10. Kevin Borgia. "What if the Great Chicago Fire of 1871 Never Happened?" *WBEZ Curious City*. October 8, 2014. http：// interactive. wbez. org / curiouscity / chicagofire/ .

11. "People & Events：The Great Fire of 1871." Collateral to the movie *Chicago：City of the Century*. http：// www. pbs. org / wgbh / amex/ chicago / peopleevents / e – fire. html.

12. Theodore Roosevelt. "Wild Man and Wild Beast in Africa". *National Geographic*, January 1911.

参考文献

1. Deron Acemoglu and James Robinson. *Why Nations Fail: The Origins of Power, Prosperity, and Poverty.* New York: Crown Business, 2012.

2. Liaquat Ahamed. *Lords of Finance: The Bankers Who Broke the World.* New York: Penguin Press, 2009.

3. Daniel Alpert. *The Age of Oversupply: Overcoming the Greatest Challenge to the Global Economy.* New York: Portfolio/Penguin, 2013.

4. Peter Annin. *The Great Lakes Water Wars.* Washington, DC: Island Press, 2006.

5. Lawrence Anthony with Graham Spence. *The Last Rhinos: My Battle to Save One of the World's Greatest Creatures.* New York: St Martin's Griffin, 2012.

6. Daniel Ariely. *Predictably Irrational: The Hidden Forces That Shape Our Decisions* (revised and expanded edition). New York: Harper Perennial 2010 (2008).

7. Peter Atwater. *Moods and Markets: A New Way to Invest in Good Times and in Bad.* Upper Saddle River, NJ: FT Press, 2013.

8. Max H. Bazerman. *The Power of Noticing: What the Best Leaders See.* New York: Simon & Schuster, 2014.

9. Max H. Bazerman and Michael D. Watkins. *Predictable Surprises: The Disasters You Should Have Seen Coming and How to Prevent Them.* Boston: Harvard Business School Press, 2004.

10. Peter Bernstein. *Against the Gods: The Remarkable Story of Risk.* Hoboken: John Wiley & Sons, 1998 (1996).

11. Th or Bjorgolfsson with Andrew Cave. *Billions to Bust and Back*. London: Profile Books, 2014.

12. Paul Blustein. *And the Money Kept Rolling In (and Out): The World Bank, Wall Street, the IMF, and the Bankrupting of Argentina*. New York: Public Affairs, 2005.

13. Ori Brafman and Rom Brafman. *Sway: The Irresistible Pull of Irrational Behavior*. New York: Crown Business, 2008.

14. Rachel Carson. *Silent Spring*. 1962. Reprint edition New York: Houghton Mifflin, 2002.

15. Christopher Chabris and Daniel Simons. *The Invisible Gorilla: How Our Intuitions Deceive Us*. New York: Broadway Paperbacks, 2009.

16. Philip Coogan. *Paper Promises: Debt, Money and the New World Order*. New York: Public Affairs, 2012.

17. Stephen R. Covey. *7 Habits of Highly Effective People: Powerful Lessons in Personal Change*. New York: Free Press, 2004 (1989).

18. Jared Diamond. *Collapse: How Societies Choose to Succeed or Fail*. New York: Viking, 2005.

19. Charles Duhigg. *The Power of Habit: Why We Do What We Do in Life and Business*. New York: Random House, 2012.

20. Peter Firestein. *Crisis of Character: Building Corporate Reputation in the Age of Skepticism*. New York: Sterling Publishing, 2009.

21. Justin Fox. *The Myth of the Rational Market: A History of Risk, Reward and Delusion on Wall Street*. New York: HarperBusiness, 2011 (HarperCollins 2009).

22. Francis Fukuyama. *Blindside: How to Anticipate Forcing Events and Wild Cards in Global Politics*. Washington, DC: Brookings Institution Press, 2007.

23. Atul Gawande. *The Checklist Manifesto: How to Get Things Right*. New York: Picador, 2009.

24. Bill George. *7 Lessons for Leading in Crisis*. San Francisco: Jossey-Bass, 2009.

25. Martin Gilman. *No Precedent, No Plan: Inside Russia's 1998

Default. Cambridge, MA: MIT Press, 2010.

26. Malcolm Gladwell. *Blink: The Power of Thinking Without Thinking*. New York: Little, Brown, 2007.

27. Al Gore. *An Inconvenient Truth: The Planetary Emergency of Global Warming and What We Can Do About It*. New York: Rodale, 2006.

28. Paul Hawken. *The Ecology of Commerce: A Declaration of Sustainability*. 1993. Revised edition. New York: HarperBusiness, 2010.

29. Chip Heath and Dan Heath. *Switch: How to Change Things When Change is Hard*. New York: Crown Business, 2010.

30. Ronald Heifetz and Marty Linsky. *Leadership on the Line: Staying Alive Through the Dangers of Leading*. Cambridge, MA: Harvard Business Press, 2009.

31. Herodotus. *The Histories*. Translated by Robin Waterfield, with an introduction by Carolyn DeWald. New York: Oxford University Press, 1998.

32. Noreena Hertz. *Eyes Wide Open: How to Make Smart Choices in a Confusing World*. New York: HarperBusiness, 2013.

33. Matthew L. Higgins, ed. *Advances in Economic Forecasting*. Kalamazoo: W. E. Upjohn Institute for Employment Research, 2011.

34. Eugene Ionesco. *Rhinoceros and Other Plays*. Translated by Derek Prouse. New York: Grove Press (John Calder Ltd., 1960).

35. Richard Jackson and Neil Howe. *The Graying of the Great Powers: Demography and Geopolitics in the 21st Century*. Washington, DC: CSIS, 2008.

36. Daniel Kahneman. *Thinking, Fast and Slow*. New York: Farrar, Straus & Giroux, 2011.

37. Robert Kegan and Lisa Lahey. *Immunity to Change: How to Overcome It and Unlock the Potential in Yourself and Your Organization*. Cambridge, MA: Harvard Business Review Press, 2009.

38. Erwann Michel-Kerjann and Paul Slovic, eds. *The Irrational Economist: Making Decisions in a Dangerous World*. New York: PublicAffairs, 2011.

39. William Kern, ed. *The Economics of Natural and Unnatural Disasters*. Kalamazoo: W. E. Upjohn Institute for Employment Research, 2010.

40. Charles Kindleberger. *Manias, Panics and Crashes: A History of Financial

Crises. Hoboken：John H. Wiley & Sons，1996（1978）．

41. Gary Klein. *Seeing What Others Don't*：*The Remarkable Ways We Gain Insights*. New York：PublicAffairs，2013.

42. Naomi Klein. *The Shock Doctrine*：*The Rise of Disaster Capitalism*. New York：Henry Holt，2007.

43. Alice Korngold. *A Better World*，*Inc.*：*How Companies Profit by Solving Global Problems*．*Where Governments Cannot*. New York：Palgrave Macmillan，2014.

44. Steven Philip Kramer. *The Other Population Crisis*：*What Governments Can Do About Falling Birth Rates*. Washington，DC：Woodrow Wilson Center Press，2014.

45. Elisabeth Kübler‐Ross. *On Death and Dying*：*What the Dying Have to Teach Doctors*，*Nurses*，*Clergy and Their Own Families*. 1969. Reprint，New York：Scribner，1997.

46. Howard Kunreuther and Michael Useem. *Learning from Catastrophes*：*Strategies for Reaction and Response*. Pearson Prentice Hall，2009.

47. Scott B. MacDonald and Andrew R. Novo. *When Small Countries Crash*. New Brunswick：Transaction Publishers，2011.

48. Harry Markopoulos. *No One Would Listen*：*A True Financial Thriller*. Hoboken：Wiley，2010

49. John Mauldin and Jonathan Tepper. *Code Red*：*How to Protect Your Savings from the Coming Crisis*. Hoboken：John Wiley & Sons，2014.

50. William McDonough and Michael Braungart. *Cradle to Cradle*：*Remaking the Way We Make Things*. New York：North Point Press，2002.

51. Ian Mitroff with Gus Anagnos. *Managing Crises Before They Happen*：*What Every Executive Needs to Know About Crisis Management*. New York：American Management Association，2002.

52. Charles R. Morris. *The Trillion Dollar Meltdown*：*Easy Money*，*High Rollers and the Great Credit Crash*. New York：PublicAffairs，2008.

53. Richard Nisbett. *The Geography of Thought*：*How Asians and Westerners Think Differently and Why*. New York：Free Press，2004.

54. Yalman Onaran. *Zombie Banks*：*How Broken Banks and Debtor Nations Are Crippling the Global Economy*. Bloomberg Press，2011.

55. Ronald Orenstein. *Ivory, Horn and Blood: Behind the Elephant and Rhino Poaching Crisis*. Buffalo: Firefly, 2013.

56. Naomi Oreskes and Michael Conway. *Merchants of Doubt: How a Handful of Scientists Obscured the Truth on Issues from Tobacco Smoke to Global Warming*. New York: Bloomsbury Press, 2010.

57. Michael Pettis. *The Volatility Machine: Emerging Economies and the Threat of Financial Collapse*. New York: Oxford University Press, 2001.

58. Eyal Press. *Beautiful Souls: Saying No, Breaking Ranks and Heeding the Voice of Conscience in Dark Times*. New York: Farrar, Straus & Giroux, 2012.

59. Steven Rattner. *Overhaul: An Insider's Account of the Obama Administration's Emergency Rescue of the Auto Industry*. New York: Houghton Mifflin Harcourt, 2010.

60. Carmen M. Reinhart and Kenneth S. Rogoff. *This Time Is Different: Eight Centuries of Financial Folly*. Princeton: Princeton University Press, 2009.

61. Judith Rodin. *The Resilience Dividend: Being Strong in a World Where Things Go Wrong*. New York: PublicAffairs, 2014.

62. Theodore Roosevelt. *African Game Trails. An Account of the African Wanderings of an American Hunter – Naturalist*. New York: C. Scribner's Sons, 1910.

63. David Ropeik. *How Risky Is It, Really? Why Our Fears Don't Always Match the Facts*. New York: McGraw – Hill, 2010.

64. Robert M. Sapolsky. *Why Zebras Don't Get Ulcers: The Acclaimed Guide to Stress, Stress – Related Diseases and Coping*, 3rd ed. New York: St. Martin's Press, 2004（W. H. Freeman, 1994）.

65. Ira Shapiro. *The Last Great Senate: Courage and Statesmanship in Times of Crisis*. New York: PublicAff airs, 2012.

66. Tali Sharot, *The Optimism Bias: A Tour of the Irrationally Positive Brain*. New York: Vintage, 2011.

67. Robert J. Shiller. *Finance and the Good Society*. Princeton: Princeton University Press, 2012.

68. Denise Shull. *Market Mind Games: A Radical Psychology of Investing, Trading, and Risk*. New York: McGraw Hill, 2012.

69. Nate Silver. *The Signal and the Noise*: *Why So Many Predictions Fail—But Some Don't*. New York: Penguin Press, 2012.

70. Paul Simon. *Tapped Out*: *The Coming World Crisis in Water and What We Can Do About It*. New York: Welcome Rain Publishers, 1996.

71. Andrew Ross Sorkin. *Too Big to Fail*: *The Inside Story of How Wall Street and Washington Fought to Save the Financial System— and Themselves*. New York: Penguin Books, 2011 (2009).

72. Graham Spence. *The Last Rhinos*: *My Battle to Save One of the World's Greatest Creatures*. New York: St Martin's Griffin, 2012.

73. Keith Stanovich. *Rationality and the Reflective Mind*. New York: Oxford University Press, December 2010.

74. Lawrence Stone. *The Crisis of the Aristocracy*, 1558 – 1641. Oxford University Press; 20th ed. (December 31, 1967).

75. Cass Sunstein and Reid Hastie. *Wiser*: *Getting Beyond Groupthink to Make Groups Smarter*. Cambridge: Harvard Business Review, 2014.

76. James Surowiecki. *The Wisdom of Crowds*: *Why the Many Are Smarter Than the Few and How Collective Wisdom Shapes Business, Economies, Societies, and Nations*. New York: Doubleday, 2004.

77. Nassim Nicholas Taleb. *The Black Swan*: *The Impact of the Highly Improbable*. New York: Random House, 2010 (2007).

78. Nassim Nicholas Taleb. *Antifragile*: *Things That Gain from Disorder*. New York: Random House, 2014 (2012).

79. Carol Tavris and Elliott Aronson. *Mistakes Were Made (but not by me)*: *Why We Justify Foolish Beliefs, Bad Decisions and Hurtful Acts*. New York: Harvest, 2007.

80. Gillian Tett. *Fool's Gold*: *The Inside Story of JP Morgan and How Wall Street Greed Corrupted Its Bold Dream and Created a Financial Catastrophe*. New York: Free Press, 2009.

81. Richard Thaler and Cass Sunstein. *Nudge*: *Improving Decisions About Health, Wealth and Happiness*. New York: Penguin, 2008.

82. Donald N. Thompson. *Oracles*: *How Prediction Markets Turn Employees In-*

to Visionaries. Cambridge, MA: Harvard Business Review Press, 2012.

83. Alexis de Tocqueville. *The Old Regime and the Revolution*. Translated by John Bonner. New York: Harper & Brothers, 1856.

84. John A. Turner. *Longevity Policy: Facing up to Longevity Issues Affecting Social Security, Pensions and Older Workers*. Kalamazoo: W. E. Upjohn Institute for Employment Research, 2011.

85. Ezra F. Vogel. *Deng Xiaoping and the Transformation of China*. Cambridge, MA: Th e Belknap Press of Harvard University Press, 2011.

86. Clive and Anton Walker. *The Rhino Keepers: Struggle for Survival*. Johannesburg: Jacana, 2012.

87. Karl Weber, ed. *Last Call at the Oasis: The Global Water Crisis and Where We Go from Here*. New York: PublicAffairs. 2012.

88. Edie Weiner and Arnold Brown. *Future Think: How to Think Clearly in a Time of Change*. New York: Pearson Prentice Hall, 2006.

89. Eyal Weizman. *The Least of All Possible Evils: Humanitarian Violence from Arendt to Gaza*. Brooklyn: Verso, 2011.

90. Weiying Zhang. *The Logic of the Market: An Insider's View of Chinese Economic Reform*. Washington, DC: Cato Institute, 2014.

有关犀牛的资料

如果读者希望了解更多关于正在进行的拯救犀牛行动,可以登录以下网站:

The International Rhino Foundation (www.rhinos.org)

Rhino Resource Center (www.rhinoresourcecenter.com)

Save the Rhino International (www.savetherhino.org)

WWF (www.worldwildlife.org/species/rhino)